我教的不只是棒球，還有人生競爭力

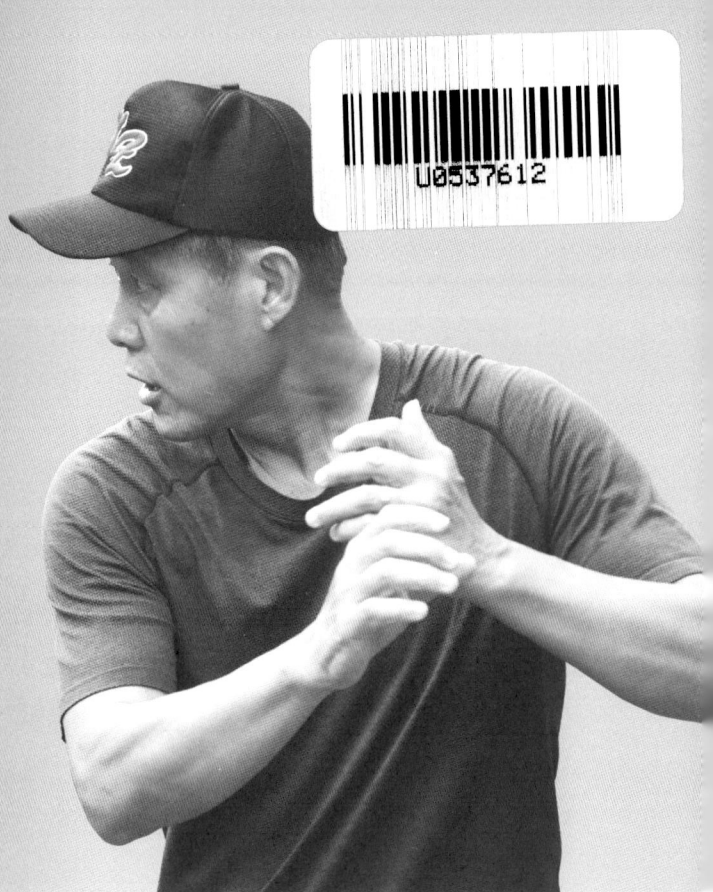

張耀騰從奧運棒球銀牌國手
到基層教練的淬鍊與昇華

張耀騰 著

Contents 目錄

【推薦序】（依來稿順序排列）

1 | 陪球員晨練，也陪孩子成長的人生教練 —— 8
吳玉芳（新北市教育局聘任督學、前汐止國小校長）

2 | 球場教育家、魔術師和引路人 —— 10
林顯宜（新北市彭福國小、前汐止國小校長）

3 | 在棒球場上種下希望的耀騰教練 —— 12
王俊杰（汐止國小校長）

4 | 真正的冠軍精神——輸得起也走得遠 —— 14
郭李建夫（1992年奧運棒球中華隊成員、王牌投手）

5 | 張耀騰的棒球與人生：品格、邏輯、堅持與沉穩 —— 16
王傳家（新北市立鶯歌工商棒球隊總教練）

6 | 父母必讀教養指南、新手教練必學心法手冊 —— 18
白昆弘（1992年奧運銀牌國手、前職棒俊國熊主戰捕手）

7 | 把球打好，也把書讀好，開啟真正的人生競爭力 —— 20
林繼明（暢銷書《把夢想的問號變成驚嘆號！》作者）

8 | 從盜壘王到孩子王：張耀騰的教練哲學與改變 —— 22
Kobe Li（張耀騰資深粉絲）

【短文推薦】
各位家長的感謝與支持 —— 24

【作者序】
用一顆球，陪孩子打一場練出勇氣、永不言敗的人生球 —— 28

【導　讀】
我的好友張耀騰：用棒球雕琢孩子的人生 —— 31
曾文誠（資深棒球球評）

第一部

關於 球員張耀騰
老天命定的棒球路 —— 38

PART ❶ 專業養成篇　**一切都從平凡開始** —— 40

童年時期：被遊戲打鬧填滿的生活　41

三級棒球：從好玩到追求卓越，再到團隊合作　46

成棒時期：文化和陸光 人生首次遭遇重擊　54

PART ❷ 心智鍛鍊篇　**跌宕起伏的棒球生涯** —— 64

沉淪與復起——奧運殿堂洗禮　65

榮耀與傷痕——職棒之路　73

卸下光環之後的艱辛路　81

感謝一路上的貴人　88

Contents 目錄

第二部 關於 教練張耀騰
孩子的未來競爭力 —— 97

PART ❸ 家庭教養篇　養成人生競爭力的關鍵 98

家庭教養的重要課題 99

家長類型分析 102

隊員類型分析 107

家長與教練合作的重要性 117

家庭教養成功見證 121

PART ❹ 球隊經營篇　披荊斬棘從零開始 128

一個教練應該具備的基本條件 129

如何尋找助手，組建團隊？ 135

一點一滴找尋外部資源，壯大球隊 151

如何訓練球員、制定訓練計畫？ 164

校園教練的忙與盲：向保持熱情的基層教練致敬 176

PART ❺　球隊管理篇

教練與小球員之間的那些事 184

小球員都從哪裡來？ 185

百百種孩子，如何對待？ 192

教學相長：教練教給孩子的、孩子教給教練的 199

PART ❻　球員養成篇

每個孩子都是璞玉 206

沒有不好教的孩子，只有不會帶的教練 207

你願意成為磨玉的人嗎？ 214

球技鍛鍊（一）：

基本訓練——從玩耍開始 216

球技鍛鍊（二）：

進階訓練——在競爭中成長，在實戰中蛻變 223

心理鍛鍊：不只精進心智，更是培養人生抗壓力 229

◀（左）職棒六年最佳九人獎、（中）職棒六年，金手套獎、（右）職棒六年盜壘王，這是張耀騰棒球生涯中極為重要的三個獎座。

Contents 目錄

第三部

給未來的張耀騰們
揮出卓越人生全壘打——240

PART 7 〔運動傷害篇〕 建立保護身體的意識 242

張耀騰曾經遭受的運動傷害 243

運動員的無奈——無法避免的運動傷害 246

PART 8 〔未來生涯篇〕 生涯提醒與規畫建言 258

能以棒球為職業的只是少數 259

如何培養棒球以外的專長
——球員和家長都必須思考清楚的事 263

球員如何規畫未來 265

PART 9　現身說法篇　打棒球的孩子人生最給力 282

| 人生賽場上奮鬥的學長 1 | 周品睿　283
| 人生賽場上奮鬥的學長 2 | 洪晨宣　286
| 人生賽場上奮鬥的學長 3 | 鄭嘉祐　291
| 人生賽場上奮鬥的學長 4 | 廖柏勳　296
| 人生賽場上奮鬥的學長 5 | 陳冠勳　300
| 球場上奮鬥的學長 1 | 林孜誠　303
| 球場上奮鬥的學長 2 | 闕鈞宇　306
| 球場上奮鬥的學長 3 | 徐磊　310

【編輯後記】棒球社團化，是邁向國球的真正開始 314

【特別感謝】致一路同行的貴人與夥伴們
　　　　　──謝謝你們，讓我不曾孤軍奮戰 319

主題目錄

張教練細說棒球	頁碼
參加 LLB 國際賽事的幾個有趣經歷	60
單純的棒球 V.S. 複雜的世界	94
球隊與學校面臨的困境	124
從家長到教練──輪胎行老闆周昇玄的棒球執教人生	137
球隊背後的溫暖力量，謝謝你，郭老師，和我們一起守護孩子	141
體育班的功與過	179
期待每個孩子都能開枝散葉	203
用我最愛的棒球陪伴孩子找到自己	236
運動醫學對運動員的幫助正大幅提升	252
棒球大環境與球員出路	270
十類與棒球相關的職業簡介	274

【推薦序 1】
陪球員晨練，也陪孩子成長的人生教練

吳玉芳（新北市教育局聘任督學、前汐止國小校長）

2006 年，我有幸被遴選至汐止國小服務，從那一刻起，便與張耀騰教練展開了長達數年的共事旅程。那是我第一次真正深入基層棒球教育的現場，也是我第一次親眼見證一位昔日國手如何放下光環，轉身投身教育的現場。更重要的，是我從他身上，看見什麼叫做「教練」，什麼叫做「教育」。

我從他身上看見什麼叫做「教育」

張耀騰的名字，在台灣棒壇無人不知。他從小就是球場上的天才選手，少年國手、業餘國家隊，到最後成為奧運銀牌的重要功臣，一路走來，無役不與，無役不勝。看似順風順水的人生，在他離開職棒後，卻出現了人生的轉折。他曾經嘗試踏入商場，卻發現自己的個性並不適合那樣的舞台——他的內斂、他的謙和，反而讓他在喧囂的商業社會裡格格不入。

那段人生低谷中，他做了一個最單純也最真誠的選擇：回到自己最熟悉、也最熱愛的地方——球場。他沒有沉溺在昔日國手的光環裡，而是默默從基層做起，化身為小學棒球隊的教練，重新學習如何成為孩子們的榜樣。

他用自己走過的路,提醒孩子「如何不走冤枉路」;他用曾經受傷的腳步,引導孩子「如何穩穩站穩腳步」。

汐止國小的一道風景

稻盛和夫說:「真正成功的人,靠的是一顆單純的心、一分堅持完美、永不放棄的熱情。」這句話,彷彿就是為耀騰量身訂做的。每天清晨不到七點,他就已經和孩子們站在操場上晨練;下午四點過後,他又和孩子們繼續進行一連串的基本訓練。春寒料峭也好,夏日豔陽也罷,他的身影始終如一——那分專注、那分堅持、那分無聲卻有力的身教,已經成為汐止國小的一道風景。

更難得的是,他始終記得,「教育」從來不是只有技術的傳授。耀騰教練常說:「我希望孩子們不是只會打球的機器,更要有好的人格、穩定的學業、健全的思考。」在他的訓練中,球技與課業並行,紀律與品格並重。**他不只是在「訓練球員」,而是在「培育人」。**

2007 年,他率領汐止國小棒球隊勇奪全國冠軍,寫下學校歷史新頁。那年,他再度披上象徵榮耀的中華隊戰袍,帶著小選手前往菲律賓、美國征戰,為國爭光。從巴塞隆納到馬尼拉、從洛杉磯到汐止,這位昔日國手用不同的方式延續他對棒球的熱愛。

棒球教育是一條漫長而寂寞的路,耀騰教練選擇走上這條路,並不輕鬆,但他一直走得堅定而有力。期盼這本書,能讓更多人看見一位真正以生命影響生命的教練,也讓更多家長與教育者理解,**運動場上教的不只是比賽,更是一場不會輸的人生球賽。**

【推薦序 2】
球場教育家、魔術師和引路人

林顯宜（新北市彭福國小、前汐止國小校長）

在我擔任汐止國小校長的六年裡，最深刻的一段經歷，莫過於與張耀騰教練共事的那段時間。身為體育背景出身的教育工作者，我自認對於團隊經營與教練風格有一定的敏銳觀察，但張教練的帶隊方式，卻一次又一次地讓我重新思考什麼是真正的教育。

棒球場上的教育家

耀騰教練從不僅僅把孩子當作「球員」對待。他對品格、紀律、課業的要求，從來不亞於球技訓練。他常說：**「不是每個孩子都能打進職棒，但每個孩子都能夠因為打棒球而成為更好的人。」**這句話，正是他教育哲學的核心。

還記得 2015 年，我們拿下小馬聯盟全國冠軍，取得代表台灣赴日與赴美參賽的資格。當時隊中有一位極具潛力的主戰投手受傷了。我知道，對任何一位教練來說，放棄如此關鍵的主力投手是何等艱難的決定。但耀騰教練堅持：「不能為了戰績犧牲孩子的未來。」他果斷調整戰術，不讓該投手上場投一球，寧可冒著成績不如預期的風險，也要保護孩子未來的運動生命。

這個決定，不只是戰術判斷，而是一種人性與教育價值的展現。我身為領隊，親眼見證他那幾晚與教練團一再商討，做出那個令人尊敬的選擇。最後我們雖止步世界賽第三名，但我心中知道，那是一場真正的勝利。

　　張教練不只是善於布局戰術，他更擅長「調人」。不論是代表隊或聯隊，來自不同母隊的孩子，程度、訓練風格各異，但他總能在短時間內「炒出一盤好菜」。他熟悉每位選手的長處與限制，並靈活安排每一場比賽的佈局。對我來說，他是個真正的「球場魔術師」，連場邊觀戰的非體育專業家長，都能感受到他對局勢的掌握力與臨場應變的沉穩。

孩子們的人生旅程引路人

　　然而，耀騰教練最讓我敬佩的，不是他對棒球的專業，而是他對孩子與家庭的深刻理解。他積極與家長溝通，讓每個父母能放心把孩子交給他，也讓球隊形成一個信任與支持的完整系統。他知道，真正能陪著孩子走遠的，不只是球技，而是人格、品德與抗壓性。

　　總之，張耀騰教練不只是訓練選手，更以身教啟發孩子。**他用比賽教會孩子團隊精神，用挫折教會孩子堅持夢想。**他是一位真正理解教育意義的棒球教練，也是孩子們人生旅程中難得一遇的引路人。

　　他不是一位只談球技的教練，而是一位看重孩子人生的教育家。他教的不只是棒球，而是一種能面對人生挑戰、贏得尊敬與競爭力的態度。每一位親師都該認識張耀騰，因為他讓我們知道，**體育不是分數的對立面，而是教育的延伸。**他守護的不只是比賽的勝負，更是孩子成長的每一步轉折。因此，我大力推薦這本好書給每一位家長、教練，甚至是棒球界的粉絲和張教練的粉絲們。

【推薦序3】
在棒球場上種下希望的耀騰教練

王俊杰（汐止國小校長）

作為校長，並且和張耀騰教練在學校共事多年，我深感榮幸能為張教練的新書撰寫推薦序文。張耀騰教練是一位極富魅力的教育工作者與棒球指導者，他以卓越的專業能力、崇高的教育理念和對學生無私的奉獻精神，深刻地影響了學校的棒球體育發展及學生們的成長。

敬業、責任與合作精神

張耀騰教練自年輕時即投入棒球運動，對這項運動懷有極大的熱情。在他的帶領下，汐止國小的棒球隊在全國性比賽中屢創佳績，為學校贏得了無數的榮耀。細數張教練帶隊的豐功偉業，有曾連續六年蟬連全國軟式少棒聯賽前八強、2007年和2015年分別獲得全國冠軍，取得亞洲代表權赴美，獲得美國小馬聯盟世界少棒錦標賽季軍；還有，2012年TOTO盃組聯軍代表新北市出賽，只輸給後來得到世界冠軍的台東縣隊，贏得亞軍；此外，還有陽明山盃全國三級棒球錦標賽，也曾兩次得到冠軍（第二屆、第三屆）……等等。

張教練的貢獻不僅止於比賽成績，他始終認為，體育教育的核心在於

塑造學生的品格與價值觀。他以棒球為媒介，教導學生如何面對挑戰、學會堅持，並在勝敗中找到成長的力量。在日復一日的訓練中，他以身作則，用自己的行動詮釋了什麼是敬業、責任與合作精神。他對每一位學生都抱有期待，無論天賦高低，都能以耐心與智慧啟發他們的潛能。

強化基礎與心理，是孩子希望的來源

張教練在球隊的帶領上，非常強調基礎訓練的重要性，認為只有扎實的基本功才能在比賽中發揮出色。因此，他非常注重基本動作的訓練，確保每位球員都能掌握必要的技術，這樣才能在比賽中穩定發揮，並且在面對挑戰時能夠應對自如。此外，張教練認為棒球是講求團隊合作的運動，因此特別強調球員之間的配合和默契。除此之外，張教練也特別重視球員的心理素質，認為心理素質的強弱直接影響球員在關鍵時刻的表現。因此，他經常鼓勵球員，培養他們的自信，面對困難時要保持冷靜和堅定；這對於孩子的影響不僅於球場上，更延伸至他們的生活和學業，對孩子們日後的生涯發展有莫大的影響。

這本書籍除了呈現張耀騰教練個人的生活哲學和教育理念，也讓更多人了解他是如何透過棒球，訓練學生的體魄和技能，並為學生注入信念和希望。對於學校乃至整個社會，張耀騰教練都是一位令人敬佩的榜樣、學生信賴的人生導師。

在此，我誠摯推薦這本充滿啟發與感動的作品，期待每位讀者在閱讀後，能感受張耀騰教練對棒球教育的熱忱與堅持，並從中汲取智慧與力量，帶著滿滿的正能量，邁向自己生涯中的每一個戰場。期待大家都能**在困境中投出好球，逆轉人生的低潮；在奮力打擊出去的那一刻，沒有遺憾！**

【推薦序 4】
真正的冠軍精神——
輸得起也走得遠

郭李建夫（1992 年奧運棒球中華隊成員、王牌投手）

1992 年，那個巴塞隆納的夏天，是我一輩子難忘的回憶。那一年，我和張耀騰肩並肩穿上了中華隊的球衣，和一群兄弟一同踏上奧運的殿堂。有人說，銀牌是遺憾的，但我始終認為，那面銀牌的背後，是我們用青春、汗水、淚水、與信念換來的驕傲。而在這一切的記憶中，耀騰是一個讓我至今仍深感佩服與感謝的隊友。

放下光環，回到基層去耕耘

而更讓我佩服的，是他從球員退下來之後，選擇回到基層去耕耘，把自己在國際賽場學到的一切，慢慢地、一個一個地，教給孩子們。你說這樣的選擇容易嗎？當過職業球員的人都知道，站上大舞台以後，要放下光環，回到一個又一個泥濘的球場，陪著十歲不到的小孩練跑、練接球，那不只是熱忱，更是一種使命感。

這本書我在閱讀的時候，忍不住頻頻點頭。裡頭寫的，不只是耀騰的生命故事，也是一個個和他一起經歷過挫折、成長、蛻變的孩子們的故事。從書中，我重新看見了當年的耀騰——那個面對壓力不逃避、對勝利有堅

定信念、對團隊充滿責任感的他，只不過現在，他把這一切，轉化成教養、成長與教育的養分，灌溉著下一代。

有幾段我特別感動。比如他說：「一顆球，練出一生受用的勇氣；陪孩子打一場不會輸的人生球。」這句話讓我想起當年在奧運舞台上，**我們輸給了古巴，但那並不代表我們失敗了。因為我們學會了如何成為更強的人**，而耀騰，現在正在把這種精神，教給他身邊每一個孩子。

一整套從心開始的教育哲學

我也想對現在正在為孩子煩惱、努力的家長們說，這本書你們值得一讀。因為你會從中看見，一位教練如何扮演家長的夥伴，而不是對手；也會明白，**教育不是控制，而是陪伴與引導**。耀騰寫的不只是訓練方法，而是一整套從心開始的教育哲學。

而對年輕教練來說，這本書更像是一本實戰筆記。不管是帶隊、激勵、面對孩子情緒低潮，還是如何和家長溝通，耀騰都有他自己的一套方法。這些方法，不是來自教科書，而是他二十幾年一線實戰後的累積。你可以感受到每一句話背後的真實與溫度。

最後，我想說，耀騰兄，祝福你這本書能感動更多人，也讓更多孩子因為你的陪伴走出屬於自己的人生勝利。我們當年一起打了一場不後悔的比賽，現在你也在**帶著孩子們打一場輸得起也走得遠的人生球。這才是真正的冠軍精神**。

推薦序 5

【推薦序 5】
張耀騰的棒球與人生：
品格、邏輯、堅持與沉穩

王傳家（新北市立鶯歌工商棒球隊總教練）

　　我跟張耀騰教練的緣分，要從 1990 年說起。當時我剛從高中畢業、準備升大學，被選進中華隊，就在那裡認識了張教練。他大我五屆，是真正的「大學長」，但毫無架子，對學弟們非常照顧。當時他就是那種「天才型選手」，無論守備、臂力、跑壘都出類拔萃，讓我非常佩服。

沉潛基層，教出品格與邏輯

　　後來他離開職棒、進入汐止國小任教，我們有一段時間失聯。直到我也從職棒退休、轉任高中教練，才又重新有機會連繫。他會推薦他帶出來的學生到我這邊就讀，這些孩子往往讓我留下深刻印象。

　　從汐止國小出來的學生，普遍邏輯清楚、品格良好，對棒球的理解也比較完整。他們在技術上的成長速度雖取決於個人努力，但我可以明顯感受到，這些學生在少棒階段就被打下了很好的基礎，這絕對是張教練的功勞。

　　我曾問自己，如果換成我去教國小棒球，我能像他一樣嗎？答案是否

定的。國小階段的孩子發展參差不齊，有的才二年級，有的已六年級，要教這樣一群孩子，不只是教技巧，更是品格、紀律、合作、情緒的磨練，真的是一條難走卻重要的路。

職棒洗禮後的轉身：堅持與沈穩

年輕時的張教練個性比較衝，做事直來直往。但再見到他時，我明顯感受到他變得沉穩、內斂許多。我相信這是他這些年在基層歷練的結果。歷經生活與教學的挫折與體悟，他把職棒時代那一套高標準轉化為教學的厚度。

張教練能在這麼多年中持續穩定地培養球員，不只是在技巧上教會他們，更在品格與態度上影響他們，這點最讓我佩服。他不是只教出球員，更是教出孩子的人生競爭力。

送上祝福：這本書值得每一位教練與家長細讀

對我來說，**棒球並不只是運動，它更是一種人生的縮影**。它教我們承受挫折、學會忍耐與紀律，也教我們在困境中突破與成長。張教練的這本書，不只是寫他的人生與棒球生涯，更是**一本能讓家長、教練與球員從中學習「教養」與「品格培育」的寶貴教材**。

我祝福張教練，能夠在退休之前，繼續培育出更多優秀的選手與人才。不論他們是否走上棒球這條路，都能帶著他教會的那分堅毅、團隊精神與不服輸的態度，面對人生各個階段的挑戰。

也祝這本書順利出版，能在教育與運動兩個領域中，發揮真正的影響力。

【推薦序6】
父母必讀教養指南、新手教練必學心法手冊

白昆弘（1992年奧運銀牌國手、前職棒俊國熊主戰捕手）

在我心中，棒球從來不只是一項運動，而是一種教育，一種生活的態度。多年來，我和張耀騰前輩在球場上、訓練營裡、人生的轉折點中相識相知。他不僅是一位傳奇球員，更是一位深具影響力的教育者。這次他出版的新書邀請我撰寫推薦序，也讓我有機會重新回顧這段我們共同走過的歲月。

初識張教練：從觀眾席到奧運培訓隊

我與前輩的緣分，起於一次觀賽。那是1989年，他高三，我國一，在台北市立棒球場的一場重要比賽，他與呂明賜同場競技，那次他衝回本壘被撞飛、負傷退場，場面至今仍記憶猶新。後來我們在奧運培訓隊成為隊友，年齡差距讓我們原本不常接觸，但訓練讓我們逐漸熟悉起來。

轉任教練後，他將這份對棒球的理解延伸到教育上。他不僅教技術，更教做人。他在汐止國小擔任棒球教練至今已二十年，桃李滿天下。許多學生雖未走上職業之路，卻在各行各業發光發熱，這正是他「教的不只是棒球」的最佳註解。

一本運動教養書，也是一分社會禮物

我後來也離開球場，選擇進入公部門任職，從技工一路穩穩地工作，但我仍透過回母校教社團、兼任裁判，與棒球保持連結。這些年，我常思考前輩的教學理念：「練習是教練的舞台，正式比賽是球員的舞台。」這句話道出了他對教育本質的體悟。

前輩教球總是強調基本功、態度與思維。他希望學生能自主思考，懂得觀察、判斷與臨場應變。他從不強壓學生，而是用耐心與智慧引導他們找到自己的節奏。這樣的教學方式，**讓孩子們不僅學會比賽，更學會為自己的人生負責。**

前輩的新書**不只是棒球技術的總結，還是一種價值觀的傳承**。他將多年來的教學心得、學生成長故事、球隊點滴記錄在書中，目的是希望讓更多家長、年輕教練了解：**棒球是一個孩子建立品格、學習合作、面對失敗與競爭的最佳場域。**

獻給每一位用心教球、教人的教練

這本書也提醒我們，不應將體育視為「升學的手段」或「成名的捷徑」，而應是一種完整教育的一環。尤其是那些來自社區棒球的小朋友與家長，更應了解汐止國小這樣的非體育班的球隊體制如何讓孩子在課業與運動之間取得平衡，並在生活中持續成長。這才是鍛鍊球技和培養正確人生觀的好地方。

我衷心祝福這本書能讓更多人認識張教練，也希望更多教練、家長、教育工作者從中獲得啟發。讓我們一起努力，讓棒球不只是球場上的競技，更成為孩子們人生路上的助力與指南。

| 推薦序 7

【推薦序 7】
把球打好，也把書讀好，開啟真正的人生競爭力

林繼明（暢銷書《把夢想的問號變成驚嘆號！》作者）

在美國教養三個孩子的過程中，我深深體會到一件事：教育從來不該是單一面向的訓練，而應該是引導孩子全面發展的旅程。運動能強健身體、鍛鍊毅力，但若沒有內在品格與學習力的支撐，走得再遠都可能迷失方向；同樣的，學業再優異，若欠缺團隊精神與抗壓能力，也很難在現實世界中長久立足。

讓孩子身體與思想同步成長

因此，我始終堅持一個信念──孩子在追求夢想的過程中，不能只靠雙手四肢，也不能只靠頭腦，而要學會讓身體與思想同步成長。在這一點上，我和張耀騰教練不謀而合。

讀完本書，我非常感動。張教練不是一位只教球技的教練，他更是一位教會孩子如何面對人生的啟蒙者。他走過奧運殿堂的高峰，也選擇蹲回台灣基層的泥土地，用二十年的時間，陪伴數百位孩子走進球場，更走進自己的人生道路。

在書中,他一次次提到:「球技只是開始,態度才是關鍵;勝負只是片刻,品格才是一生的實力。」這也正是我在教養孩子的路上,一直想傳達出來的信念。我們的想法完全契合。

我帶著書豪和兄弟們打籃球,不是為了讓他們成為職業球星,而是希望他們透過運動習得堅持與尊重、承擔與合作。而張耀騰教練,也從不把「培養職業選手」作為唯一目標。他要孩子們學會面對輸贏,更要他們學會面對自己,懂得自律、懂得團隊、懂得把球場上的精神延伸到人生每一處。

張耀騰的五育均衡運動教養法

他提倡「五育均衡」,讓孩子不只在球場上發光,也能在課業上自律,在人際關係中成熟。我相信,這樣的教育,才是真正能改變孩子一生的教育。

這本書不只是記錄一位教練的心路歷程,更是一套珍貴的體育教育哲學——它不止談技術,更談陪伴;不只談勝負,更談信念。讀這本書,你會發現,所謂頂尖,不只是成績或速度,而是一個人能不能站穩腳步、做正確的選擇、走長遠的路。

我想起當年書豪在哈佛苦練籃球、同時修經濟和社會學,雖然辛苦,但從未放棄。張教練的學生們,也走著同樣不妥協的道路——把書讀好,也把球打好,靠的是信念與堅持。

因此,我願意為這本書掛保證,推薦給每一位家長、選手、教練與教育工作者。若你希望孩子及自己在成長的過程中,既能自信奔跑,也能穩穩站立,那麼你除了一定要好好認識張耀騰之外,自然更不能錯過這本好書。全力推薦給大家。

推薦序 8

【推薦序 8】
從盜壘王到孩子王：
張耀騰的教練哲學與改變

Kobe Li（張耀騰資深粉絲）

我認識張耀騰教練，是在一次美和校友舉辦的公益餐會上，那時大概是 2005 年左右。活動由前職棒選手林琨瀚主辦，目的是為了籌措經費幫助基層棒球。那天，他找來了幾位知名的校友共襄盛舉，其中就有張耀騰教練。

因為公益活動，認識了張耀騰教練

第一次見面，我就對他留下深刻印象。他沒有一絲的架子，說話很親切，完全沒有「奧運銀牌國手」那種高高在上的距離感。他給人的感覺就像是一個會陪你喝茶、閒聊的學長，一點也不像我從小在報紙、電視上看到的那個盜壘飛快的職棒明星游擊手。就這樣，當他離開職棒之後，我才竟然成為他的球迷、粉絲，真是太不可思議了！

我不只是球迷，更是一路看著張教練轉換身分、持續扎根基層的見證者。他從奧運銀牌選手，轉身成為每天面對一群小學生、還要自己出力想辦法整修場地的教練，這條路並不輕鬆。

但他做得很穩、也做得很長。讓我最佩服的是，他的教學方式不是硬塞一套公式，而是會根據孩子的特質去調整方式，甚至用玩笑語氣、原住民式幽默感，讓孩子放鬆，隨之進入狀況。

張教練的影響，是一種看不見卻深刻的力量

他的球隊，常常在外人眼裡看起來不怎麼樣，沒有特別高大、特別威猛的選手。但上場後，每個孩子都知道自己的角色，也能確實執行戰術。他們是完整的團體，而不是拼湊出來的烏合之眾。

就連原本對棒球完全外行的球員媽媽，只是觀賽幾次之後，竟然都知道：「張教練真的不一樣。」她看得出教練戰術設計的縝密，也感受到孩子們的紀律與態度。她說：「**雖然這些孩子看起來個個都普普通通，但組在一起就是有力量。**」

這也正是這本書最想傳達的核心——我教的不只是棒球，更是人生競爭力。打職棒或許是極少數人的未來，但**教練在孩子成長過程中灌輸的價值觀、態度與習慣，才是每個人都能帶著走的本錢。**

本書是一種久遠的傳承精神

我很高興張教練出了這本書，讓更多人可以認識他，也理解基層教練的價值。早在 2005 年我去東京巨蛋時，就常逛球場旁邊的棒球書店。那裡擺滿了球員的傳記與故事，不是雜誌，而是一本本厚實的書。那時我就在想，為什麼台灣沒有這樣的出版文化？這本書，就是最好的開始。

我希望更多人讀到它，也希望張教練能持續走下去，把這股力量傳遞給更多孩子、家長和新生代的教練。

| 短文推薦

【短文推薦】
各位家長的感謝與支持
（依來稿順序編排）

謝謝您陪伴孩子走過球場歲月

親愛的汐止國小棒球隊張耀騰總教練 您好：

　　懷著無比感激的心情，我想代表我們全家，向您表達最誠摯的謝意。感謝您在這段時間裡，對我兒子大頭（何邵軒）的細心教導與耐心栽培。不僅在棒球技巧上給予他紮實的訓練，更重要的是，您以身作則，用行動與言語為他樹立了良好的榜樣。

　　在您的指導下，孩子學會了如何面對挑戰，如何在失敗中重新站起來，也體會到團隊合作的可貴與尊重他人的重要。這些寶貴的經驗，早已超越了棒球本身，成為他人生道路上最珍貴的養分。

　　謝謝您總是不吝給予鼓勵，也願意傾聽孩子的困惑與心聲，讓他在追逐夢想的過程中，感受到支持與力量。我們深知，一位好教練的價值，從來不只是教會孩子如何比賽，更是在他們人生關鍵時刻扮演引導者與支持者的角色。您正是這樣一位重要的貴人，我們全家都由衷感念。

　　雖然大頭後來沒有選擇繼續走棒球這條路，但我們始終感謝您曾經投入的時間與心力，以及在那段歲月中給予他的陪伴與啟發。也祝福您未來

持續健康順利，繼續用您的熱忱與愛心，激發更多孩子的潛能與夢想。

敬祝

張總教練身體健康，事事順心，本書大賣！

誠摯的感謝者

何孟勳（何邵軒爸爸） 敬上

遇見張耀騰教練，是孩子最大的幸運

致 汐止國小張耀騰總教練：

孩子能在學習棒球的階段遇見您，是他成長過程中的一大幸運。

您對孩子的指導不僅著重在球技訓練，更重要的是在自律與品格的培養。您為孩子們建立正確的觀念，讓他們明白：即使無法上場比賽，也應該在場邊為隊友加油打氣；即使身處場下，也要學會觀察、應變，理解如何補位、支援，從不同角度持續學習與成長。

感謝您多年來對孩子的用心教導與陪伴，您的付出與堅持，我們全家都深懷感激。

謹祝

教練身體健康，萬事如意！

學生家長

張秝睿、曾玉敏（張碩紘爸爸、媽媽）敬上

| 短文推薦

謝謝您，讓孩子在棒球路上更有底氣

謝張耀騰教練一路以來對我家張源麟的用心教導，不僅耐心指導他打棒球，更在過程中引導出他良好的生活與學習習慣，為他未來持續走在棒球這條路上奠定了穩固的基礎。

您的付出與陪伴，我們全家都銘記在心。也在此預祝您新書大賣，讓更多人看見您在教學現場的用心與堅持。

再次深深感謝！

謹祝

教練健康順利、事事如意。

張哲彬（張源麟爸爸）敬上

謝謝您，教練──讓我們看見真正的棒球精神

致 汐止國小張耀騰教練：

感謝您在汐止國小三年半期間的無私奉獻，讓我們一家人深刻認識了什麼是「棒球精神」。

您不僅教導孩子們球技，更在日常訓練與相處中，傳遞做人處事的道理與態度。一次次帶領孩子們打出動人的比賽，不只是成績上的突破，更是情感與團隊精神的凝聚。

孩子在球隊的成長，您總是讓我放心地說：「一切交給我來處理。」我們知道，這不只是對球技的負責，更是對孩子整體發展的用心。您要求孩子們品德、自律、堅持，也讓佳勳在棒球的路上持續挑戰自我、不斷突破。

謝謝您成為孩子們最珍貴的棒球導師與榜樣。衷心祝福張教練未來在棒球教育路上繼續發掘更多優秀的孩子，也祝汐止國小棒球隊未來戰績長紅、

所向披靡！

敬祝

教練健康平安、萬事順意

楊振隆（楊佳勳爸爸）敬上

教練的話，孩子記一輩子

獻給無私付出、熱愛棒球的張耀騰總教練：

您對基層棒球的教學與教育理念，讓眾多懵懂的小球員受益良多。不僅提升了孩子們的球技，更重要的是，您教會他們面對人生的態度與做人的道理。

我曾經問孩子：「教練以前常常罵你，你為什麼還那麼喜歡回汐止國小？」

孩子的回答讓我印象深刻：「其實我覺得教練以前講的道理，好像很多都是對的，我不覺得他對我兇啊，而且教練有時候還會跟我聊天呢。」

從孩子的這段回應，我更加確信：張教練教的不只是球技，更讓孩子學會規矩、理解思考，也學會了面對自我。

在此，謹再次誠摯感謝張教練多年來對孩子們的投入與陪伴。這分長期的堅持與熱情，真的不容易，也深深令人敬佩。

如果您的孩子熱愛棒球，或希望為孩子打好基礎，我誠心推薦──「汐止國小棒球隊」絕對是最值得信賴的選擇。

學生家長

張曰璨（林献惟媽媽）敬上

|作者序

【作者序】
用一顆球，陪孩子打一場
練出勇氣、永不言敗的人生球

如果你問我：「你這輩子最會做的是什麼？」我會毫不猶豫地回答：「打棒球。」但如果你再問：「你這輩子最想教的是什麼？」那我的答案就不只是棒球，還有培養孩子的人生競爭力。

這本書的誕生，源於我多年來教球、帶隊、與孩子們相處的點點滴滴。我發現，球場上的**每一場比賽、每一次練習、每一個失誤與突破，其實都隱藏著生命的養分**。如果只把棒球當作一種運動，那它終究只是球技上的成敗；但如果能把棒球當成人生的試煉，那每一位小球員，就有可能在成長的路上，培養出面對挫折的勇氣與堅持到底的毅力。

少年夢起飛，棒球點亮人生方向

我從小在台南長大，家裡並不富裕，父母總是為了生計忙進忙出。當時的我，不知道什麼是天賦，但我知道，當我第一次拿起棒球時，我的眼神亮了，心跳也跟著快了。我喜歡那種奔跑的速度、揮棒的力量，也喜歡

團隊一起奮戰、一起歡呼的感覺。那時我就知道，棒球會成為我生命中最重要的一部分。

一路從少棒、青少棒、青棒打上來，我有幸加入當時最強的美和中學的青少棒、青棒隊，也遇到了改變我一生的教練與夥伴。後來，我獲選國家隊得到奧運銀牌，接著並進入職棒，穿上球衣的那一刻，彷彿夢想真的實現了。然而，現實並不總是如願。傷痛、低潮、壓力接踵而來，我也曾懷疑過自己。但正因為走過那些掙扎，我更明白，**成敗並不是評斷一個運動員價值的唯一標準，真正重要的，是你面對挑戰的態度，是你跌倒後是否願意再站起來。**

教球是一場陪伴，也是一次次生命的對話

轉任教練，是我人生另一個重大的轉折。剛開始，只是因為一個偶然的機會，協助汐止國中小棒球隊的訓練工作，並接任汐止國小棒球隊總教練，沒想到這一做，就是二十幾年。我看著一批又一批孩子從稚嫩的模樣，慢慢長成有肩膀的少年，有些人最後選擇繼續打球，有些人則走上不同的人生道路。無論結局如何，我最在意的，從來都不是他們是否成為職業選手，而是他們是否在棒球中學會了責任、自律、團隊精神與堅持到底的價值。

當教練，不只是教技術，更是在教一個人怎麼面對世界。孩子們會看你怎麼說話、怎麼處理事情，他們的眼睛很亮，觀察得很細。他們可能忘了你教的某個動作，但會記住你曾經怎麼對待他們。這也是為什麼我堅持在訓練中加入品格教育的原因。因為我深信，未來真正能在社會上立足的，不一定是球打得最好的人，而是那個最願意負責任、最能與人合作、最不怕跌倒能再爬起來的人。

作者序

給所有相信孩子的人：這是一本共同的棒球日記

這些年，有不少孩子回來對我說：「教練，謝謝你當年罵我，謝謝你逼我撐下去。」我知道，那些當年在場上哭得最兇的孩子，現在大多已經在生活中站穩了腳步。這是我最大的成就，也是我繼續堅持的動力。

寫這本書，不只是為了回顧自己的棒球人生，更是想留下這一路走來的經驗與感悟，給現在還在打拼的孩子、正在摸索方向的年輕教練，甚至是陪伴孩子成長的家長們。也許你不懂棒球，但你一定會懂得：每一個孩子的未來，都值得我們用心灌溉。

我教得不只是棒球，還有教孩子怎麼成為一個可以被信任的人，一個面對世界不退縮的人，一個願意為自己與他人負責的人。這才是我這一生，最想傳承的。

謝謝每一位曾經與我同行的長官、隊友、家長、教練、學生與朋友，因為有你們，我才能堅持這條不容易的路，走得更遠、更踏實。

【導讀】
我的好友張耀騰：
用棒球雕琢孩子的人生

曾文誠（資深棒球球評、暢銷書作家）

一場座談會的開場，致敬基層教練

先談一件事，某天去台東參加一個座談活動，主題是「棒球和閱讀」，台下聽眾有許多是來自當地三級棒球隊的。活動開始拿著麥克風的我第一句話是「請問各隊的教練有來嗎？麻煩舉手一下」，我這句話搞得大家一頭霧水，慢慢有人從席位中將手高舉，臉上還略帶害羞表情。對著這些教練，我跟全場所有人說：「麻煩大家給他們掌聲，在台灣沒有比基層棒球教練更辛苦的工作了！」

我是真心這樣說的，我很懂得基層教練的辛苦，那是來自於過去三十餘年來在棒球圈的所見所聞，在和汐止少棒隊張耀騰教練有多次互動後，更堅信這樣的看法。

張耀騰：從球場傳奇到教育現場

認識張耀騰並非從他擔任少棒教練時開始，而是往前推到他選手時代，離現在已經很長一段時間，長到我都忘了有多久了。但老球迷應該都對職

| 導讀

棒明星張耀騰還有印象，印象中的他在球場裡滿場飛奔，是壘間的盜壘王；拿著手套防守也是無所不在，是金手套獎級的球員。甚至他還多個頭銜，是巴塞隆納奧運棒球銀牌的國手。

過去我曾在運動專欄寫過張耀騰的故事，也曾邀請他上我的 podcast 節目。幾次訪談下來，我最喜歡問他 1992 年奧運奪牌的過程。他總是聊得很開心，特別喜歡說總教練李來發的「神算」策略。書中也提到了這一段：

「還記得四強對日本那場比賽下車前，李來發教練說：**『準備好了嗎？今天我們要五比二贏日本！』**球員一頭霧水，心想能贏就不錯了，怎麼還能預測比分？直到我自己當上教練，才真正理解，那是『知己知彼』得來的底氣。」

這段插曲之外，書中還有不少有趣的小片段，例如他出國時因為時差而睡不著，半夜起來自主練球；還有搞不清楚情況、結果跑去裸泳的烏龍事件，讀來令人會心一笑，增添了不少親切感。

這些都是他留給大家的記憶──風光的一面。張耀騰在球場上滿場飛奔，榮耀加身，看似順風順水。然而，這一切背後，其實是一段段艱辛的旅程。

在走到令人稱羨的位置之前，張耀騰的每一步都不容易。在本書中，我們讀到的是一條充滿坎坷與毅力的棒球路。書中從他小時候談起。他出身於普通家庭，自覺運動天賦並不特別突出。只是因為「好玩」、「愛運動」和「不服輸」，才一步步踏上棒球之路。

但人生的第一個挫折來得很早。國中球隊因後援會問題突然解散，他一夕之間失去出賽的機會。書中寫道：

「教練眼中的無奈，我至今難忘。球隊一夕解散，讓我第一次體會到，**許多事情並不會因為我們很努力，就一定朝著我們期望的方向前進。**」

對一個十幾歲的孩子而言，這樣的體會並不容易承受。所幸，他後來又獲得機會重返球場。

然而，真正的考驗還在後頭──那就是傷痛。書中提到，他在高三時遭遇腿部撕裂傷，此後大小傷勢接連不斷。身為職業運動員，張耀騰深知：「沒有人是帶著零病痛走完這條路的。」

▲ 資深球評曾文誠（右）和張耀騰教練（左）多年來他們都為台灣棒球發展投注許多心力。

松坂大輔在他的自傳中也曾寫道：

「我的職棒生涯 22 年，有一半以上的日子在與傷痛對抗中度過。」

所以，受傷是常態，關鍵在於怎麼面對。張耀騰分享，他如何經歷數月的心理與生理煎熬，最終重建信心，恢復狀態。他強調，這段重建歷程，才是最關鍵、最寶貴的部分。

在健康恢復、與美和中學高強度訓練的加持下，他終於迎來成為國手的榮耀時刻。而那背後，是一次次跌倒後重新站起的堅持與不放棄的信念。

導讀

經驗傳承，教孩子面對真實世界

前面說到，張耀騰和大多數職業選手一樣，都曾面對運動傷害。但與眾不同的是，他不僅走過來了，還將那段歷史整理成一種可以分享的經驗。那麼，這本書到底能帶給讀者什麼？若要用一句話概括書中的精神，我會說：**這是一本由過來人寫給未來選手的提醒手冊。**

張耀騰透過這本書，想要讓所有想踏入棒球世界的人提早知道──這條路上可能會遇見什麼樣的問題與困難。他並不粉飾太平，而是以自身經驗告訴大家，該如何面對傷痛、面對低潮、面對現實。

在他擔任汐止國小棒球隊教練時，他傳遞給孩子們的觀念很清楚：

「熱身與收操是習慣，不是例行公事。**傷痛不是恥辱，而是你應該傾聽身體訊號的時刻。該休息時就該休息，這不會讓你變弱，反而會讓你走得更遠。**」

其中那句「該休息就休息」，我格外有感。這句話看似簡單，實際上要真正做到非常困難。無論是國小、國中，甚至職業層級，誰不想贏球？在比賽壓力下，教練往往希望選手「能上就上」，尤其是主力球員更難有喘息的空間。

但張耀騰卻選擇說出這句話。他不是不懂贏球的重要，而是更懂得健康的價值。他知道：如果忽視身體的警訊，遲早會付出更大的代價。

所以，他才會在書中加上這句深具提醒意味的話：

「你現在不做，未來可能就得去做更痛的復健。」

這句話，不只是警語，更像是一位經歷過傷痛折磨的人，對年輕世代

最誠懇的叮嚀。

說到底，張耀騰在這本書中想說的不只是個人故事。他沒有把它當作一本個人傳記來寫，而是當成一份人生紀錄。他希望藉由自己的經驗——無論是光榮還是低潮——來喚醒讀者，提醒他們認清這條路的真實樣貌。

那麼，除了傷痛與堅持，他還想說什麼？

不只是成績，還有品格與信念

在美和中學的訓練經歷，讓張耀騰深刻體會到什麼是真正的「團隊合作」。這不只是戰術層面的配合，而是一種為彼此犧牲、共同成長的精神。他明白，沒有誰可以靠單打獨鬥贏下比賽，唯有整體前進，才能創造真正的勝利。

後來進入文化大學，他接連面臨傷勢與延畢的挑戰，人生一度跌到谷底。他在書中這樣寫道：「在挫折頻頻的那幾年裡，人生陷入前所未見的低谷。但多年後再回顧那段時間，卻覺得那真是個關鍵又珍貴的人生轉捩點。」

這段話不只是回憶，更是他想分享的核心之一——棒球的路，其實也是人生的路。挫敗會來，但不代表終點；真正的關鍵，是你是否學會從失敗中長出力量。

然而，既然本書內容主軸是「我教的不只是棒球」，就意味著這本厚實的內容，不僅止於球場上的技術與比賽。

張耀騰真正想說的是：**一位教練的工作，從來不只是「教球」或「帶隊奪冠」。更重要的是培養孩子的品格、態度、抗壓性與團隊精神。**而這些，連他自己在成為教練之後也仍持續在學習。

導讀

　　書中詳盡記錄他如何從零開始打造汐止國小棒球隊。當時資源缺乏、招生困難、場地簡陋，他卻靠著一場場比賽、一分分計畫書，一步步爭取資源與支持，最終成功帶領球隊數次拿下全國冠軍。

孩子的成敗，在於家長的態度與陪伴

　　他認為，棒球就是人生的縮影。在球場上學到的自律、合作、面對壓力與失敗的能力，將成為孩子一生受用不盡的資產。

　　他也強調，家庭教育與教練的合作同樣關鍵。孩子的成敗，往往不只取決於教練的訓練方式，更在於家長的態度與陪伴。只有家長與教練攜手合作，才能為孩子打下穩固的人格基礎與競爭力。

　　張耀騰在書中提到一段令我印象深刻的故事：有一對來自功能失調家庭的原住民兄弟，剛進球隊時學習遲緩、行為難以控制。經過教練與乾媽長時間的陪伴與堅持，最終這對兄弟學會了自律、重返球隊，並徹底蛻變。

　　書中花了大量篇幅探討如何因材施教——例如，對於內向自卑的孩子，他透過小任務建立成就感；對於鴨霸型或個人主義傾向的孩子，則強調團隊合作與責任分工。

　　經過二十多年教學的歷練，張耀騰深刻體會：

　　「**沒有不好教的孩子，只有不會帶的教練。**」

　　「成績不是全部，陪伴才是核心。只要孩子還願意學，教練就願意陪他走下去。」

　　「球隊不是成績工廠，而是孵育平台。」

　　比起冠軍，他更重視孩子從團隊中學到的責任感、合作能力與抗壓力。
他提醒所有教育者與家長：

「每個孩子都是璞玉，只要用心觀察、陪伴與雕琢，都能發光。」

「真正決定一名選手未來成敗的，往往不是身手高低，而是面對困境與誘惑時的心態與選擇。」

他也以黃勇傳事件為例，提醒年輕選手：品格與自律比技術更關鍵。

「態度比天分更重要。」

「球技可以訓練，但品格與態度，才決定一個孩子能走多遠。」

這些話，不只句句經典，實則更是他超過二十年執教現場的實戰經驗與體會。

從棒球開始，展開人生豐收路

「失敗不是終點，而是進步的起點。」

這句話，是張耀騰教給孩子們最重要的一課。他希望孩子不只是學會打球，更要學會如何面對挫折、從跌倒中重新站起來，因為這才是真正能陪伴他們一生的能力。他也提醒家長：

「家長的選擇，會決定孩子在這個環境中，是走得更穩，還是更快被替換掉。」

在他看來，家庭教育的力量，往往比任何訓練都深遠——因為態度與價值觀，是從家庭開始塑造的。這些話聽來像是句句金句，實則都是他二十多年教學實踐所淬煉出的真理，也正是這本書的精華所在。

張耀騰的確教的不只是棒球，而是一種能在未來世界中站穩腳步的「人生競爭力」。透過這本書，他想告訴每一位讀者：不論你未來是否繼續走在棒球這條路上，只要發揮「棒球精神」——堅持、紀律、合作、不服輸——就一定能在人生的球場上，打出屬於自己的一場漂亮勝仗。

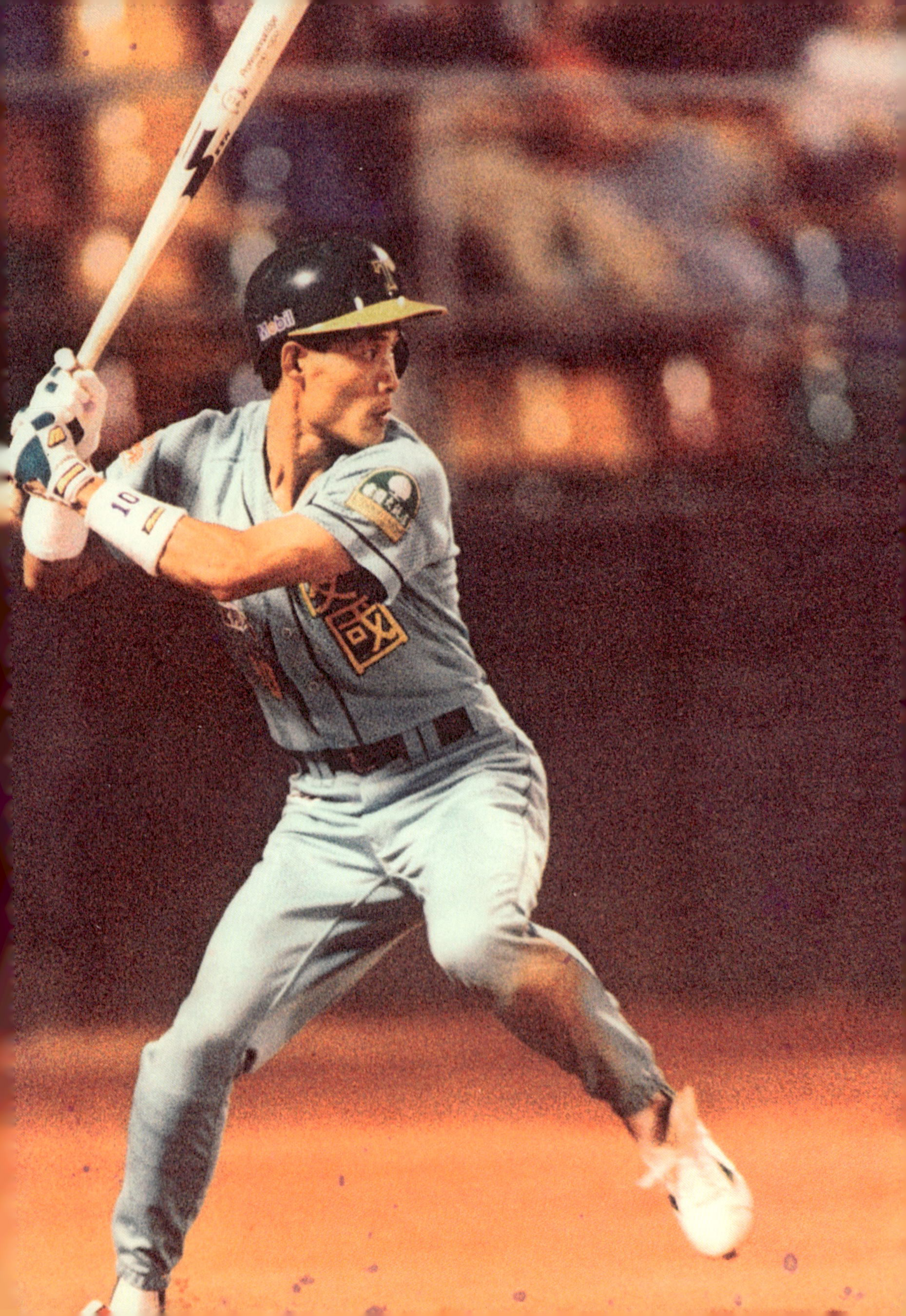
Mobil
10

第一部

關於球員張耀騰
老天命定的棒球路

PART 1

專業養成篇

一切都從平凡開始

　　說起張耀騰這個人，網路上可以找到許多關於他的描述：綽號「盜俠」，是台灣棒球史上極具代表性的游擊手之一。少時即嶄露頭角，他的職業生涯始於 1993 年，先後效力於俊國熊、興農熊、興農牛及時報鷹等隊伍。1995 年，他以 45 次盜壘成功榮獲中華職棒盜壘王，同年還獲得最佳十人獎與金手套獎，展現出卓越的守備與跑壘能力。在國際賽事方面，他也曾代表中華隊參加 1992 年巴塞隆納奧運，協助球隊奪得銀牌，為台灣棒球寫下光輝的一頁。此外，他也曾參與 1989 年的亞洲棒球錦標賽，與隊友們共同奪得金牌，展現出他在國際舞台上的競爭力。

　　提起他，似乎總有閃亮的光圈圍繞在四周，但回到生命最初期，他不過是一個好動又怕無聊的小男孩，和我們身邊許多調皮搗蛋的小朋友並無二致。

　　那麼，他是如何從這樣一個平凡的起點，慢慢走出自己的精彩呢？

童年時期：被遊戲打鬧填滿的生活

　　1965 年，他出生於台南市一個普通的家庭。父親從事油漆工作，長年在外奔波；母親是典型的家庭主婦，生活重心主要是照料三個兒子的日常。他是家中最小的孩子，與大哥相差五歲，與二哥相差兩歲。由於家境並不寬裕，他沒有上過幼稚園，四歲到六歲那段日子，主要都是自己一個人在家中庭院設法打發時間。玩彈珠、逗雞、餵雞，看著母雞咕咕生蛋，一個小男孩，在日復一日的獨處中，學會如何打發時間。

童年的遊戲，就是最好的練習場

　　張耀騰天生好動，很難在室內靜坐，常常捱不住時就偷溜出門。幸好家附近有延平郡王祠和孔廟，古蹟裡的空地成了他最喜愛的樂園。那個年代，大多數小孩要不是被留在家中，就是被送往幼兒園，為了玩，他會主動一戶戶串門，把可以一起玩耍的小夥伴找出來。真正陪伴他成長的，是那些隨手可得的遊戲。

　　放學後，最期待的莫過於和哥哥們玩起「殺頭殺腳」這類講求閃躲與反應的比賽。年紀小總是吃虧，但他從不輕易服輸，總是一次次再挑戰。人多時，他們就一起玩鬼抓人、攻城堡。在威廉波特世界盃期間，他們甚至還去買一顆五塊錢的橡膠球，玩起「丟屁股」比賽。那顆散發刺鼻臭味的橡膠球，成了童年不可或缺的記憶。

　　母親年輕時在學校也是個跑得飛快的人，他的運動細胞，或許正是來自於她。小男孩個子雖小，卻跑得飛快，反應靈敏，性格中有一股自然的

好勝心。每當投入遊戲，他總是全力以赴，往往一天瘋玩下來，回家時已是滿身灰塵、衣衫濕透，常常免不了母親掃把伺候，甚至還得罰跪。各種遊戲在無形中打磨了他的靈活度與爆發力，雖然家中沒有專業的體育訓練，也買不起球棒和手套，但在這樣自由自在的童年生活裡，體能與反應力自然地一點一滴累積起來。

挑戰困難，帶來成就感

張耀騰的旺盛精力總需要一個出口，即便只是短短幾分鐘的下課時間，他也捨不得浪費。小學時，校園裡那座用作防空洞的梯形水泥建築，一度成為他新的挑戰目標。三、四年級時，他突發奇想，想要徒手攀上那面牆。於是他開始想辦法自我鍛鍊，助跑、跳躍、抓牆沿，每天練習，一次次跌落又再爬起。兩三個月後，當他終於坐在牆頭，俯瞰整個校園時，心中升起的是無聲卻強烈的成就感。

這種遇到困難不輕言放棄、總想找到突破口的性格，並不是來自刻意的訓練，他自己也說不上來是怎麼養成的。若勉強要找個原因，大概就是少年人骨子裡那股不服輸的硬脾氣。在一場場看似無心的遊戲與挑戰之中，這種性格特質逐漸清晰，也逐漸穩固，為他日後的體育之路打下了最質樸卻深遠的基礎。而各種遊戲在無形中打磨了他的靈活度與爆發力，與同伴並肩作戰或爭吵的過程也是他學習如何與人溝通、團隊合作的珍貴經歷。

▶ 因為參加學校運動社團，
小男孩用不完的精力得到最好的宣洩出口，
還額外收穫獎盃無數。

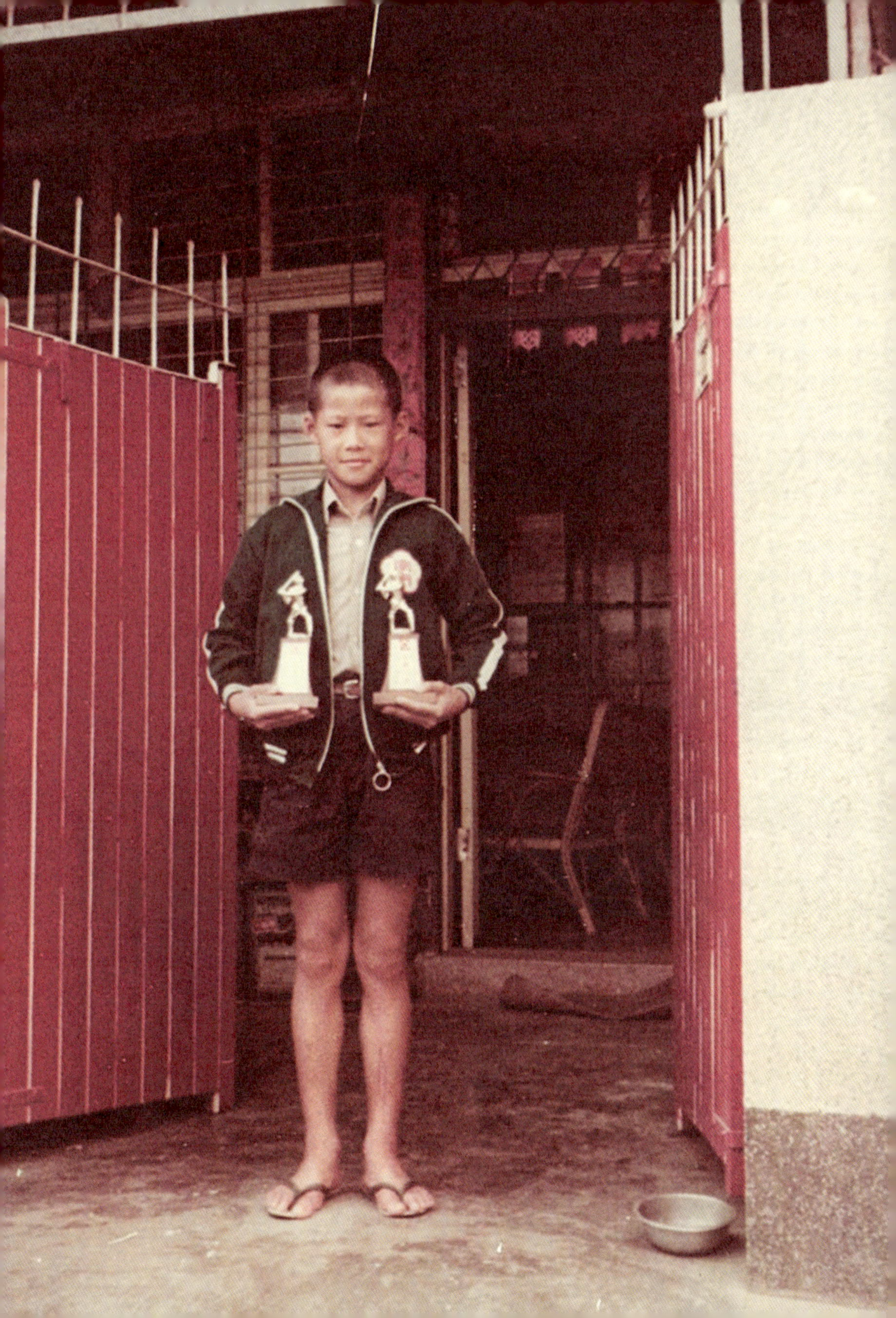

| Part ❶ 專業養成篇：一切都從平凡開始

▲ 雖然功課常吊車尾，但因為母親盯得緊，張耀騰在師長同學的眼光中仍然是守規矩的好學生。圖為國小時期他在學校運動會中代表運動員宣誓。

自由又不放縱的家庭教育

在張耀騰的成長環境中，父母因為忙於生計，並不時時緊盯他的課業，但對品格的要求從不含糊。他們從不要求孩子一定要念最好的書、考最高的分數，只希望孩子們懂得做個誠實正直的人。

小時候，功課雖然吊車尾，全年級四十多個人中他總在末段遊走，但母親堅持一件事：該做的事情，無論多麼不情願，也要努力完成。老師交代的功課一定要做，要尊重老師的教導，如果偷懶撒謊，掃把柄與罰跪就會登場。

他在體育方面的表現非常亮眼，遇到比賽的時候所有運動社團自然而然就會想到他，同時老師和同學也都知道，張耀騰雖然不擅長念書，但是很守規矩很聽老師的話。母親替他畫下的那條無形的界線，讓他日後在人生的道路上，不至於因為一時衝動而偏離正軌太遠。

人生路何去何從，也曾迷惘

在這個重人格、輕規劃的家庭氛圍中，他有充分的空間去探索自己的興趣與方向。父母不給太多框架，也不急著替他規劃未來，讓他能按照自己的節奏慢慢摸索。這種自由的滋養，是一種幸福。但反過來說，當需要做重要選擇時，他也難免有些許迷惘，身邊少了明確的指引，只能靠自己去摸索，偶爾不免也會走冤枉路。

人生的路途上，父母的介入力道與時機，是一門微妙的藝術。介入太深，孩子容易窒息；完全放手，又可能讓他們在起步時多走些迂迴曲折的路。時隔多年再回頭看自己幼時的經歷，張耀騰認為最理想的模式，應該是在孩子還看不清未來時，陪伴他們多方嘗試、多些真實體驗，讓真正熱愛的事物自然浮現。因為，只有自己親身體會過的選擇，才會成為日後能堅持走下去的力量。

Part ❶ 專業養成篇：一切都從平凡開始

三級棒球：
從好玩到追求卓越，再到團隊合作

　　加入學校運動團隊對小張耀騰來說是人生重要的起點。當時的他愛玩好動，不愛念書，對未來毫無想法。只是因為好玩而投入，卻意外因展現出運動天分被師長注意，開啟了更有系統的訓練之路。在課業上他表現並不出色，但運動卻帶給他成就感，這份成就感成為「好玩」之外的另一個人生動力，同時球隊操練提供了他成長的養分。

　　小學四年級，跟著二哥加入手球隊，教練是他的班導師吳老師，師專體育系科班出身，對運動與紀律要求極高。雖然頑皮，但在吳老師的嚴格要求下，除了學會攻防跑位、理解何為「戰術」，也開始懂得紀律的重要性。那時期運動成績突出的張耀騰成了老師們眼中的最佳「工具人」，但凡有排球、田徑、躲避球比賽都會想到他，後來他甚至短暫練過柔道。一次參加南部六縣市 60 公尺決賽，在一整排選手中他是最矮的一個，最後卻拿下冠軍，得到高達千元的獎金，帶給當時的他無比激勵。

　　五年級下學期，人生最重要的轉捩點出現了。訓導主任在朝會上宣布學校成立棒球隊，他幾乎是立刻報名測試，結果只投了兩球就被錄取。那一刻，他的人生已悄悄轉進新的軌道。

少棒時期：忠義國小 棒球初體驗

　　張耀騰就讀的忠義國小與孔廟只一牆之隔，學校對面就是建興國中。建興國中黃銘川教練因籌組棒球隊人手不足，來小學協助訓練並物色培訓

▲ 在忠義國小雖僅短短一年多，卻是張耀騰棒球啟蒙最寶貴的時光。

選手，忠義國小因此得以成立棒球隊。

　　初期訓練強度不高，黃教練沒有急於成績表現，而是用玩樂的方式陪著球員練習投打，糾正基本動作。他依據運動神經強弱選出主力，張耀騰因此列名先發。黃教練流暢迅捷的專業示範動作，讓大家開了眼界，第一次理解什麼叫「專業選手」，而他也成為張耀騰第一位模仿的榜樣。

　　練球時球常飛越牆頭落入孔廟水池，因經費拮据，棒球數量有限，常常練到無球可練時，教練就帶著球隊同學脫鞋下水撈球。泡水的棒球腫脹變形，必須一層層拆開來曬乾後重新縫合，他又親自教大家手工縫球。球

Part ❶ 專業養成篇：一切都從平凡開始

皮又乾又硬，針即便上了蠟仍然不易穿透，縫起來非常辛苦。至今張耀騰都還記得每顆球縫 108 針，這段日子不只是技能的培養，也是一場精神的洗禮。

短短一年多，成為張耀騰棒球啟蒙最寶貴的時光。從教練身上大家學到的不只是專業技術，更是一種態度，因此當六年級他被任命為隊長時，即使翻臉也要維持隊伍紀律，這份責任感已在心中扎根。日後他自己也帶領球隊時，每當遇到困難他總會想起當年黃教練耐心指導、克難堅持的身影。

青少棒前期：建興國中 曇花一現的美好願景

忠義國小畢業後，球隊隊員順利銜接進入建興國中，組成第一屆棒球隊。球隊國一就參賽，即使對上國二、國三的選手也毫不遜色，更在一次比賽中擊敗上一屆全國冠軍，讓黃教練獲得對方盛讚。

然而，好景不常。國二寒假，球隊因後援會問題突然解散。教練眼中的無奈他至今難忘。球隊一夕解散，讓他第一次體會到，許多事情並不會因為我們很努力，就一定朝著我們期望的方向前進。

失落之餘，為了打發時間他常常在台南田徑場棒球場閒晃，甚至跟著田徑隊鍛練了兩三個月。某日，在觀看南英商工青棒隊練球時，巧遇當年曾到忠義客串指導的唐金城前輩。他聽聞球隊解散後，驚訝又惋惜，

▶ 半大不小的張耀騰來到了屏東美和中學，終於真正學會了什麼叫「團隊」。

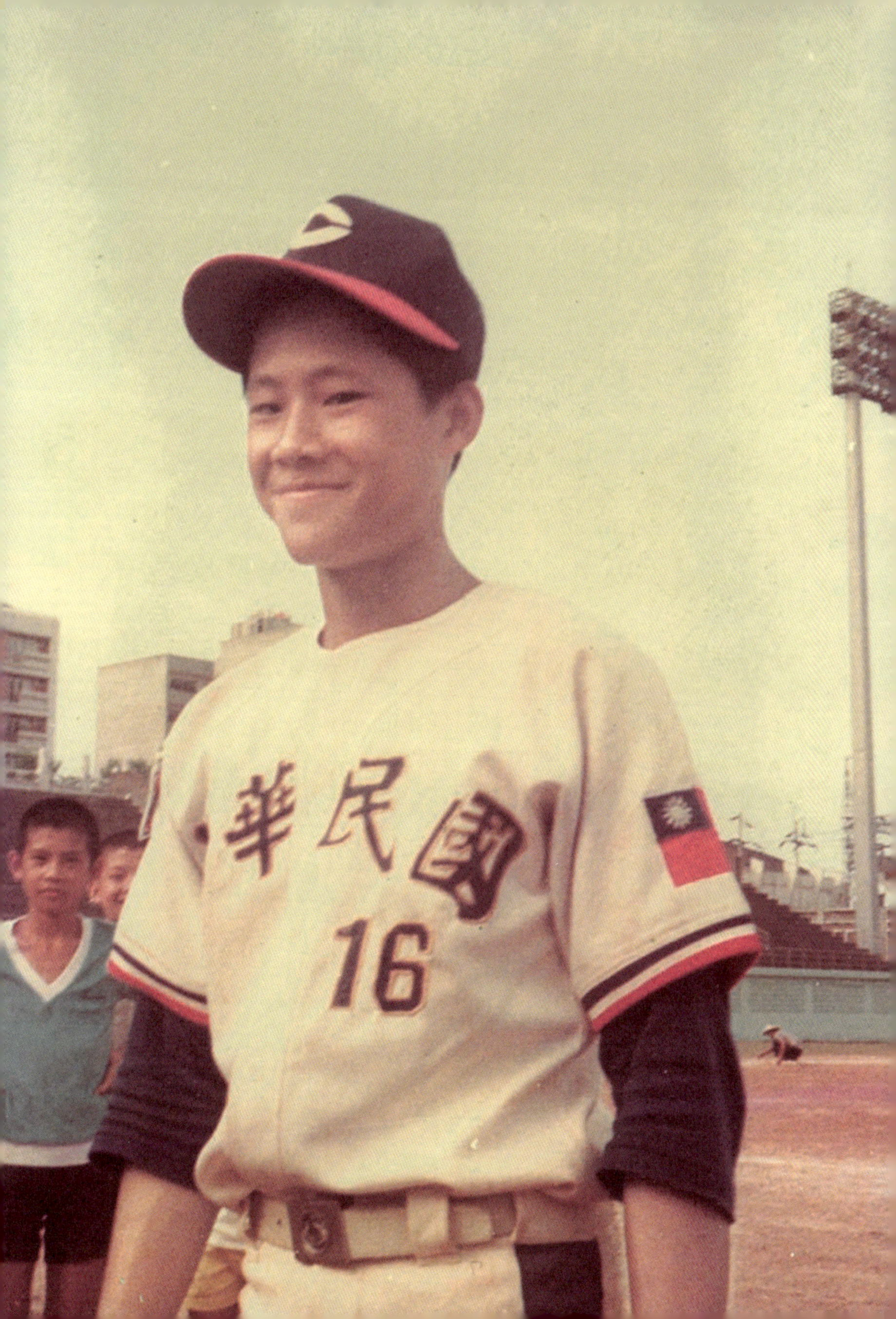
華民國
16

Part ❶ 專業養成篇：一切都從平凡開始

隨即問他要不要去屏東美和中學繼續打球。

屏東之於張耀騰既陌生又遙遠，但內心終究捨不得棒球夢，猶豫再三他還是點了頭。還記得前輩為此前往家中拜訪時，母親當場哭了出來，但父親明白他的渴望，最終點頭放手。那時候張耀騰並不懂什麼叫「走出舒適圈」，只知道自己不想放棄。

成年後再想，如果沒有遇見唐前輩，他或許早已與棒球錯身而過，這一切看似偶然，其實是命運的安排。

青少棒後期：美和初中部 學會了什麼叫「團隊」

到了屏東美和中學，張耀騰還只是個半大不小的孩子。父母對於棒球毫無概念，無法幫助規劃他的未來，但他們選擇相信。

他從小好勝心強，無論遊戲或競技都不甘屈居人後，輸了懊惱、甚至氣到哭，也曾因隊友失誤與人爭執。當年未能理解，團隊中每個人能力本就不同，太過個人主義只會破壞合作。而在美和，他終於真正學會了什麼叫「團隊」。

國三轉進美和，初中部由李瑞麟教練帶隊，高中部則是曾紀恩教練──兩位對台灣棒壇影響深遠的重量級人物。唐金城前輩帶張耀騰去球隊報到時，曾紀恩教練還曾親自前來觀察。教練帶隊時溫暖中帶著嚴格，總是要求大家：「好還要更好！」

李教練訓練嚴苛，要求每一個投打守備動作都要達到標準，必須反覆練習直到沒有任何失誤才允許休息。態度不佳的選手立刻換人，因此美和的競爭壓力極大，每一天的練球大家都戰戰兢兢。清早五點半起床，

摸黑晨跑七公里，一不小心常有人摔進水溝，被田埂絆倒，秋冬時頂著刺骨寒風出操更是艱難，有人承受不了壓力，半夜捲舖蓋偷跑，但是張耀騰都撐了下來，因為他想打棒球。也正是這樣的環境，讓他迅速成長。

張耀騰認為是在美和中學打球時，讓他真正建立起打球的基本體能、技術與戰術觀念，也逐漸學會控制情緒，從個人英雄主義轉向團隊合作。打球，不再只是為了自己，而是為了整個隊伍。

青棒時期：美和高中部 自我提升黃金期

以前學校球隊間有很嚴重的挖角現象，為了打造一支實力堅強的棒球隊，教練們早早就開始苦心佈局，他們四處尋訪，只要發現有狀態不錯的選手，就會持續關注對方的動態，稍微有點風吹草動立刻採取相應動作，因此建興球隊一解散，立刻有人過來挖角。因為國中階段底子打得好，再加上組隊時已經下了功夫，到高中時美和已經是全國排得上名的強隊。

美和中學是由國中、高中和高職三個部分所組成。國中時球隊隊員是跟一般同學一起，升上高中後，高一、高二是被分配在高職電子科，高三時才回歸到普通班級。

學校對體育生要求不高，考試時只要不缺席一定就能過關，所以只要不出意外，球員可以比照一般國中生模式這樣過三年。回顧當年，張耀騰唯一的遺憾是沒有意識到應該把握機會學習一技之長，終究當時太年輕。

全心撲在棒球場上的美好時光

美和學制上區分了國中和高中，球隊分開訓練。主要帶領高中部的教練是曾紀恩，他是台灣棒球界的知名人物，曾擔任空軍棒球隊創隊教練，

| Part ❶ 專業養成篇：一切都從平凡開始

因此大家都叫他「曾教官」。他對張耀騰的關注與指導給了他很大的信心。回憶起這位老教頭，張耀騰說：「可能是緣分，教官蠻疼我的，因為他的看重給了我很大的信心。」

在美和的這段時間，讓張耀騰印象最深刻的是曾教官的奮戰精神。那時，曾教官年紀已過六十，但依然跟著球員們一起操練，從不馬虎。每次訓練都會反覆要求球員把動作做到位，常說「練到純熟，技術自會提升」，這使得他們每天的訓練量非常大。不僅在球場上，日常生活中他對隊員的要求同樣嚴格，他的身教讓所有球員都深受感染，不自覺都會學習他在場上拼搏的精神。

▲ 在美和中學球隊期間可以說是張耀騰（中排彎腰者右二）棒球生涯中最純粹的一段時光。圖為 1980 年中華青少棒取得遠東區代表權後球員合影。

那時候張耀騰生活的專注點完全在棒球上,對他來說,想要進步就必須主動積極、身體力行。他常常在固定練習後,私下尋找方法克服技術上的瓶頸,若自己解決不了,便會請教教練,教練休息時便向學長們請教,學長也不藏私。尤其當時學長呂文生的守備動作流暢如行雲流水,讓張耀騰十分佩服,常常私下請益。這段時間,雖然身為高一新生機會較少,但他並不感到嫉妒或有壓力,反而以學習的心態不斷進行自我提升。

那是張耀騰棒球生涯中最純粹的一段時光,他享受著團隊練習的過程,並且在集體努力下,球隊屢獲佳績。日子雖然辛苦,但他對未來信心,只要全力以赴,就能得到應有的回報,生活中充滿動力。

遭受第一次重大傷害:腿部撕裂傷

運動員最怕的就是受傷,張耀騰棒球生涯第一次重大傷害發生在高三上學期,這對他來說無疑是一場噩夢。

由於當時台灣在運動傷害防護方面的知識並不普及,張耀騰也不懂得該如何處理傷勢,甚至連冰敷的正確方法都不知道。當時他自行前往醫院治療,隨便擦點黃藥水、粗略包紮後就回到屏東繼續休養。(相關細節後文再詳述)

| Part ❶ 專業養成篇：一切都從平凡開始

成棒時期：文化和陸光
人生首次遭遇重擊

　　高中畢業前夕，他面臨人生又一次重大抉擇：是加入業餘球隊？還是保送入大學？當時，不少人認為，憑藉他們的實力，可以進入像合作金庫或台灣電力公司這類業餘成棒隊，既能繼續打球，也能為未來就業鋪路。起初，他也這麼想，畢竟已有企業球隊私下接觸這些甲組選手。但在各方親友建議下，父母認為，先取得大學文憑對未來更有保障，最終，他選擇了保送文化大學。

大學球員面臨的共同困境

　　除了文化大學提供保送機會，當時也有師大表達網羅意願，但因師大對課業要求標準高，必須投注更多時間精力，對棒球仍有高昂熱情的人多半不會選擇（選擇進入師大的球員其實好些已有轉換人生跑道的想法）。同時他們選手人數太少，根本無法成立球隊，因此張耀騰後來選擇進入與味全建教合作的文化大學。

　　表面看來文化大學陣容華麗，聚集來自各地的好手，包括從美和直升上來的李居明、江仲豪、徐生明，以及華興呂明賜、長榮吳復連等明星選手，應該大有可為，然而一入隊，現實卻讓人失望。

　　首先顯而易見的是訓練時數和強度斷崖式陡降。校園訓練空間太小的問題，僅僅 200 公尺的操場對於青年球員來說實在太小，平日只能做些基本傳接球和投打練習；招攬球員入校後，校方缺乏實際可行的長期

計畫；再加上隊員選修課程分散，集訓時數大幅減少，如何保持個人體能和反應力成了大問題，基本上球員是各安天命，逢到比賽時只能靠著之前打下的基礎勉力支撐。

同時到了大學這個年紀，球員開始有了追求私人生活的念頭，雜務增加。各方不利因素交織之下，團隊紀律鬆散，球隊士氣自然低落。對球員來說大學時期是戰力退化的高風險期，這是當年台灣各大學體育系的共通問題，也是台灣整體大環境難解的困境。在文化大學這段時光，成為他棒球生涯的第一個灰色階段。

進入大學等於和自己過往單純的棒球人生告別，身邊沒有了長輩的約束，必須學會自律，偏偏這年紀的大男孩精力旺盛，外面那個一直不被允許接觸的花花世界充滿了吸引力，原本單純的生活模式開始受到周遭環境衝擊。有些好手就這樣子垮掉了。如果不是畢業後入選中華隊，張耀騰捫心自問自己恐怕也難逃同樣下場。

憑著這樣的狀態，球隊參加比賽結果自然不理想。多年來除了打球之外，他們生活裡幾乎沒有其他內容，但入了大學後連這個唯一的追求也都怠惰了，專業方面沒有長進，學業方面也沒能學到別的一些知識，當時，實在應該培養興趣，多去接觸認識一下，但是偏偏那時候就是沒有這樣的認知，這點至今他仍覺遺憾。

到了這個階段要考量的已經不只是關於棒球比賽的事了，而是更多人情世故、整體大環境的現實問題，即便不樂意面對，卻是成長必須經歷的艱苦過程。

多重挫敗 棒球生涯首次陷入低谷

在一片低迷下，1984年奧運代表隊選拔原本應該是振奮球隊士氣的

Part ❶ 專業養成篇：一切都從平凡開始

強心劑，但卻成為沉重打擊。棒協聲稱四十位儲訓選手將分成藍白兩隊，憑七場對抗賽成績進行選拔，但最終結果卻讓人錯愕，顯然早已內定。在所有打擊手裡他打擊率排名第八，卻依然落選，讓他首次對棒球制度產生質疑，大學接下來那幾年對打球這件事情完全失去動力。

雪上加霜的是，大二時因為一場台南大專盃賽事的意外，他被踩斷腳踝，導致原已入選中華隊洲際盃的國手資格被取消，本就消沉的意志再次遭受打擊。

課業方面也出了問題，原本 1988 年即該畢業，卻因為一門必修課程沒通過，被迫延畢一年。按理學校對體育生課業要求並不高，通常只要完成補修就可以取得學分，但偏偏暑期補修時間都與中華隊出國集訓日期衝突，教練與講師溝通無效，大家只能默默承擔結果，待 1990 年服完大專兵役時都已經 25 歲左右了。

在挫折頻頻的那幾年裡，許多觀念遭受到前所未有的衝擊，原本順遂的棒球生涯似乎也開始遭遇挑戰，人生陷入前所未見的低谷。但是多年後再來回顧那段時間，卻覺得那真是個關鍵又珍貴的人生轉捩點，從一個只知道專注一件事、單純天真的男孩蛻變成一個男人，認識自己所在的世界，學習看見和看懂更多人情世故。

對球員來說，受傷當然不是好事，但是只要不鑽牛角尖，他覺得所有經歷過的事情都是人生成長的養分，熬得過去就有機會。不要把傷痛當做藉口，他說既然想要運動，可以忍當然就要設法忍住，不然他後來怎麼能加入中華隊？

回憶中唯一的高光時刻，是大二那年秋季甲組賽。當時，他們僅十三人應戰，竟一路過關斬將奪得全國冠軍。預賽原本不被看好，但台

電隊因種種戰術考量選擇放水，送上十幾比零的比數，無意間激起他們的鬥志，大家找回睽違已久的比賽狀態，全隊滿血復活。後來對手不再放水，他們仍然一路長紅，勢不可擋，打出二十幾比幾的成績！這段經歷鼓舞了當時已陷入低潮一段時間的張耀騰。

陸光國軍棒球隊 心智逐漸成熟，低迷褪去

大學畢業之後他在陸光國軍棒球隊服兵役，那兩年他們球隊陣容很堅強，王光熙、陳威成、黃忠義、張耀騰、羅國璋、古國謙……，幾乎近一半是後來 1992 年奧運入選選手，超強的防守跟打擊實力使他們所向披靡，當時常常一場球可以打出十分。在連續兩年都拿下甲組冠軍後，旅部甚至動員大樓裡所有幹部從營區門口沿路列隊放鞭炮歡迎，轟動非常。

因為球隊一直表現不錯，他們在球隊裡的生活相對穩定，當時張耀騰主要是擔任游擊手。其實國中時期他主要是守二壘，會轉換跑道是因為初上高一時某次隊內分組比賽二壘游擊沒人，教練當時問他要不要試試游擊？經過那次比賽，教官發現他游擊好像也可以，往後守備練習時就讓他留在這個位置。

差不多就在他服兵役前後這幾年，台灣球壇發生重大變化。首先，已悄悄醞釀幾年的職棒於 1990 年正式成立；同年，空軍棒球隊解散，併交陸光統一訓練。對台灣球壇來說，職棒成立是個關鍵性重大轉捩點，它提供熱愛棒球的孩子更多出路，延長了他們的棒球生涯。

而張耀騰低迷的情緒在這一年半時間裡逐漸沉澱，並不能說是就此解開了什麼難解的心結，而是因為心智逐漸成熟，看待事情的角度更多，糾結漸漸被放下，這個過程在往後幾年都持續在進行。

▲ 大學球隊聚集了來自各地的好手，但看似華麗的陣容背後卻潛藏著許多問題，張耀騰（左三）和隊友們所要面對的已不只是專業競技上的挑戰而已。

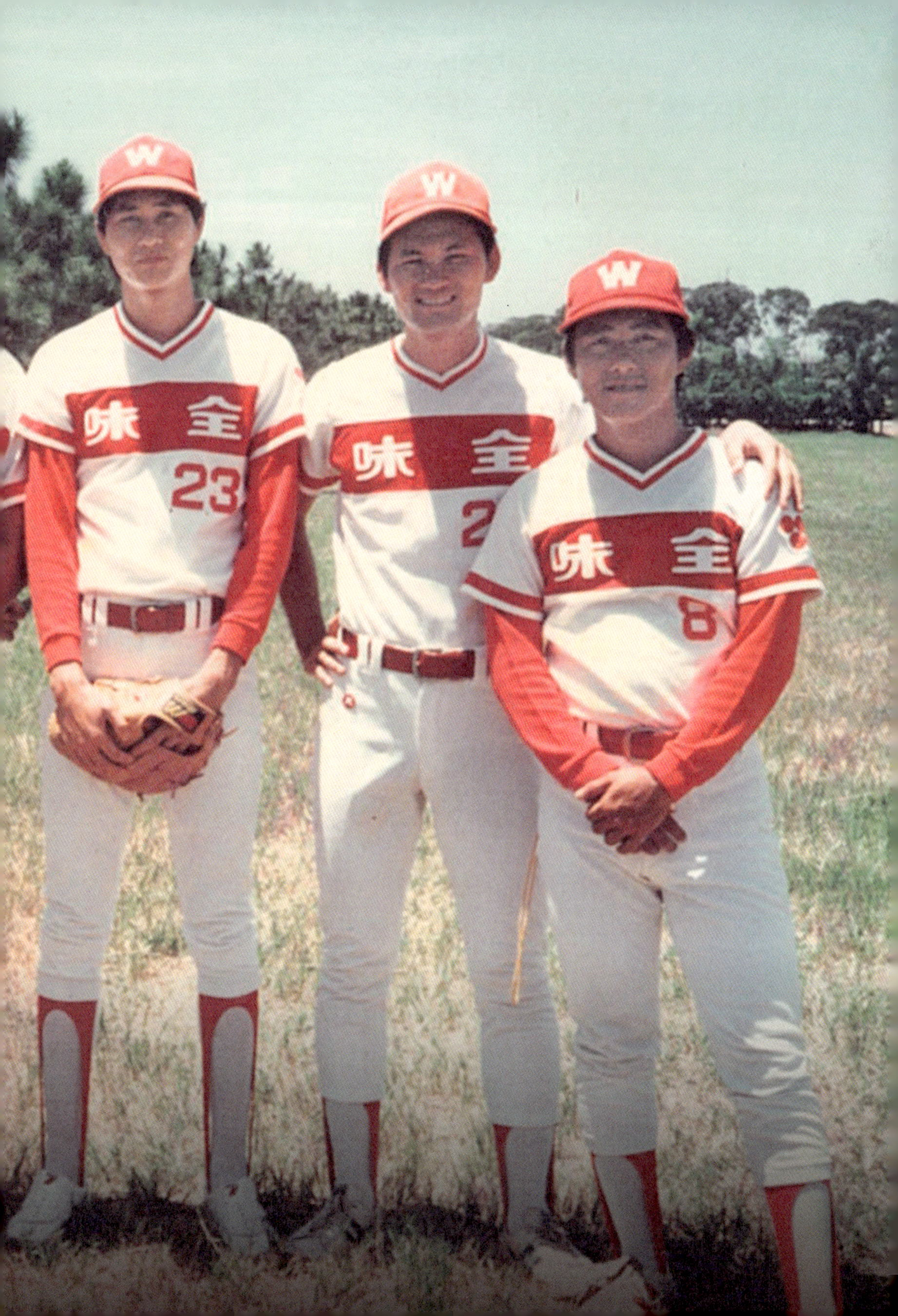
W
味全
23
味全
味全
8

Part ❶ 專業養成篇：一切都從平凡開始

> 張教練
> 細說棒球

參加 LLB 國際賽事的幾個有趣經歷

1 半夜練球的趣聞

　　國三、高二與高三這三年，我都有幸入選美國少棒聯盟（LLB）中華代表隊。高二那次雖然沒有奪冠，但卻留下了許多難忘的回憶和深刻的反省。

　　那一年，我們中華隊前往美國佛羅里達州參賽。剛抵達時，全隊都飽受時差之苦，晚上翻來覆去難以入眠。我和室友游宗龍乾脆跑到飯店外的空地練習傳接球。夜晚的飯店空地燈光昏暗，我們輕輕地互相拋接著棒球，玩得不亦樂乎。沒想到，這一幕竟然被一位半夜睡不著出來散步的教練無意間看見了。

　　隔天集合訓練時，教練一臉感動地對全隊說：「昨天晚上我起來散步，沒想到竟然看到有隊員深夜還在練球，真的讓我很感動！」當下我和游宗龍有點尷尬，其他隊友則一頭霧水，紛紛竊竊私語：「誰啊？半夜不睡覺跑去練球？」後來大家才知道，原來是我們這兩個睡不著的傢伙。我至今每次回想起這件事，都忍不住覺得好笑──原本只是想打發無聊的時間，沒想到竟意外地獲得了教練的誤會與稱讚。

2 出人意料的美東強隊

調整好時差之後,隔天我們隊到附近的公園進行賽前練習。當時,我們注意到附近也有另一支球隊在熱身。那支球隊看起來非常隨便,許多球員甚至赤裸著上身,只穿著短褲,手套和球棒隨意丟在地上,有些人還在旁邊打鬧嬉笑,完全看不出一點紀律。

我們的隨隊秘書感到好奇,便走上前去問:「你們也是來參加比賽的嗎?」對方球員懶洋洋地回答:「是啊,我們是美國東區代表隊。」聽到這句話,我和隊友們互看一眼,滿臉驚訝,實在很難相信這樣鬆散的一支隊伍竟然也是正式參賽隊伍。

真正進入比賽後,情況卻大大出乎我們的意料。我們首戰對上實力堅強的波多黎各隊,雖然拚戰到底,但最後仍以些微差距落敗,全隊情緒低落。沒想到第二場比賽對上的就是那支看起來毫無章法的美東隊,原本以為這場可以輕鬆取勝,沒想到他們一上場就連續擊出安打,甚至打出兩分砲,最後我們竟以 4 比 2 落敗,讓全隊都大跌眼鏡。

比賽結束後,全隊陷入一片沉默,教練皺著眉頭說:「這支球隊看起來這麼隨便,竟然這麼強!」回想起那場比賽,讓我最震撼的,是他們幾位內野手的身材。一、三壘手的身高都超過 185 公分,肌肉結實,爆發力驚人。即使面對我們投手陳義信那招牌滑球,也能一棒撈出全壘打。那是我第一次那麼清楚地感受到:在棒球場上,身體素質真的能夠帶來壓倒性的差距。

> 張教練
> 細說棒球

3 尷尬的裸泳事件

連續輸掉兩場比賽後,我們中華隊已經確定無緣晉級。但大會規定所有球隊都必須待到閉幕典禮後才能離開,所以接下來幾天,全隊陷入一種前所未有的無聊狀態。

某天晚上,一群隊友突發奇想,決定去邁阿密著名的白色沙灘散步。我們對當地的規定一無所知,只見沙灘上空無一人,便有人興奮地提議要去裸泳。那時大家年輕氣盛,又悶得發慌,一聽到這種瘋狂的點子,居然一呼百應,一群人赤裸裸地衝進大海裡,在冰涼的海水中又叫又笑。

正當我們玩得不亦樂乎時,突然一道刺眼的探照燈從海上掃射過來,接著就聽到海巡隊透過擴音器大吼:「Get out of here!」我們當場嚇得魂飛魄散,一邊手忙腳亂地撿起衣服,一邊尷尬地往岸上衝。

這場荒唐的裸泳事件,後來成了我們隊裡最常被拿出來說嘴的趣事。每次聚會,總會有人提起那晚的「驚魂記」,然後全場笑成一團。

▲ 出國競賽為所有小球員打開了新視野,但過程中也鬧了不少笑話。

4 對棒球觀念的深刻反思

　　這場 LLB 賽事，讓我第一次真正看見美國與台灣在棒球訓練方式和文化上的差異。美東隊看似隨意的訓練方式，背後其實反映的是他們自由自在、從小在歡樂中學習棒球的成長環境；而我們在台灣接受的，則是一種強調紀律與嚴格要求的訓練模式。這兩者代表著截然不同的棒球教育觀念。

　　後來我漸漸明白，棒球比賽的核心不只是追求勝負，而是培養選手的勇氣、團隊合作精神，以及從中學會享受這項運動的樂趣。過去那種近乎軍事化的訓練模式，確實曾經幫助台灣在國際賽場上締造輝煌，但也或許正是這種過於嚴格的方式，壓抑了球員的天性與創造力。

▲ 棒球比賽的核心不只在競技，更在鍛鍊選手勇氣、養成團隊合作精神與享受棒球樂趣的能力。

PART 2

心智鍛鍊篇

跌宕起伏的棒球生涯

　　從少年時期純粹揮棒的快樂，到成年後面對失利、傷病、徬徨，張耀騰的棒球之路並非一路平順。這段漫長旅程，讓他學會的不只是技術上的精進，更是一次次心智上的淬鍊。他曾因無緣奧運陷入低谷；也曾因受傷懷疑自己是否還該繼續走下去，卻在教練的指引與團隊的信任中重新站穩腳步。

　　從中華隊的密集訓練、戰術解讀，到與世界強權的正面對決，他逐漸理解比賽不只是場上的對抗，更是資訊、判斷與心態的競技。

　　棒球讓他學會承受壓力、做出選擇、尊重團隊，也讓他體會，真正的成熟不是不再跌倒，而是在跌倒後能夠學會如何站起來，並帶領他人一同前行。在棒球領域裡，張耀騰遇見許多提攜教導他的貴人，他心懷感激；成年後雖遭社會現實打擊，一度灰心喪志，但最終所有經歷都成為他成長的養分。

沉淪與復起——奧運殿堂洗禮

　　台灣知名棒球評論家及作者曾文誠有一個電台節目，有次他訪問張耀騰：「耀騰，你覺得哪一個時期打棒球最快樂？」當時他毫不猶豫地回答是高中。那是他棒球生涯中最心無旁鶩的一段快樂時光，在教練為球員撐起的保護傘下，不必考量其他不相關的人情世故，整個人全心全意撲在棒球場上，專注又純粹。雖然不慎受過傷，但他仍然得到很多當時覺得自豪的成績，也以不斷追求卓越為目標。那時候真實世界被隔絕在一段距離外，即便彷彿看見了什麼，也不放在心上。

　　將升大二時的那場奧運選拔賽，用很意外又震撼的方式讓他認識了世界的真實面，他也因此消沉了很長一段時間。之後因為腿部再次意外受創被剔除國手資格，與 1988 年奧運代表選拔擦肩而過，無疑更是雪上加霜。另一方面課業上的情況也不樂觀，在中華隊集訓與學科暑期補修的兩個選項之間左右為難，當他最終選擇集訓時，也就意味著大學必須多讀一年。

　　大學四年可以說是他棒球生涯中最黑暗低落的一個階段，所有挫敗和阻擋全都在身邊湧現，自己連最喜愛的棒球也沒辦法好好練習。他的人生好像從高中之前陽光燦爛的景況瞬間跌落到谷底，一片烏雲慘淡。

重新出發，與奧運擦肩後再度重逢

　　早在 1990 年職棒聯盟成立之前兩三年，各大企業已經悄悄開始招兵買馬，與業餘棒球界展開搶人大作戰，據說眾老闆之間對於如何分配選手，私下已經形成了共識。1989 年李來發和高英傑教練為了 1992 年奧運展開儲訓，因為有這些新的競爭對手出現，徵召他們覺得可用的選手時多了些難

> Part ❷ 心智鍛鍊篇：跌宕起伏的棒球生涯

度。當時張耀騰還在軍中服役，面對各方人馬拋來的橄欖枝，他心裡其實很交戰，不知道到底該先去打職棒？還是拼中華隊才好？一直到1990年退役後都已經入儲訓隊報到了，心裡仍然搖擺不定，後來是李來發教練的一席話讓他真正定下心。

還記得那天沒有晚訓，李教練突然召集所有選手，集合後他告訴大家1992奧運是個難得的機會，這是運動最高殿堂的比賽，也是棒球第一次被列入正式項目，絕對史冊留名！台灣從來沒有球隊參加過這樣的賽事，「很多運動選手都衷心嚮往，你們不會想要去拼拼看嗎？你想要打職棒，就算奧運失敗了，回來還是有機會，真的一定要急在這一時嗎？雖然多花兩年時間，你們以後一定覺得很值得！」他也不分析什麼利弊得失，但是他的話反而讓張耀騰想起以前青少棒時期自己曾經有過的憧憬，那時候他純粹只為教練和學長的身手驚艷，被老教練的拼搏精神感動，他曾經有過那樣的純粹和專注。

攀越巔峰，殿堂級新視野和高度

加入奧運儲訓隊之前，張耀騰一直以為自己在美和的訓練已屬魔鬼等級，從來沒有想過原來練習還可以更辛苦！因為腿部曾兩次受傷，能承受的訓練強度多少還是會受到一些影響，但是既然已經在中華隊儲訓名單裡，那就沒有什麼多餘的話可說，無論如何一定要ㄍㄧㄥ住！受訪時張耀騰雲淡風輕地這樣回答，但輕描淡寫的幾個字，背後必然有難以想像的付出。在面對人生各種挑戰時他一貫有這樣的態度，沒有多餘的抱怨或訴苦。

多年來他常在螢幕上觀賞奧運比賽，有時候也會想像那到底是個怎樣的場面，但等到真正走進奧運開幕式現場時，看見奧林匹克五環高掛

▲ 職棒成立前夕,各方私下展開搶人大作戰,當時還在軍中服役的張耀騰也接收到許多邀請,因此也陷入交戰:究竟是先去打職棒?還是拚中華隊才好?

在眼前,心情仍然莫名悸動!

中華代表隊入場時沒料到美國男籃隊早已在場內,球隊因此有機會經過他們旁邊,皮朋、馬龍、麥可喬丹……NBA 球壇那些熟悉的臉孔突然一一出現在眼前,不過隔著幾公尺那麼近的距離,一路上隊裡早已有人在低聲輕喊:「要經過美國隊了喔!趕快看!」「那是麥可‧喬丹!」「馬龍!馬龍欸!」那些遙遠如在天際的巨星好像伸手就可以摸到。

拿到奧運銀牌固然很開心,但是有多少人可以這麼近距離看到麥可喬丹、馬龍!?他們卻因為參賽而得到這麼難得的機會,大家興奮到不行!

Part ❷ 心智鍛鍊篇：跌宕起伏的棒球生涯

代表隊瞬間集體球迷化，全都瞪大眼睛向美國隊裡張望。銀牌以後還有機會去拼，可是誰保證下次還能再碰到籃球界的神？當時如果有筆跟紙，他們絕對會衝進去要簽名！在那一刻他才真正感受到，這個比賽的級別已非尋常賽事可以相比。

不只是輸贏競技，從奧運重新認識棒球

1992 年台灣得到奧運棒球項目銀牌絕對是件空前絕後的大事！那屆比賽後，國際奧會為了讓棒球運動更國際化，開放職棒球員參賽，同時只要能證明選手具有某國血緣即可徵召代表該國參賽。因為這兩項新規定，各隊得以四方延攬強將，競爭將更為白熱化，日後得獎難度勢必大幅提升。

張耀騰印象最深的是最後對上日本的那兩場比賽。按大會安排，四強對戰順序是第一名對第四名，第二名對第三名，得勝隊伍打冠亞軍賽，輸了就拼三四名。教練團推算，如果預賽輸日本，積分可能排第四，那麼第一場就會碰上古巴，假設贏日本的話就排名第三，日本是第二，最後冠亞軍決戰對手就會是日本。決賽對上日本或古巴，哪個比較有勝算？當然是對日本。

講到四強對戰，不得不說中華隊教練團真的很厲害，從他們身上，張耀騰認識到棒球真的不像表面看起來那麼簡單，只是揮個棒、接個球就好，裡面真的是機關算盡。比賽落幕後才知道，我們 1992 年打奧運，但教練團早在 1990 年亞洲杯就已經開始佈局。

當年為了不讓日本隊提早掌握王牌情報，總教練李來發故意不讓王牌投手郭李建夫出場，寧可放棄冠軍，這樣的決策在當時實在難以理解。他們預估預賽日本投手會推出小檜杉，儲訓期間就安排隊員反覆觀看他

▲ 看著當年拚搏得來的奧運銀牌，張耀騰首先想到的是親眼得見世界級運動巨星的興奮，再來便是教練們為他開啟的棒球新視野。

的投球影片，高英傑教練更常在晚間召集投捕分析球路，建立配球共識，培養默契。

還記得四強對日本那場比賽下車前，李來發教練說：「準備好了嗎？今天我們五比二要贏日本！」球員一頭霧水，心想能贏就不錯了，怎還能預測比分？直到自己當上教練，張耀騰才真正理解，那是「知己知彼」得來的底氣。

教練團啟發：兩隊較量不只是在球場上

球隊在場上鏖戰吸引了所有注意力，但背後教練團的對決才真正是高潮起伏，宛如諜報戰般的攻防不斷。張耀騰至今仍記得 1991 年亞洲杯對韓國的那場比賽。那次，他親眼見識到與韓國隊著名的「第五位教練」（一

Part ② 心智鍛鍊篇：跌宕起伏的棒球生涯

般球隊場上僅有四位教練）。

因為早已識破對方用意，比賽當天表面上是李來發教練在下指令，高英傑教練僅負責記錄，但實際主導其實是高教練。看著場上李教練在身上一陣亂摸，讓韓國這位專門用來破解暗號的教練一頭霧水，明明球隊暗號動作相同，為何戰術不同？

事後教練團解釋，早就觀察到韓國那名教練長時間朝中華隊方向注視，因此推斷其職責為分析戰術、破解暗號。若任由對方掌握中華隊暗號，便能調整守備與配球策略，對中華隊相當不利。教練團立即商討對策，化解潛在風險。

張耀騰坦言，從小學一路打球到大學，過往大多靠本能打球，並未真正理解背後的戰術邏輯，直到奧運集訓，教練團的思維徹底打開了他的眼界。李來發與高英傑教練曾效力日本南海隊，林華韋教練也有日本社會人棒球背景，他們對日式棒球文化相當熟悉，因此能敏銳判讀對方思維與風格。

這些經歷對他日後擔任教練的啟發重大，遇到事情時他會想：若今天是教練團面對這個局面，他們會怎麼做？平日這樣的學習與觀察對於球員能力增長有很大幫助，也因此，他常提醒學生，大學階段要真正學些東西，不要只是混張文憑。

當年也曾有老師這樣勸誡他們：再累也要唸書準備考試！當時不理解，如今深感道理所在，希望下一代不要重蹈自己覆轍。

得勝關鍵：銀牌榮耀應歸屬於教練團

曾有記者問張耀騰如何評價自己在奧運的表現，他的回答是「平

平」。在他眼中，棒球不適合過度強調個人英雄主義，講求的是團隊的整體火力與平均表現。若一到九棒都能夠穩定輸出，即便沒有超強打者，也能形成難以破解的攻勢。中華隊當時之所以難纏，就是因為每棒都能輸出壓力，讓對手投手無法鬆懈。

從 1989 年開始，教練團便展開徵選與備戰，儲訓名單將近四十人，經過篩選後建立穩定陣容。然而，環境變化很快，隨著職棒興起，不少經驗豐富的選手提前投入職業戰場，造成 1992 年後的中華隊人才出現斷層，實力銜接陷入青黃不接。1993 年起，教練團只得重新培養年輕選手，但年輕世代尚未成熟，表現仍存不確定性。

張耀騰當年 27 歲，是隊中第五年長的球員，隊上年紀最大的江泰權已 32 歲。許多主力如羅國璋、羅振榮、吳思賢原本也計畫加入職棒，最終被教練團說服留下。若這批選手沒有留下，中華隊很可能無法締造銀牌的成績。當時教練團在左營集訓時曾對全體選手說：「這是棒球首次列入奧運，能參與是一種緣分，也是無法用金錢衡量的格局。」

雖然銀牌也有不小獎金，但選手們清楚，面對古巴、美國、日本、韓國等強敵，金牌談何容易？張耀騰認為，中華隊銀牌最大的功臣並非某位球員，而是教練團。他舉例說，郭李的表現能夠發光，是因為教練的靈活調度將他的角色與使用發揮到極致，否則即使有實力，也可能淪為普通投手。

繁華落盡後，新的道路即將展開

奧運對張耀騰而言，不只是運動生涯的高峰，更是一場深刻的洗禮。那場銀牌戰的榮耀，幫助他恢復低潮時差點失去的熱情，也讓他真正理解

Part ❷ 心智鍛鍊篇：跌宕起伏的棒球生涯

什麼叫做「團隊的力量」。從訓練場上的汗水，到教練團不眠不休的佈局分析，每一點細節、每一場選擇，都為他帶來深刻影響。

這段從谷底走向殿堂的歷程是一個新的起點，之後他開始學著從教練的角度去看待比賽、分析戰局、經營球隊。在那幾年，他從一名單純愛打球的選手，逐漸成為有責任、有想法的領導者。

這塊奧運銀牌，不只是一次國際比賽的成績，更是他過去所有高光榮耀和低谷掙扎的總整理；也是一把鑰匙，開啟了他日後成為教練的那扇大門。可以說也正是從那時起，他下定決心──將來不只是要打好球，而是要教會更多人，怎麼走出屬於自己的棒球人生。

▲「張耀騰 立大功」：這張簡報是張耀騰在 1990 年 9 月 20 日亞洲盃對南韓擊出關鍵三分全壘打，助中華隊取得 92 年奧運棒球賽資格後隔天聯合報的報導，這支全壘打可說是張耀騰一生中最重要的一次打擊。

榮耀與傷痕──職棒之路

職棒上路，台灣棒球界迎來新曙光

中華職業棒球大聯盟於 1990 年正式啟動，而張耀騰參與奧運則是在 1992 年。在那之前，最好的棒球環境仍是業餘甲組成棒球隊。當時的甲組球隊如台電、合庫等，極力網羅服役完畢的優秀球員。特別是台電和合庫所提供的福利相當優渥，球員退役後可直接進入企業體系任職。張耀騰坦言，若當年職棒沒有成立，他很可能也就選擇去合庫報到。

職業棒球雖然本質上是企業商業操作下的產物，但從長遠來看，確實為台灣的棒球生態注入了活水。許多人認為，職棒是推動台灣棒球發展的火車頭，由於企業的介入，三級、四級棒球的推廣得以更加順暢，也補上了原本台灣棒球生態鏈的斷層，讓年輕球員看見追夢的出口，也讓出身清寒的孩子可以透過棒球翻轉人生。否則大學體育生未來除了台電或合庫，還能去哪裡？再不然也只能直接轉行去上班了。

對於學業，張耀騰一直以來其實也沒有特別花心思經營，再加上當時他對棒球已經沒有太高期待，在看不到明確出路的情況下，心情極為低落。臨近畢業與當兵前夕，有籌備職棒的風聲傳來，奧運儲訓時陸續開始有企業來接觸。奧運的經歷當然難忘，但放在社會裡它不一定換得來實際的未來，職棒的出現為茫然的棒球球員帶來一絲希望，為他們轉換人生角色提供過渡平台。

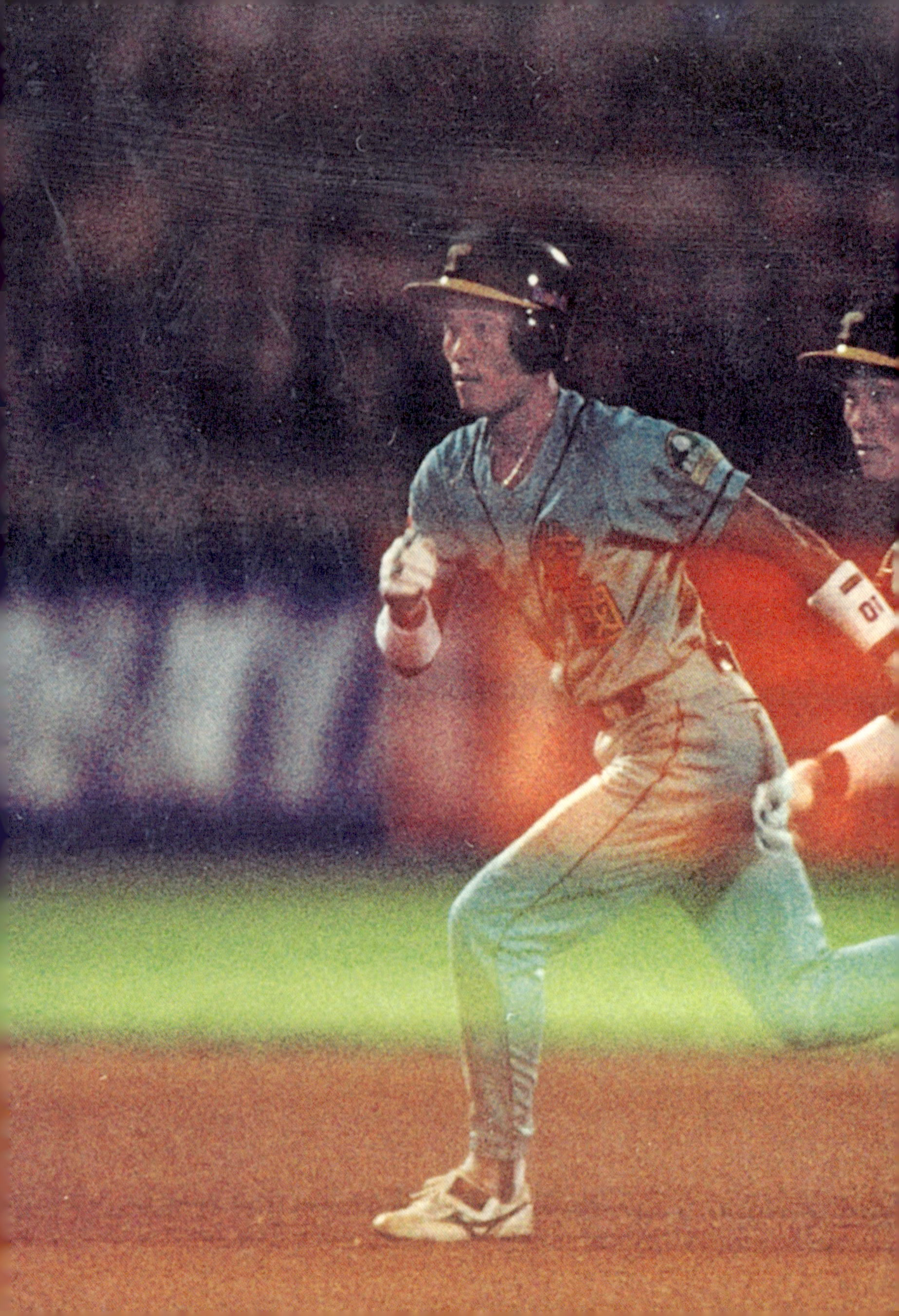

▼ 經歷過真實人生的洗禮，從校園球隊跨入職業棒球領域，張耀騰看待棒球的心態也不斷調整轉變。圖為他盜壘的動態連拍圖，動作快速而流暢，無怪乎能成為中華職棒盜壘王。

以張耀騰為例，他離開球場時已經 32、33 歲了，心境相較比較穩定，同時多少有了點積蓄，較能坦然面對社會現實。他說很多人覺得奧運光環會跟著人一輩子，但其實不然，回想當年遭遇的困境，他認為真正重要的是心態。面對每個挑戰和挫折，都要願意面對，自我調整，若能如此，挫折也許反而是成長的養分。

職棒初體驗：光明與黑暗一體兩面

從奧運結束到加入俊國熊，張耀騰經歷過一連串錯綜複雜的過程。當時的球員彼此大多熟識，私下常互通消息，像是呂明賜、李安熙等幾位退伍前的老同學也都有主動聯繫他。原本他對其他球隊也有加入意願，但在一連串陰錯陽差的情況下，最終仍選擇留在俊國。當年，不少熟識的球員也都分別加入了俊國或時報。

陳一平：傳奇色彩的俊國熊創辦人

職棒剛成立時共有六支球隊：兄弟象、統一獅、味全龍、三商虎、俊國熊和時報鷹。由於兵源緊張，球員年齡普遍偏高，加上許多選手身上都帶有舊傷，為了延長球員陣容的使用年限，各隊都積極尋找年輕選手。

俊國熊的老闆陳一平，是一位富有想法的企業家。年紀輕輕便投入建設事業，後來因為時常陪伴移居美國的妻子觀賞棒球賽，從而萌生成立棒球隊的念頭。他投資球隊經營毫不手軟，設計球隊服裝時，因為偏愛美國奧克蘭運動家的制服配色，甚至親自飛到日本向知名品牌 Descente 訂製球衣，配兩件上衣與兩件球褲竟就要價八千元台幣。然而，俊國的場地條件不佳，球褲常在球員滑壘時磨破。

陳一平不僅敢花錢，更創下至今無人突破的紀錄——俊國熊後來轉賣

給興農（初期稱「興農熊」，後更名為「興農牛」），成交價高達五億元，是台灣職棒史上最高的球隊轉讓價格。他眼光精準、膽識過人，當年在台中崇德路購地時即使被外界嘲笑，他也毫不在意，如今那些地段早已成為精華區，資產翻漲數十倍，現值幾乎難以估算。

至於俊國轉賣的真正原因，主要與聯盟在電視轉播權益上的意見分歧引發裂痕有關，最終促成出售。（相關細節張耀騰並未多言）

從俊國到時報：職棒初期的球員權益

球隊轉賣給興農之後的第一年，總教練改由韓籍教練金容雲接掌兵符，而張耀騰則擔任隊長。然而，由於語言與文化的差異，雙方在溝通上產生了諸多困難。儘管球團花重金聘請外籍教頭，但彼此理念格格不入，最終仍無法繼續合作。

在那段動盪的時期，張耀騰也猶如一件商品，被公開叫賣。由於時報鷹教練李瑞麟堅持一定要網羅他，最後時報開出當時最高價——360萬元，才順利完成轉隊。其實早在俊國決定轉賣給興農時，李瑞麟就曾私下接觸過張耀騰，但礙於他當時所簽的「霸王條款」式合約，根本無從自由轉隊。

那時球員普遍沒有經紀人制度，對合約內容缺乏認識。張耀騰的合約條文甚至明文規定：「未經公司同意不得轉隊」，換句話說，一旦公司決定將球員冷凍，他也毫無選擇餘地。

當時的中華職棒聯盟名為「聯盟」，實則仍由老闆們主導一切，權力集中，球員處境艱難。即使有球員嘗試成立工會維權，也很快遭受打壓。每當有人問起，為何台灣職棒球員始終無法像日本球員那樣獲得社

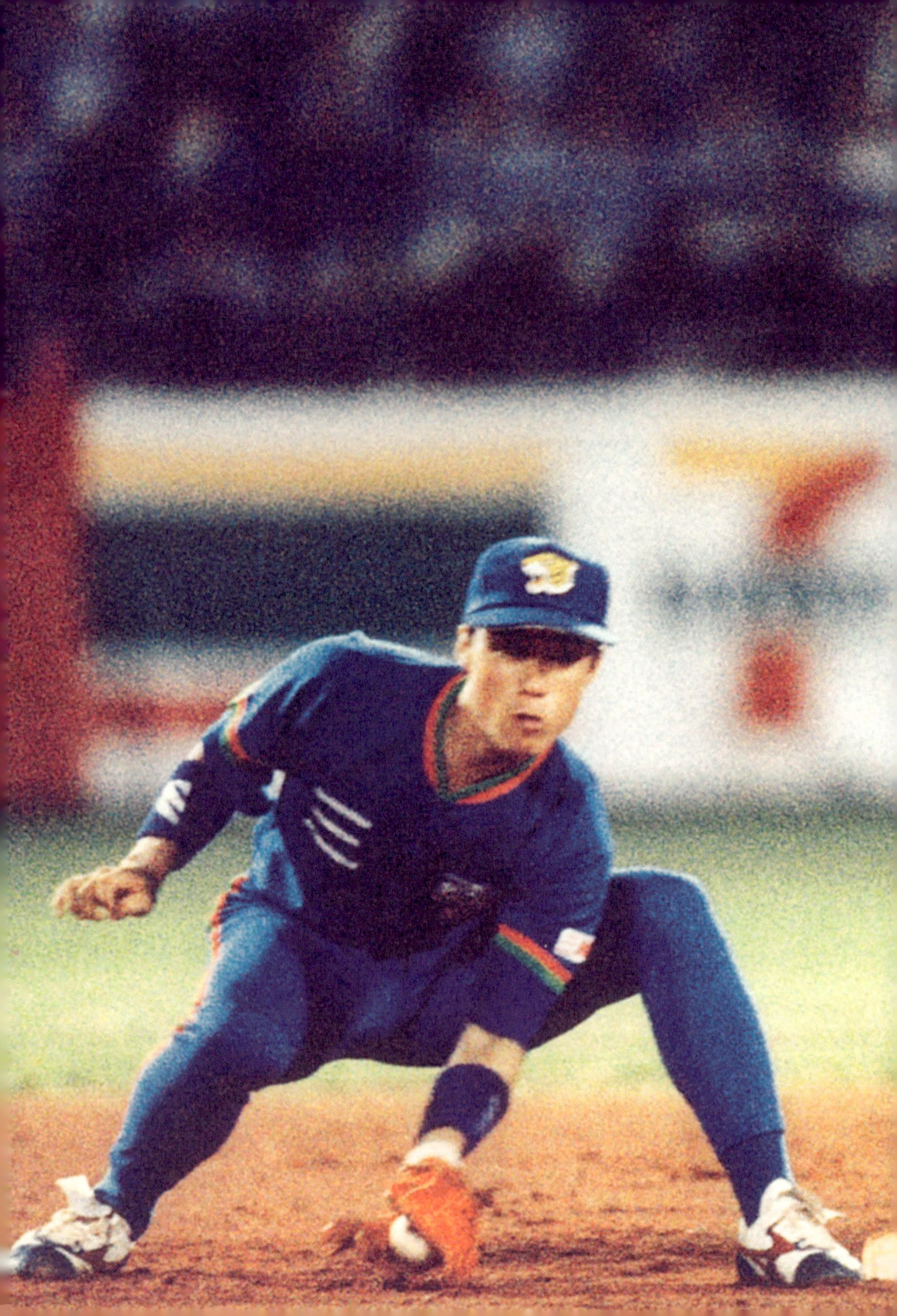

▼ 張耀騰（左）親眼見證了台灣職棒草創時期的球壇狀態，因為欠缺完善制度，球員權益無從維護，但他依舊賣力打球，展現精湛球技，期望和其他同一輩的球員共同打拼出美好的一面，以待職棒的光明前景。

| Part ❷ 心智鍛鍊篇：跌宕起伏的棒球生涯

會尊重？張耀騰的回答總是：「因為我們沒有制度。」

與時俱進：職棒體制不斷改善

以日趨成熟的體育實力取代軍武

好在隨著時間推進，台灣職棒已逐步走向制度化。現在的球員不但更懂得爭取權益，也更清楚什麼叫做職業精神。既然領著高薪，自然就有相對的責任。這是職業選手該有的自覺。

張耀騰始終相信：「棒球是一種專業。」這個生態必須被好好呵護發展，從選手、教練到球團人員，大家都應該更專業、更有遠見。如今人們希望和平，不再仰賴軍武展現國力，取而代之的是體育實力。棒球、足球、籃球，這些都是國力象徵，也能帶來一個國家的士氣與信心。

大巨蛋時代到來：一個全新開始！

現代大巨蛋的誕生，不只是場地硬體的一種提升，更是新的產業鏈的開啟。有了場地，觀賽成為全民娛樂，餐飲、文創、商品等球場周邊行業都能被帶動，吸引更多企業投入。當整個產業進入良性循環後，球員的待遇、社會地位自然提升，過去曾發生的賭博、醜聞或許也能慢慢遠離這個舞台。

從球員到教練、從光榮到低谷，再到辭別職棒，張耀騰親眼見證過職棒的改變，每一步都踩過現實。台灣的棒球路走得不容易，但它正在往更成熟、更健康的方向邁進。這一路上的榮耀與傷痕，正是他們這一代人親身走過、用熱血與汗水寫下的歷史。

卸下光環之後的艱辛路

媒體光環可助人亦可害人

媒體炒作就像一把雙面刃,既可能帶來助力,也可能造成傷害。它能讓大眾的目光聚焦於運動項目本身,提升關注度,但同時也可能在無形中對年輕選手造成壓力與傷害。在鎂光燈下的榮耀,往往容易讓人迷失方向。

張耀騰回想自己國小、國中時期,曾看過許多比他更具天分的選手。這些人為什麼後來都消失了?他仔細思索後發現,很可能是因為他們染上了「大頭症」,不再覺得需要努力練習。最終,並非球隊放棄了他們,而是他們自己選擇不再承受艱苦的訓練。當他們某天重返球場,發現別人都已進步,唯獨自己停滯不前時,若無法承受這樣的現實落差,很可能心生退意,就此一蹶不振。

張耀騰坦言,自己當年也曾有過類似的傾向,只是因為警覺性較高,及時拉住了自己,才沒有隨波逐流。媒體有時候確實能幫上忙,但對年輕選手而言,適可而止才是關鍵。在吹捧之餘,社會應該同時給予教育。相比之下,日本在這方面就相對節制,較少出現過度吹捧的現象。這意思並非要讓孩子長期陷在挫折中,而是希望他們不要太早自滿,以免動搖選手的根基。

如今張耀騰已轉為教練,深知經驗的傳承比單純的球技指導更為重要。他相信,若能將自身心路歷程與反省分享給年輕選手,讓他們避免重蹈覆轍,那對於孩子們未來的幫助將遠比技巧層面來得深遠。

張耀騰

第一堂社會課：做生意不能只靠熱情與直覺

1997年離開時報鷹後，張耀騰開始學習踏入社會。當時他沉潛近一年，思考除了打棒球之外，人生還有什麼可能。雖然經濟暫時無虞，但他始終有危機意識，不願坐吃山空。那段時間，他嘗試了許多事情，其中一個就是開火鍋店。

起初是朋友建議：「你這麼愛吃火鍋，不如自己開一家試試？」張耀騰覺得有道理，便決定動手一試。他選址在汐止一處社區裡，考量當地房租相對便宜，又聽聞國泰醫院即將興建，想搶占先機。透過朋友找到一間每月租金四萬元、空間頗大的店面，立刻著手裝潢，計畫在冬季開張。未料裝潢未完便遇上921大地震，社區停電停工，一個多月後才復電。此時，距離不到百公尺的另一家火鍋店已搶先開業，錯失黃金時機，也讓客源大量流失。

開業初期，業績尚可，年節前還能勉強支撐，但過年後迅速下滑。到四月時，甚至一天賣不到三鍋。原本為了搶占地利，選了靠近國泰醫院院址的地點，但後來醫院工程延宕，選錯時機，火鍋店經營自然陷入困境。投入約一百二、三十萬元的資本，最終只能以四十萬元轉讓，慘賠收場，為時僅半年。

他後來才明白，那社區雖大，多數居民卻在台北上班，晚間返家時多半已在外用過餐。社區裡留守的老人與小孩，也不是火鍋店的目標客群。週末雖是用餐高峰，但偏偏多數人會選擇外出活動。經歷過挫敗，張耀騰

◀ 媒體就像一把雙面刀。張耀騰坦言，當年在風光無限時，媒體的吹捧也曾讓自己差點忘記自己是誰。圖為當時的球員卡，還附上簽名，顯見他受歡迎的程度。

這才體會到,做生意不能只靠熱情與直覺,市場調查的重要性遠超過想像。

那時的他,由於受職棒簽賭案牽連,不論是否涉案,整隊球員幾乎被聯盟封殺,回球場之路被徹底堵死。他對社會了解極少,火鍋店關閉後,一時間也不知道還能從事何種工作。有朋友建議他嘗試業務工作,他才開始從翻報紙找工作起步,一點一滴重新摸索自己的未來。這時候他仍未萌生擔任校園球隊教練的念頭。

閱盡社會百態:認識環境也認識自己

結束火鍋店後,他曾短暫投入汽車業務工作,但底薪只有一萬多元,加上自己並不擅言詞,三個月下來已明白這條路不適合自己。在一次機緣中,他遇到一位在某殯葬企業工作的客戶,對方聲稱收入豐厚,引起了他的興趣,於是轉而接觸這個行業。然而三、四個月後他就察覺不對勁。這家公司的運作模式近似直銷,由上線業務帶領下線入行,灌輸高收入的夢想,但實際生活卻與表面說法有很大落差。帶他的那位上線夫妻常誇口收入高,年年出國旅遊,卻又總不經意透露家中凌亂無比,讓他心生懷疑:「如果真的那麼賺錢,生活品質怎麼會這樣?」

從球員的單純生活步入社會,他才漸漸認識現實世界的樣貌。過去球員之間講義氣、重承諾,競爭直接,贏了輸了都坦然面對,私下無須揣測人心。但一接觸社會,才發現人與人之間多有心機與算計。尤其當這家公司開始鼓吹下線購買數十萬元的商品時,他警覺事有蹊蹺,藉口經濟困難,旋即離職。

在收入不穩的時期,他一方面要負擔生活與房租,還得照顧雙親,加上創業失利、業務不順,經濟壓力逐漸加重。但期間他偶爾仍會參加

乙組和慢壘比賽，某次在比賽中碰到高中時期認識的蕭文勝教練，得知他尚未找到方向，便推薦他去開南商工擔任體育代課教師。

在社會上幾番碰壁後，他開始理解自己的性格與能力不見得適合某些行業，而生活壓力迫使他重新思考能依靠什麼技能謀生。朋友建議他嘗試擔任教練，雖然他當時對教練工作毫無興趣，也沒信心能勝任，但基於現實考量，他接下代課教師的職務，之後轉任有球隊需求的學校，正式走上棒球教練之路。

轉型校園教練，人生再出發

在接下體育代課工作後，他也因打業餘比賽接觸上過去球界人脈，再次迎來職涯的轉機。某次，朋友廖森輝問他對教球是否有興趣。廖當時是體委會的專任教練，與汐止國中的張永文教練熟識，得知汐止地區剛好有教練缺額，便幫忙牽線。這讓他重新正視自己唯一擅長且熱愛的領域──棒球。2002年底他開始接觸教練工作，隔年進入汐止國中，但性質仍是由球隊後援會聘僱的外聘教練。當時整支隊伍僅有張永文總教練與他兩人，而訓練場地設於汐止國小。

進入校園後，他才逐漸了解教育體系的相關規章與申請管道，也在那時得知自己曾獲得的奧運銀牌可以作為申請專任教練資格。教育部體委會早在2001年便已頒布「專任運動教練輔導及管理辦法」，目的在協助具國際賽事成績的退役選手就業。雖然一開始他在後援會的待遇不高，但球隊運作逐漸穩定後，張永文教練便向汐止國小校方爭取一個職缺，於2004年協助他轉為該校的體育代課教師，身分歸屬雖然改為汐止國小，但訓練工作未曾間斷。

直到2005年，他才憑藉奧運成績轉任為體委會核定的專任運動教練。

| Part ❷ 心智鍛鍊篇：跌宕起伏的棒球生涯

▲ 在閱盡社會百態，經歷真實人情洗禮後，張耀騰以嶄新的視野看待棒球，進入校園藉由教練職務，把自己的珍貴人生體驗傳遞給下一代。圖為他和周教練兩人教導球員的情形。

這類教練雖屬約聘性質，但已有制度保障，也可由學校納入編制，成為長期配合人力。期間，為爭取更多保障，一些教練開始尋求立委協助，推動修法。2005 至 2007 年間，多場公聽會，他也積極參與。終於在 2007 年，修法通過，各縣市獲准編列教練名額。新北市首先開辦招考，他也在當年錄取，成為正式的專任運動教練。

然而制度演進並非一帆風順。2013 年行政院體委會降編為教育部附屬機構，更名為教育部體育署原先體育相關各界期盼能有一個獨立部門專司體育運動的推展事務，但這發展顯然與我們的期望相反，令人大失所望。（編按：行政院已於今年 5 月 15 日正式公布，運動部預計將於 9 月 9 日國民體育日掛牌成立，以「提倡全民運動風氣、強化選手培育及權益保障、推動運動產業發展、推展國際運動事務，並強化適應運動」為宗旨，期許開啟臺灣運動文化新的一頁。）

經歷人情冷暖，重新找到人生平衡

人在低潮時，往往才有機會看清許多原本看不見的事。對他而言，這段挫敗期雖不好受，卻也不是壞事。過去在球隊時，隊友們表面情同手足，但真正面臨困難時，關係是否禁得起考驗？他將這段經歷視為一種成長歷練，認清人性不同面貌後，日後無論面對同事或學生家長，都能用更客觀的心態溝通，找到彼此都能接受的共識。

也正是因為這些歷練，讓他在很多想法上變得不那麼強勢，不再認為教練應該高高在上。對他來說，家長就像朋友一樣，互動沒有壓力。而一個孩子在球隊的時間不過三、四年，這段期間最重要的是怎麼讓孩子變好。孩子有進步，家長放心，教練也安心。

球隊若有成績，當然是加分，能增加能見度；但對他而言，更重要的是教育的本質。如果孩子被教得好、家長認同，也會在親友間口耳相傳，如此一來，就算不靠成績來證明球隊的價值，也能讓更多孩子回到正軌、穩定成長。這樣的模式也避免了成績起伏所帶來的心理落差──不會因為贏球時被看見而沾沾自喜，也不會在戰績平平時被忽略而心生失落。

他深知，不可能每一屆都有天賦卓越的選手，這種期待並不實際，有好球員時便珍惜這段緣分；沒有天才球員時，也可以透過棒球結識一些本來不會有交集的孩子。將過往的訓練經驗與進入社會後的磨練融合之後，他的個性變得更加穩定，面對大小事的情緒起伏也不再那麼劇烈。

總之，人生的路從來不是一路順風，而每一段低潮都有其意義。卸下球員光環之後，他重新認識了自己，也學會了如何在人生的另一個戰場上，穩穩站立。

Part ❷ 心智鍛鍊篇：跌宕起伏的棒球生涯

感謝一路上的貴人

能否遇到好教練我覺得是球員的機運。據我知道，很多小學球隊教練是客串的，也就是俗話說的「開計程車」。早期少棒教練都是以這種型態居多，因為不是專業科班鍛鍊出來的，他們的動作在我們看起來會覺得比較奇怪，碰到這樣的球隊教練，小朋友的技術發展可能就會受到侷限。

黃銘川教練

在他的棒球人生裡，最讓他感念在心的啟蒙恩師，是黃銘川教練。

能遇見黃教練，是一種難得的機緣。當時為了籌組國中棒球隊，黃教練特地到國小尋找對棒球有興趣的孩子。他本身是台中省立體專出身，具備正統的棒球科班背景，從國小一路到國中，幾乎是一路陪伴他成長的導師。

五年級那年，他第一次踏進棒球場，對規則一無所知，也還不懂什麼是基本動作。但黃教練總是耐心地從投球、揮棒等基本功一一教起，示範、糾正，不厭其煩。即便孩子們經常出錯，教練從不動怒，總是用鼓勵代替責罵。

球隊練習時球經常飛進隔壁孔廟的半月池，當年球隊資源缺乏，常常練到無球可練時，教練就會帶著孩子們捲起褲管、踩進淤泥裡撿球，再一顆顆剝開洗淨、晾乾，然後他親自示範怎麼把球重新縫好，帶著大家一起動手。

黃教練對孩子們不只是技術上的指導，更像是生活中的另一位家長。有一年過年，他貪玩耽誤了多日訓練，沒想到教練沒有多說什麼，反而透過隊友送來一個紅包。紅包不大，卻讓他瞬間紅了眼眶，也讓他乖乖重新歸隊。

　　與幾位隊友一同升上建興國中，黃教練繼續帶領他們征戰各地。球隊首次奪冠那天，教練興奮地抱著每一位球員，臉上的笑容比誰都燦爛。他對訓練的要求嚴格中帶著溫暖關懷，讓孩子們甘願為他拼盡全力。

　　可惜好景不常，國二時球隊突然無預警解編，在宣布時他從教練眼中看見遺憾與不捨。儘管如此，張耀騰對棒球的熱情始終未曾熄滅。多年後，他自己也成為教練，重拾球棒、帶領球隊時，仍常會想起那位在烈日下親自示範動作、陪著孩子們下水撿球、蹲著縫球的身影。這些記憶，成為他日後堅持在教練路上的力量來源。

　　如今他歷經無數比賽的洗禮，也成為培育後進的教練，但在心中最深處，那位啟蒙他棒球人生、以身作則、無怨無悔陪伴孩子成長的恩師——黃銘川，始終佔有一席之地。

李瑞麟教練

　　國中球隊解散後，他在升上國三前轉入屏東美和，那時已有近半年沒有接受正式訓練。雖然過去在黃教練指導下練出不錯的基本功，但一到美和才發現，這裡的選手個個動作純熟，訓練節奏緊湊，讓他瞬間感受到前所未有的壓力。

　　在美和練球，每天都得戰戰兢兢，唯恐稍有懈怠就被教練喝斥：「你不練，後面還有人排隊！」「你做不好，機會就給別人！」這樣競爭激烈

Part ❷ 心智鍛鍊篇：跌宕起伏的棒球生涯

的訓練氛圍，讓他深刻體會到什麼叫做「不是你不肯努力，是別人更想成功。」

李瑞麟教練是那段期間的主導者。嚴格來說，他並非棒球出身，而是田徑選手出身，畢業於台北市立體育專科學校。雖然非科班背景，卻因熱愛棒球而自學進修，努力補足知識缺口。他思路靈活、觀察入微，總是不斷思索如何設計更有效的訓練內容，並全力投入到學生的成長中。

李教練從不將教練工作視為職責，而是當作一場共同拼搏的事業。他會將所學的訓練模式實際應用在球隊上，一步步檢驗效果，並要求選手練到讓他滿意為止。練習守備時，他親自打球給選手接，只要處理不當，就一句「再來！」球接不好，再來！不到標準，再來！直到動作到位、他點頭為止，才能換下一人上場。這樣的訓練日復一日，從不鬆懈。

除了基本功，他也強調實戰模擬。練習時常會設計情境讓球員立即反應：「兩出局，二壘有人，把分數送回來！」若沒完成，就得接受處罰。當時的懲罰並不輕微，常以鋁棒敲打屁股，震懾力極強，也讓壓力如影隨形。

回想起這段訓練歲月，他慢慢體會，這可能正是李教練的目的。他希望透過高壓演練，讓選手習慣壓力、學會承受。比賽時若能保持鎮定，那正是平日訓練的成果。李教練訓練的，不只是技巧，更是比賽心理素質。他曾說：「如果你能在練習場上撐過那股壓力，上場比賽反而會覺得很輕鬆。」

事實證明，這套訓練方法確實造就了美和當年兩支球隊的輝煌成

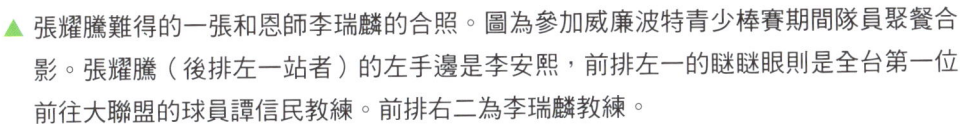

▲ 張耀騰難得的一張和恩師李瑞麟的合照。圖為參加威廉波特青少棒賽期間隊員聚餐合影。張耀騰（後排左一站者）的左手邊是李安熙，前排左一的瞇瞇眼則是全台第一位前往大聯盟的球員譚信民教練。前排右二為李瑞麟教練。

績。無論是青少棒還是青棒，李瑞麟教練都付出巨大心力。後來他還一度同時擔任美和青棒、青少棒與陸光成棒隊三隊教練，在時間與體力極限中仍帶領陸光於 1991 年創下三冠王的巔峰紀錄。

1993 年，李教練升任時報鷹職棒隊總教練，並在他日後進入職棒的旅程中扮演了關鍵角色。

這些年來，每當他回想起那段在壓力中打磨的時光，總不禁佩服李教練的堅持與遠見。那是一段艱苦卻深具意義的歲月，也是一位教練用信念與紀律，為選手打造競技韌性的養成之路。

| Part ❷ 心智鍛鍊篇：跌宕起伏的棒球生涯

曾紀恩教練

美和的國中棒球隊由李瑞麟教練帶領，高中則由曾紀恩教官執掌。高中球隊之所以能在全國名列前茅，很大程度是因為國中階段已經打下穩固的基礎。兩位教練的訓練風格雖然不同，核心理念卻一致——用身教與精神帶動團隊，嚴格要求之餘，更重視培養球員的態度與心志。

曾教官特別強調精神力。他為球隊規劃每日訓練清單，但常常在課表結束後，若感覺球員狀態不理想，又擔心我們疲憊過頭導致受傷，就會果斷喊停：「不要練了！去跑七公里！」即便天色已暗，他仍會等到全員跑回來才肯收工。他不是把責任做完就離開的人，而是願意和球員一起撐到最後。

記不清是在我高一還是高二那年，大家曾幫教官過了 62 歲生日。可能因為他受過日本教育，個性中帶著一種剛毅執著的精神，這份堅持深深感染我們。他年紀已高，卻依然每天陪著我們練球，從不喊苦、不言累。教官那種「我都拼了，你們怎麼能不拼」的態度，讓我們這些年輕小伙子打從心裡佩服，也不敢鬆懈。

到了高二高三，許多學長思想日趨成熟，會主動協助教官督促學弟。一旦察覺教官有些不悅、情緒快要爆發，學長們會立刻喊話：「大家認真點啦！想早點休息就拚一點！」球隊便會迅速收斂散漫氣氛，重新回到訓練軌道。這種自律與團隊感，正是教官身教帶出來的成果。

教官對我們有極深的感情，他知道訓練辛苦，總是設法維護球員。有時外界對我們表現有意見，他會站在我們這邊，替我們說話。即使知道我們表現不算出色，他也願意護著我們，彷彿我們就是他的孩子。他

從不放棄任何一個球員,也從不輕易責備。

我從小接觸棒球,每一階段的教練都對我有不同層面的啟發。小學時黃銘川教練的身手與基礎訓練,國中李瑞麟教練的高壓實戰演練與激勵方式,高中曾紀恩教官堅韌的精神領導,這三位教練雖風格各異,卻有共同特質:身體力行、以學生為本,始終以身作則影響著我們。

反觀現在,有些教練過度追求表面技術,一聽到「往天空打法」就一窩蜂仿效,卻忽略選手基本功是否到位。技術的成長應該是循序漸進的延伸,而不是跳躍式的模仿。小孩子連走都不穩,就急著要他飛,結果摔一次不只飛不起來,連走路都走不了了。

這三位教練之所以令人尊敬,不只是因為他們帶出好成績,更在於他們深知技術固然重要,但選手心理素質的養成才是根本。他們用嚴格的訓練教我們在困難中保持穩定心態,教我們如何在壓力之下仍能堅持,這些才是陪伴我們一生的資產。

Part ❷ 心智鍛鍊篇：跌宕起伏的棒球生涯

張教練細說棒球

單純的棒球 V.S. 複雜的世界

1. 一顆新星的殞落——黃勇傳事件

2024 年 5 月，職棒開季不久，一則新聞震撼了台灣棒壇——年僅 20 歲的潛力新星黃勇傳被球團開除，從球迷眼中的「未來之星」，一夕之間成了前途茫然的自由球員。

他的天賦毋庸置疑，是球隊的第一指名，簽約金五百萬，每月薪資七、八萬。即使年紀輕輕就成家，生活開銷再大，三年內也不至於累積出兩百多萬的債務，這背後絕不只是單純的財務問題。

二十歲，原本應該是職業生涯的起點，他卻親手斷送了自己的未來。不只是個人悲劇，更是整個棒球界的一記警鐘。球場上或許單純，但場外的世界充滿誘惑，唯有自律與自省，才能真正走得長遠。當教練沉默、球隊放手、社會也不再期待，一位原本可以高飛的年輕選手，就這樣墜落了。這件事再次提醒我們：真正的職業態度，不只是揮棒跑壘，更存在於場下的每個選擇與堅持。

2 從黃勇傳事件得到的省思

回望我自己走過的棒球人生，也曾經歷過職棒風暴與人生低谷，但在面對困境時，很慶幸自己選擇了自省與調整，最終靠著意志力重新站起來。後來，我也試著把自己的經歷轉化成幫助別人的力量，走入基層，陪伴年輕球員，盡力引導他們走在正確的道路上。

看見黃勇傳因為年輕時的迷失，沒能及時醒悟與修正，使得原本光明的未來戛然而止，惋惜之餘也讓我更加深刻地體會到：成為一位職棒選手，除了技術與天賦，更需要的是強大的自律精神和持續不斷的自我反省。

棒球本身或許單純，但球場之外的人生充滿挑戰與誘惑。真正決定一名選手未來成敗的，往往不是身手的高低，而是當他面對困境與誘惑時的心態與選擇。

我和黃勇傳都面臨同樣的困境和誘惑，因為做了不同抉擇而有了截然不同的人生，這使我更加相信：棒球教會我們的，不只是如何贏得比賽，更重要的是——如何贏得自己的人生。

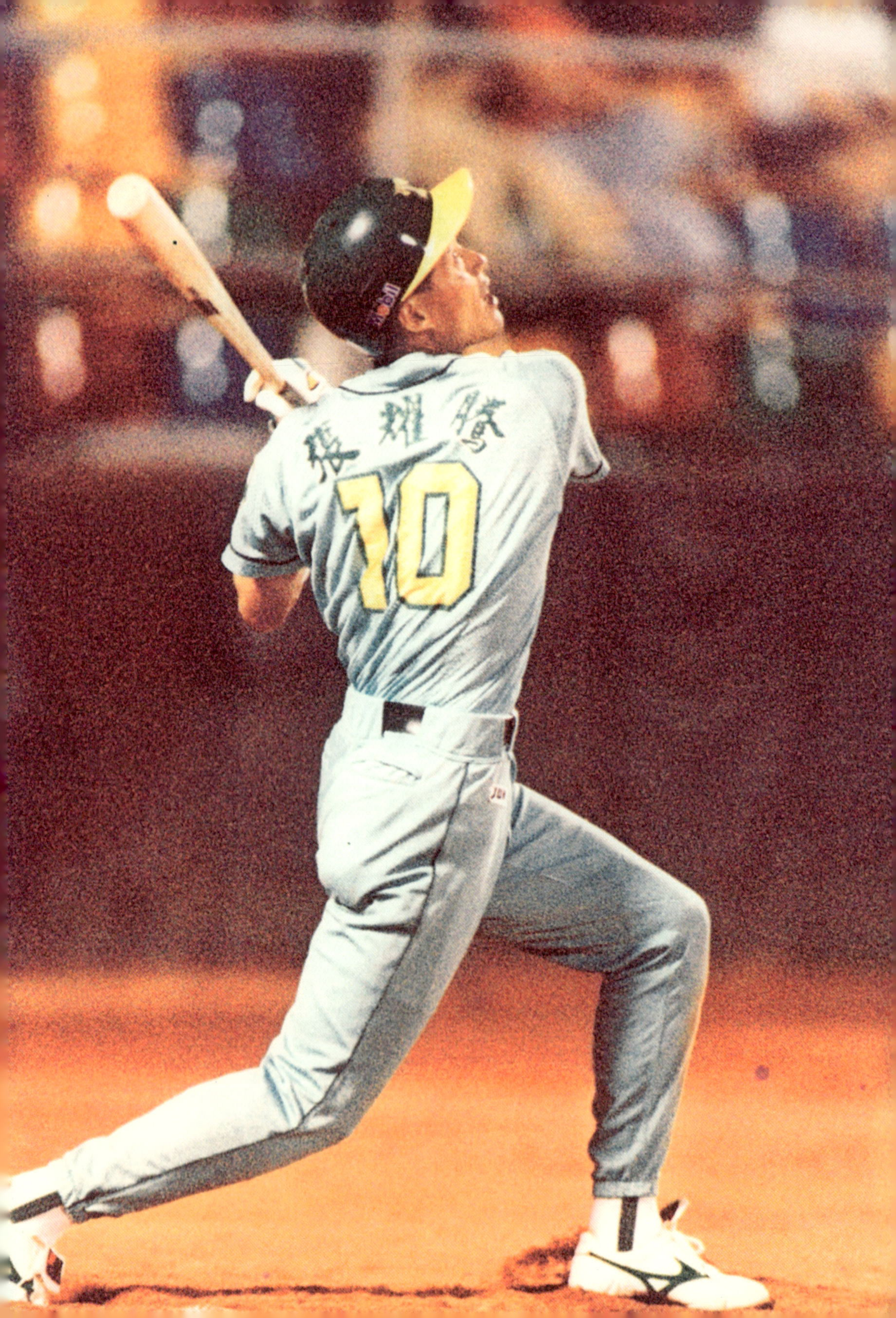
張耀騰
10

第二部

關於 教練張耀騰
孩子的未來競爭力

PART 3

家庭教養篇

養成人生競爭力的關鍵

　　在超過二十年的教練生涯中，張耀騰深刻體認到，孩子在球場上的表現常反映家庭教養與家長態度。每位球員從加入球隊起，原生家庭的價值觀便深植其中，並深遠影響著他們在運動與人生中的發展。

　　棒球講求紀律、合作與抗壓，而這些特質多與家庭教育密切相關。張教練觀察到，能堅持到底、不輕言放棄的孩子，背後往往有家長的正向參與；反之，缺乏紀律或難以融入團隊的孩子，常來自溝通不足或過度放任的家庭。

　　因此，他認為教練的職責不僅是訓練技術，更是協助家長認識自身對孩子成長的深遠影響。透過歸納家長與球員的典型樣貌，他分析各種家庭教養方式如何具體影響孩子在球場上的表現與心理狀態。

　　張耀騰希望透過這些觀察與案例，促使家長重新審視自身角色，與教練、學校共同為孩子打造穩固的成長環境，讓運動成為培養品格與人生態度的起點。

家庭教養的重要課題

　　球隊教練雖然可以在訓練與生活上引導孩子，但孩子真正的根基，還是建立在家庭之中。教養的核心，不在於孩子是否擁有天分，而在於他是否有正確的態度與價值觀。多年來的教練經驗讓張耀騰深深體會：一個孩子是否能在球隊穩定成長，甚至走得長遠，關鍵都在於家庭的教養是否具備三個重要基礎：自律性、團隊合作能力，以及抗壓與挫折忍耐力。

自律性：學業與球技都需要紀律累積

　　「他就是不寫，我又有什麼辦法？」這句話是張耀騰教練曾經從一位

▲ 張耀騰教練認為訓練小球員學會自律、團隊合作和抗壓，遠比求取競技勝績重要。因為這樣的理念，形成汐小棒球隊獨特的球風。

家長口中聽到的回應。聽到的當下，他只能無奈搖頭。因為只要家長這麼說，孩子就會照著這種態度長大，認為不想做就可以不做，沒有人會真正管他。

張耀騰教練一直認為，一個孩子的自律性，是決定他未來成就的關鍵。無論學校課業還是球場競技，都是靠著日復一日、按部就班地努力所累積出來的成果。學校雖然不是體育專業機構，但既然設有球隊，團隊就必須維持一定的素質與紀律；孩子若沒有基本的自我管理能力，無論再有天賦也難以融入團隊，更別說要達成什麼成就。

張耀騰教練經常提醒孩子：不是因為你功課不行，就可以選擇不努力；就算不能和別人比成績，至少也要做到自己的本分。有自律性的孩子，即使先天條件不優，也能靠後天的努力站穩腳步。

也因此，張耀騰教練不只在訓練上要求他們認真，也會盯著他們的功課完成狀況。某些孩子的作業若長期未交，教練會直接暫停他們的練習資格，讓他們清楚「自律」不只是運動的要求，更是學生該有的基本態度。

團隊合作力：比技術更重要的素養

有的孩子球打得不錯，卻始終得不到上場機會，不是因為技術差，而是因為他們無法和隊友配合，凡事只想自己來，覺得別人都要聽他的。一個團隊若每個人都只想當主角，球場上只會一團混亂。

團隊合作能力並不是天生具備的，而是從家庭開始培養的。孩子從小若只在家中當「唯一主角」，從未學過如何傾聽、讓步、包容，那麼到了團體裡，自然會跟人起衝突、難以配合。這些孩子不是壞，只是沒有機會練習「合作」這件事。

曾有一個孩子，只要玩遊戲沒辦法當領導，他就一臉不爽。後來張耀騰教練找機會讓他當隊長，卻要求他先學會傾聽和協調隊員意見。一開始他抗拒、不耐煩，但經過一次次提醒與實際帶隊，他慢慢學會：讓別人也參與決策，事情會更順利。這就是團隊合作的養成過程，不能只靠教練在場邊喊叫提醒，更需要父母從生活細節中幫孩子累積這樣的態度。

抗壓耐挫力：撐得下去，才看得到風景

在球場上，有時候比的不是球技，而是誰能「撐下去」。張耀騰教練帶過很多孩子，他們剛開始來都懷著夢想，但一旦面對長時間的訓練、艱苦的比賽壓力、甚至一時的失敗與被批評，就開始退縮、想放棄。

這種情況往往來自家庭教養的模式。許多父母太怕孩子吃苦，凡事都想幫忙解決，孩子久而久之，遇到問題只會抱怨、逃避，沒有承擔的習慣，更別說抗壓能力。

張耀騰教練曾經帶過一位孩子，五年級進隊不到半年，就因為不肯寫功課被張耀騰教練禁止參加暑期練習。他的乾媽急著來求情，但張耀騰教練只告訴她：「這是教育孩子的一部分。」結果這孩子真的撐了下來，暑假自己寫完作業，開學後來找張耀騰教練：「教練，我可以回來練球了嗎？」重返球隊後，他表現穩定，成為全隊最努力的孩子之一。

抗壓性不是一天養成的，它來自家庭對孩子「面對困難不逃避」的要求與支持。失敗沒有什麼可怕的，怕的是孩子從小就習慣把錯丟給別人，或者乾脆不嘗試、不負責。孩子如果願意扛得住挑戰，才能真正從中獲得成長。

| Part ❸ 家庭教養篇：養成人生競爭力的關鍵

家長類型分析

　　校園運動團隊的經營邏輯與職業球隊或企業單位截然不同。身為教育體系的一份子，教練不僅要扮演技術指導者，更需擔負起品格教育者的角色。球員的選拔並不以能力為標準，教練不能任意設門檻加以過濾，反而應該接納每一位報名的小朋友。但是現今社會卻仍常以職業球隊的標準來檢視球隊的成績。教練夾在這兩種矛盾期待中，必須同時兼顧教育的根本與競技的榮譽，絕非易事。

▲ 孩子的成長絕對不只是球場上的事，背後最關鍵的影響因素往往來自於家庭，尤其是家長的態度與教養方式。

多年帶領校園球隊的經驗讓張耀騰教練深深體會到，孩子的成長絕對不只是球場上的事，背後最關鍵的影響因素往往來自於家庭，尤其是家長的態度與教養方式。孩子會不會堅持、能不能調整心性、是否懂得團隊合作與紀律要求，大多與他們的家庭氛圍息息相關。

積極參與型

這一類家長是教練最樂見的合作對象。他們本身對教育與運動都高度重視，有的甚至自己就是運動員出身，更能理解團隊紀律與艱苦訓練的必要性。他們會主動了解球隊的訓練計畫、比賽安排，也會在課業上同步關心孩子的學習狀況。

他們懂得在適當時機進退得宜，不會干涉教練決策，也不會為了自己孩子的上場時間與教練爭執。相反地，他們願意從旁觀察，私下提醒孩子，教導孩子尊重教練、遵守規矩。

張耀騰教練印象深刻的一個例子，是一對姊弟的家庭。父親是公務員，母親是金融業主管，雖然工作忙碌，卻從未缺席過孩子的重要比賽。姊弟倆皆聰明且自律，弟弟特別有運動天分，課業也始終維持班上前幾名。這樣的孩子來到球隊，自然自帶節奏，不須教練多費唇舌。父母親在旁全力支持，但也從不替孩子「鋪路」，讓他們學會自己為選擇負責。

這類家長常常也是後援會的積極成員。他們不僅關心自己孩子，也願意為整支球隊付出，例如協助賽事接送、整理器材、安排補給餐點等等。他們深知一個孩子的成長，不可能僅靠教練單打獨鬥，唯有家長、教練、老師三方配合，才能讓運動教育產生真正的效果。

更重要的是，這些家長知道什麼時候該「放手」。他們讓孩子在挫折

中學會承擔，讓孩子在競爭中學會尊重與謙遜，這才是教育真正的價值。

消極放任型

這類家長多半採取「你想怎樣就怎樣」的態度，對孩子的學習與行為管理缺乏積極作為。他們對孩子加入球隊抱持開放態度，但同時也不介入、不引導，有時連孩子練球或比賽的時間地點都搞不清楚。問他們孩子最近在球隊的表現，十之八九也答不出來。

這類家長往往會對教練說：「你們想怎麼管就怎麼管，我們都沒意見。」表面上看來是信任，其實是推卸責任。一旦孩子在球隊中出現問題，例如情緒不穩、常常缺課或曠訓，這類家長多半只會無奈地說：「我們也管不動他。」或「他就是不肯聽我們的，你們看著辦吧。」

這類型孩子通常缺乏明確的價值觀與生活紀律，在球隊裡容易落後。最讓人遺憾的是，他們原本可能擁有不錯的天賦，卻因為家長的冷淡與缺席，錯失了成長的黃金期。更糟的是，長久下來他們也學會了推卸責任，把問題都歸咎於別人或環境，這是教練最不願意看到的結果。

然而，張耀騰教練仍然相信，有些消極型家長其實只是「不知道怎麼教」，或是「對自己沒信心」，如果球隊能夠與他們良好溝通，或許就能漸漸激發他們的參與意識，成為孩子的後盾。

過度保護型

這類家長是另一個極端。他們高度關注孩子，對孩子的愛很深，卻容易陷入「包辦」與「干涉」的陷阱，不願讓孩子受苦。

孩子練球一覺得累，他們就擔心操練過度；孩子因犯錯被罰站，他們

立刻覺得教練太嚴；孩子在比賽中坐板凳，他們馬上抗議教練不公平。種種質疑與抱怨，往往來自一種心態：「我們家孩子很棒，你們怎麼看不到？」

教練說曾有一位母親，在她孩子因為在超商喧嘩而被處罰時，跑來質問教練：「孩子又不是惡意的，為什麼要這樣罰他？」她不明白的是，懲罰是為了培養紀律，讓孩子學會為自己的行為負責。過度保護會讓孩子沒有承擔後果的意識，進而喪失應對現實的能力。

這類孩子在球隊裡常常「表現平平、情緒起伏大」，有時候甚至會出現偏差行為，一旦受到挫折，容易選擇逃避，因為他們從來不曾體會過真正的責任與壓力。教練最怕的不是不會打球的孩子，而是「不能被教」的孩子。

與這類家長的溝通特別需要耐心。這時候張耀騰教練會試著站在對方的立場理解他們的不安，同時也會給予提醒：「你現在不讓孩子學會跌倒，他將來出社會跌得更重。」他相信，只要家長願意放下控制、相信教育專業，孩子才能真正成熟。

缺乏教養型（功能失調家庭）

這類家長最讓人感到無力。他們可能是單親家庭、重組家庭、隔代教養、長期失業家庭或社會邊緣群體。在這種家庭中孩子因為缺乏照顧，甚至連基本的生活能力都無法建立，他們不是學業跟不上、就是品行失常，常常是班級裡、球隊裡讓人頭痛的高風險成員。

球隊裡曾有一位由單親媽媽帶來的轉學生，與人互動時孩子常常一臉出神，問他喜不喜歡棒球，他回答得支支吾吾，根本看不出有絲毫興趣。後來才知道，他在原學校出過事，轉來這裡是為了「避風頭」。果不其然，

沒幾天就在超商鬧事，教練當機立斷勒令退訓。

媽媽來學校質問教練，張耀騰教練很直接地告訴她：不是不給孩子機會，而是她身為家長從未正視問題。球隊是教育單位，不是補救單位，教練也不是家長的替代品。

但這種家庭也有讓張耀騰教練非常感動的案例。一對兄弟來自功能失調家庭，父母分居，生活無以為繼，靠教會與一位乾媽協助。弟弟剛進來時，球隊笑稱他是「火星人」，因為與人對話總是不在狀況裡，可是訓練時只要多比劃幾次，他慢慢也學得會。後來因為總是不寫功課，教練下令他暑假不得練球，他嚇到痛哭，回去之後用盡全力彌補，開學第一天就來報到：「老師說我可以來了。」那一刻，張耀騰教練知道，他值得留下來。

這種孩子本質不壞，只是需要更多的時間與陪伴。他們常常比其他人更渴望被理解、被接納，只要教練願意付出，他們也會給出最真誠的回應。

面對這樣四種家長類型，教練就像「社會觀察員」，不僅要看孩子的表現，更要讀懂背後的家庭影響因素。因此在訪談過程中張耀騰教練多次說，孩子的問題只是冰山一角，底下那座龐大的冰山，叫作家庭。

他期待更多家長願意成為積極參與型，最少也該避免成為缺乏教養型。孩子的成敗不只在於教練的訓練，更在於家長的態度與堅持。唯有家長與教練攜手共同努力，才能為下一代打造一個真正健全、有力的成長環境。

隊員類型分析

根據孩子在球隊中的性格特質與反應，可以歸納出以下幾個類型：

好勝積極型

這類孩子具備強烈的好勝心與競爭意識，無論在練習還是比賽中，常展現出極高的投入度與企圖心。他們不甘於落後，對輸贏極度敏感，即使在平時的訓練遊戲中也要求自己表現出色，不願屈居人後。他們常是最早到場、最晚離開的球員，一旦落後便更拚命想追回分數，對輸球的容忍度極低，並會主動喊話催促隊友，帶動整體戰鬥氣勢。

這些孩子天生具有競爭本能，一看到「有人比我強」就會立刻產生動力去挑戰對方。他們往往會自動自發安排額外訓練，或在假日自行找時間練習，對於「要怎麼變強」這件事有極強的企圖心與執行力。在競爭中，他們會不斷成長，即使面對失敗，也能迅速自我修正、調整狀態。輸球對他們來說，不是逃避的理由，而是燃起更高鬥志的動力。

然而，這種成長過程也伴隨著極大的自我壓力。表現不佳時，他們往往比誰都難過，甚至責怪自己；有些孩子在遭遇瓶頸時，表面堅強，實則內心焦慮萬分，需要教練與家長更細膩的觀察與適時介入。當他在成長階段遇到「天賦比不上人家」的挫折時，便需要有人幫助他們從「我要贏」的思維，轉向「我要變得更完整」的自我超越。

這類孩子在球隊中，常是推進訓練進度、提振士氣的關鍵角色。即使他們有時情緒起伏大、需要協助穩定表現，但只要適當引導，往往能成為

| Part ❸ 家庭教養篇：養成人生競爭力的關鍵

▲ 在球隊訓練的過程中，每個孩子在性格特質與反應上的差異一目了然。

極具領導力與抗壓性的選手。他們也會成為教練的左膀右臂，能快速察覺隊友狀況並主動回報，協助教練調整隊形與節奏，有效改善凝滯的比賽氣氛。

有些孩子屬於「什麼都要贏」的類型，甚至會在比賽中喊話催促隊友，雖然容易提升全隊緊張感，但也能激發整體戰鬥力。不過，這類型孩子也可能因太在意輸贏而造成情緒波動，因此從小就必須建立正確的挫折容忍度與團隊合作意識，避免在追求個人成就的同時忽略集體榮譽。

早年球隊中所謂「鴨霸型」的孩子，便常具備這樣的特質。他們侵略性強，無論是遊戲還是訓練，總希望主導場面、成為領頭羊。即使對年紀

較大的學長，也敢出聲提醒戰術位置。這些孩子即使行為稍嫌強勢，往往也能激發隊友潛力、帶動整體士氣。只要有耐心的教練適時引導與規範，他們便能發展成真正有影響力的核心球員。

實務經驗中，有些孩子在國小階段便展現出驚人的球感與爆發力。打擊練習命中率極高，守備反應最迅速，對抗學長也毫不怯場。曾有一位學員從三年級加入球隊，長期擔任四棒、五棒主力，每年皆有穩定表現，最終順利進入台北市知名棒球強校。這類例子並不少見，關鍵在於孩子的企圖心與教練的耐心引導能否結合發揮。

這些孩子的發展潛力極高，但同時也容易因個性強勢、過度指揮隊友而引發隊內摩擦。因此，教練在日常訓練中，必須不斷提醒他們：「領導不是控制，而是激發大家一起變強。」唯有學會謙虛與合作，他們才能真正走得遠、站得穩，在球場內外發揮長遠的影響力。

中間適應型

這類型的球員在校園棒球隊裡是人數最多的一群，他們不像「好勝積極型」的孩子那樣從一開始就展現出強烈的進取心與自我動力，也不屬於「消極逃避型」那種對棒球興趣缺缺或總想要逃避練習的類型。他們處在兩者之間，有一定的適應能力，也願意配合球隊的規範與訓練節奏，但不見得會主動爭取機會或挑戰極限。可以說是最穩定、最容易管理的一群，但也因此，他們在球場上能不能進一步被發掘出潛力、被點燃鬥志，就得看教練的眼光與帶法了。

「中間適應型」的孩子常見特徵是配合度高、不惹事，練習時也不太會偷懶，但不太容易主動表達自己。他們的內在多半具備一定的自我要求，

Part ❸ 家庭教養篇：養成人生競爭力的關鍵

只是缺乏主動突破的企圖心。這些孩子很依賴環境的引導，在一個有規律、有節奏的團隊裡可以安穩地跟著成長，不會特別出色，也不會特別落後。如果教練能持續給予正面激勵、適時設定目標，他們就有可能慢慢轉化為積極型選手，成為球隊的重要戰力。

張耀騰教練曾經帶過一位這類型的選手，剛加入球隊時他不太說話，存在感不高，但練習總是按部就班，從不怠惰。起初教練對他的印象也只是「穩定但普通」，直到某次比賽前夕球隊安排模擬賽，他臨時被安排代打，沒想到一棒打出安打，還穩穩跑出兩分打點。那天教練對他重新刮目相看，後來試著給他更多挑戰和責任，發現他雖然不張揚，但對球隊的忠誠度很高、抗壓性也不錯。這種「潛力型中生代」就是中間適應型的代表，只要環境對了、教練引導對了，他們很有機會向上轉型。

有一位家長曾對張耀騰教練說，他兒子從小個性內向，不像其他孩子那麼搶眼，常常在團體中不顯眼，但加入球隊後，他們發現孩子越來越穩定、做事有紀律，甚至會主動幫忙分配任務、照顧學弟妹。這些都是中間適應型孩子的優點——他們溫和、不躁進，但願意承擔責任，只要有機會，他們會用穩健的腳步去完成屬於他們的路。

對於這類孩子，張耀騰教練一向認為：他們是最有可能長久留在球隊，並在未來具備持續成長可能性的一群，只要引導得法，他們未必無法成為主力。就像耕田一樣，只要不放棄耕耘，那些看似普通的田地，終究也能長出結實的果實。

不過也有一些中間型的孩子會在過程中漸漸傾向消極，尤其是當他們遇到幾次比賽失敗或訓練瓶頸時，如果缺乏外部的鼓勵與肯定，就很容易懷疑自己，進而喪失動力。因此教練在帶這類球員時，除了技術指導外，

更要注意他們的心理變化，特別是在選手調度、球隊分組、獎懲制度等方面要顧及這些中間型孩子的感受與給予公平感。否則他們可能會默默疏離、退居邊緣，最後變成球隊中的「沉默退場者」。這些是教練要特別注意和輔導的孩子。

消極逃避型

這類孩子表面上對棒球有一定興趣，甚至會說自己想打球、喜歡比賽，但實際上在訓練現場卻常常提不起勁，動作拖拖拉拉，缺乏積極主動性，不太願意接受挑戰和壓力，只要練習稍微辛苦一點，就開始找藉口偷懶、閃躲。有些人表現出來的樣子彷彿是不想輸，但更深一層的真相是：他們其實不敢輸，害怕失敗，因此寧願不全力以赴，也不願承擔輸球帶來的挫折感。

在球隊訓練過程中，教練常常可以辨識出這樣的學生。他們不是能力不行，而是抗壓性不足。比賽時候偶有表現，讓人覺得「好像有點料」，但只要場面緊張、情勢逆轉，就容易自亂陣腳。平日練習時更是常常「看起來很累」，有時候故意慢半拍，甚至裝病、說不舒服，只為了逃避體能或技術訓練。

張耀騰教練曾帶過一位孩子，身體條件很好，速度快、協調性也不差，但只要訓練強度提高，他馬上臉色凝重，不發一語地慢慢拖著腳步練習。有幾次還當著大家的面說：「我覺得我不適合棒球。」可是在比較輕鬆的遊戲型課程，或者只是做簡單接傳球時，他又笑得特別開心，手腳動得飛快。這種落差讓人感到可惜。

消極逃避型的孩子最明顯的特徵，就是抗拒成長過程中所需要的努力。

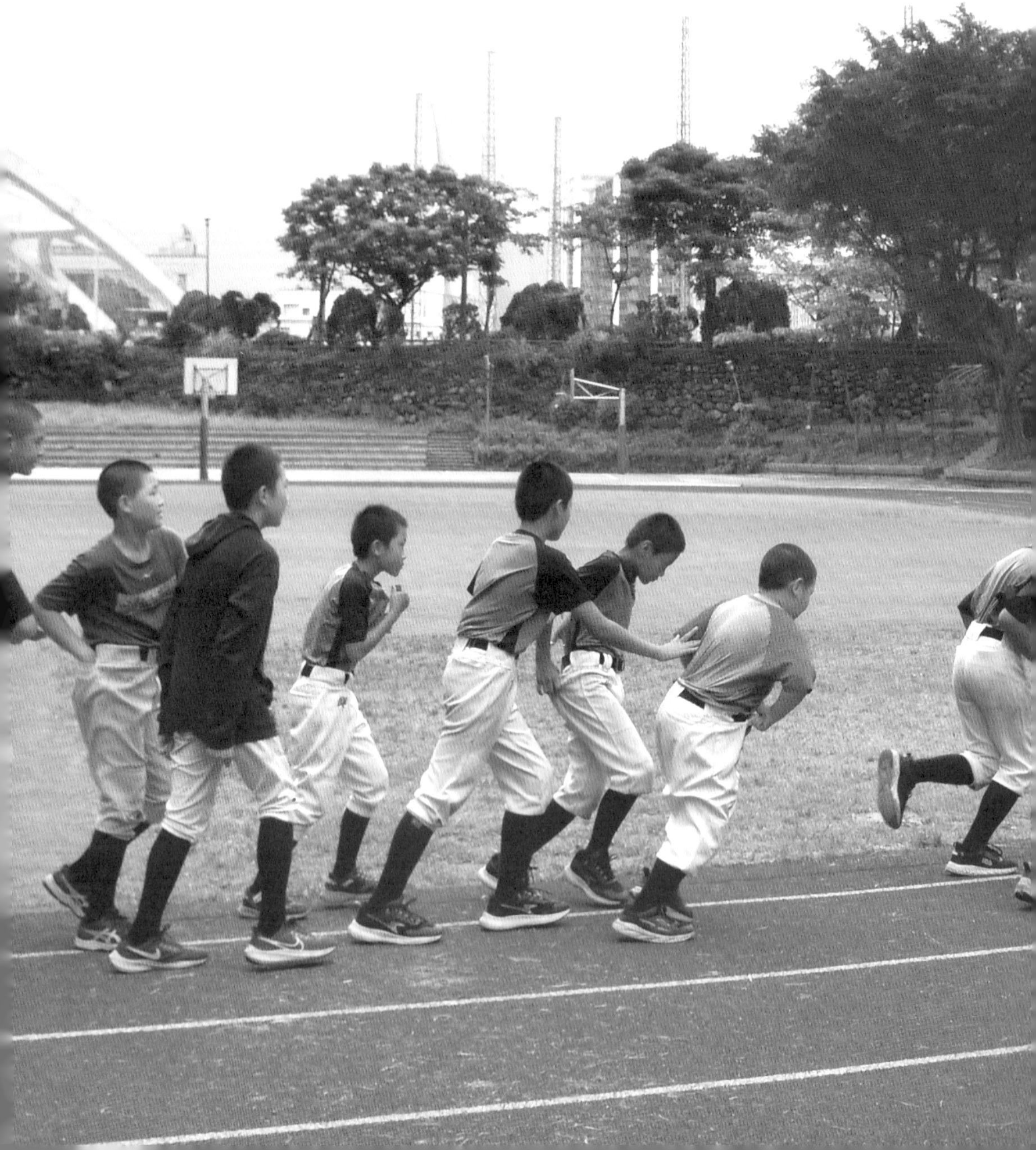

▲ 不管哪種性格特質的孩子，擁有多少天份，最終決定未來發展的關鍵都在於他是否有正確的人生態度與價值觀。圖為汐小棒球隊球員在學校操場進行日常跑步鍛鍊。

Part ❸ 家庭教養篇：養成人生競爭力的關鍵

他們會選擇留在「舒適區」，刻意避開任何會讓他覺得「我做不到」的情境。他們之所以表現出對棒球的喜愛，其實只是想留在球隊，享受團體帶來的歸屬感和安全感，卻不是真正願意為了棒球投入與付出。

這種孩子背後的家庭型態，大多是過度包容或過度替孩子安排好一切的家長。他們常常對孩子沒有太多要求，看到孩子練習辛苦就會心疼，進而對教練產生質疑：「這樣操會不會太累？」「是不是太早讓他比賽？」一旦孩子感到困難，家長第一反應不是陪他突破，而是帶他退縮。

這類型的孩子其實最需要的不是更多的呵護，而是帶領他們「面對」。教練可以適時透過激勵和情境營造，幫助他們逐步跨出舒適圈。張耀騰教練會用明確的規則、分階段目標，幫他們設下一些可達成的小挑戰，讓他們體驗「我其實可以做到」。只要跨過第一道心理防線，很多事情便會開始鬆動。

但反過來說，這類型的孩子也是最容易中途退隊的。他們內心對訓練的抗拒一旦超過對棒球的熱情，或是從來就沒有真正建立起投入的決心，最終常常會用「功課壓力大」、「太忙」等理由退出球隊。

張耀騰教練一直認為這些孩子並不是壞，只是對於「努力是否值得」這件事情缺乏信心。若能在正確的時機點給予他們成就感，幫助他們建立面對困難的勇氣，他們的轉變空間還是很大的。重點是，家庭和教練能不能攜手合作，不在他想逃避的時候「剛好」給他退路，而是在他內心動搖的時候幫他站穩。

讓一個孩子真正相信「只要努力，事情可以有改變」，是教練對這類型孩子最重要的教育任務。

個人主義型

有這一類特質的孩子，在張耀騰教練多年教球的過程中，其實不算多，但他們的存在往往特別顯眼。

所謂「個人主義型」，不是說他們不合群，而是他們對團體的參與感比較低，內心多半有一套自己的標準與邏輯，不太容易因為教練或同儕的話語而輕易改變自己的行動。他們未必是調皮搗蛋的孩子，甚至有些反應靈敏、觀察入微，也懂得自我要求，但問題是，他們總是站在一個稍微抽離的位置看待整個團隊運作，也不太願意真正投入到集體氛圍之中。

曾有一位孩子，運動神經不錯，球感佳，學習能力也強，打擊與守備表現都在中上之列。他對於練習有他自己的節奏與偏好，只要是在自己設定的節奏之內，他都能完成得很好。但一旦教練指派與他計畫不符的內容，他的反應往往是一片靜默，既不反駁也不配合。初期教練誤以為他是害羞或害怕，直到有一次張耀騰教練刻意問他為什麼不願意照團隊要求做，他竟說：「我覺得這樣做沒效率。」

這句話震撼了張耀騰教練。他不是叛逆，而是內在自有一套價值體系，他相信自己的想法更合理，所以不願意妥協於團體的安排。這種孩子若能妥善引導，未來有可能成為獨當一面的個人型選手，甚至領袖，但若教練處理不好，他會成為整個團隊最難管理的破口。

個人主義型的孩子在練球時容易出現「選擇性投入」的狀況。當項目是他認同、擅長或感興趣的，他會非常投入、主動；但如果是重複基礎訓練，或他認為意義不大的操練，他就會顯得敷衍甚至消極。這類型孩子有時會給其他隊員不良示範，讓一些原本搖擺不定的孩子也受到影響，對團隊的

穩定度產生干擾。

和這類孩子相處，張耀騰教練的做法是不急著「糾正」，而是先「理解」。理解他為什麼會這樣想、這樣做，再從他重視的價值點切入，引導他明白團隊與個人其實可以是雙贏的關係。透過一次又一次的對話，讓他慢慢鬆動自己的堅持，開始理解「配合」不代表「否定自己」，「妥協」不代表「放棄原則」，當他意識到團隊需要他，也願意重新調整自己時，他會變成一個強而有力的內部支柱。

不過話說回來，這類孩子其實也需要一個「舞台」，一個讓他能展現自我、發揮特長的空間，這時候教練的眼光與胸襟就顯得很重要。張耀騰教練常提醒自己不要急著否定這些看起來「難搞」的孩子，因為他們其實都很有潛力，只是需要更細膩、更有策略的陪伴與指導。

個人主義型孩子的表現其實也不過是另一種樣貌的「渴望被尊重、被理解」，只要找對了方式，他們終會成為球隊裡不可或缺的一員。

▲ 個人主義型的孩子只是「渴望被尊重、被理解」，只要方法對了，一樣是不可或缺的球員。

家長與教練合作的重要性

良好溝通是為孩子創造共育的起點

擔任基層棒球教練二十年來,張耀騰深刻體會到:在校園這種以教育為核心、沒有招募門檻的環境裡,教練與家長之間的良好溝通,是孩子能否穩定成長、持續進步的關鍵之一。

孩子不是教練可以挑選的對象,教練必須設法將來自不同背景、性格與家庭條件的孩子,整合成一支講求紀律與合作的球隊。在這個過程中,家長的觀念、支持與配合,會直接或間接影響孩子在球隊的適應與成長。

家長來自各行各業,有的熱情參與,有的放任旁觀,也有人只是將球隊當成一種替代的管教工具。他們不一定了解教練的教育理念,也未必認同訓練方式。這些差異往往反映在孩子的行為上,有的積極投入,有的敷衍了事,甚至出現抗拒與對立。

張耀騰教練遇過不少家庭功能薄弱的孩子。曾有一對原住民兄弟,家中無人照顧,長期接受教會輔導。剛入隊時連基本指令都聽不懂,弟弟甚至連跑壘要碰壘包都學不會。教練戲稱他「火星人」,他也能笑著接受,沒有自卑。透過訓練、退隊再回歸的機制,半年後他主動爭取重返球隊,準時完成作業,態度大幅改善。這樣的轉變,背後是乾媽選擇與教練站在同一陣線,堅持原則、願意等待的結果。

這些例子讓教練深刻體認:沒有家長的配合,再努力也可能徒勞。

那些最終能成功轉變的孩子，背後都有一位願意與教練保持信任與溝通的家長。

有效溝通：家長與教練攜手改造孩子

良好的溝通不只是「有話可說」，更是「說得有用」。教練並非與家長對立，而是共同育兒的夥伴。張耀騰教練根據實務經驗，歸納出幾點與家長建立有效溝通的原則：

誠實面對孩子的問題

有些家長因不好意思或擔心孩子被貼標籤，選擇隱瞞孩子的課業或行

▲ 教練必須設法將來自不同背景、性格與家庭條件的孩子，整合成一支講求紀律與合作的球隊。過程中家長的態度會產生關鍵性影響。

為問題。事實上，越早揭露問題，越能及早因應。球隊曾有一位學生，三年級時平均分數僅 40 幾分，卻未被家長主動告知。直到教練發現他幾乎不識字、無法理解比賽指令，才明白問題的嚴重性。如果早點共同設法補救，狀況可能會完全不同。

雙向信任，適時回饋

教練的要求並非刁難，而是訓練紀律與責任感。例如規定作業沒寫不能練球，是教育的一環。若家長在孩子抱怨時選擇袒護，反而削弱教練的用心與權威。有家長甚至直接說「不去了」，其實只是讓孩子錯過一次被再教育的機會。

孩子在家與在球隊的表現可能天差地遠。有些孩子在家沉默寡言，卻在球場上情緒明顯，這時若家長能主動與教練回饋情況，往往有助於教練因材施教。家長與教練唯有彼此信任、尊重專業，才能共同守護孩子的成長歷程。

家庭不能在教育上缺席

教練曾問一位功課跟不上的孩子，父母是否能幫他，他回答：「都不會。」教練告訴他：「你要煩他們，要讓他們知道你需要幫助。」結果孩子照做，父母才開始正視問題。很多時候，不是教練不願協助，而是家庭不能將一切責任都推給學校和球隊。孩子一輩子最長久的陪伴者不是教練，而是父母。

相信孩子的潛力，接受他的差異

不是每個孩子都會成為明星球員，但每個孩子都有可發展的潛能。

Part ❸ 家庭教養篇：養成人生競爭力的關鍵

哪怕最後只是成為一位懂得欣賞棒球、尊重規則的觀眾，也是一種教育成果。張耀騰教練常說：「如果無法成為選手，就讓他成為稱職的球迷。」

棒球隊是家庭教育成果的縮影。孩子是否懂得配合、尊重、堅持，往往能從球場上的行為一眼看出。而家長的選擇，決定了孩子在球隊裡能否走得穩健。教育不只是教練的責任，更是整個家庭系統的責任。

良好教養與長期陪伴才是孩子穩定成長的基石

張耀騰教練一再強調：孩子能否在球場上穩定成長，關鍵不在天分，而在家庭環境與教養方式。教練的陪伴終究只是階段性的，而父母才是孩子一生中最長久的影響者。

他曾看過不少孩子，條件明明很好，卻因父母疏於關心而中途退出；也有孩子問題重重，但在教練與家長攜手努力下，脫胎換骨、找到目標。這些故事印證了：棒球隊不是安親班，也不是改造工廠，而是教育與訓練交織的場域。只有當家庭與教練理念一致，孩子才有可能在訓練中受益並逐步成長。

張耀騰教練說：「看父母，就知道孩子未來能走多遠。」球場上的紀律、抗壓性與責任感，往往來自家庭教育的根基。若父母只是把孩子交給球隊而不願投入，自然也難期待孩子在團隊中建立健全的人格與競爭力。

在他眼中，球技固然重要，但人格才是根本。他期望訓練出來的，不只是會打球的選手，而是懂得合作、能夠自律、有能力面對現實挑戰的年輕人。這條路或許不容易，但只要教練與家長願意攜手同行，就一定能為孩子鋪出一條更穩固、有韌性的未來之路。

家庭教養成功見證

適度放手，讓孩子在團隊中成長

在張耀騰教練教練二十年的執教生涯中，他接觸過各式各樣的孩子與家庭。有些孩子從入隊起便表現突出，並非因為天資絕頂，而是背後有一對用心經營的父母。這些家長不僅了解自己的孩子，更懂得在適當時候適度放手，把孩子交給教練，讓他們在團隊中成長。

張耀騰教練特別記得一位讓他感到最省心的小球員。這孩子並非天賦

▲ 不管天賦條件、家庭背景如何，教練都希望能與家長通力合作為孩子們打下紮實人生基礎。看著他們一步一步向前邁進、成長茁壯，是最令他感到欣慰的事。

異稟,但態度總是謙遜而積極。他的父母從不干涉教練決定,也從不缺席孩子成長的每一步。在他們眼中,孩子的棒球路是他自己的選擇,父母的責任是陪伴與引導,而非干涉。當孩子在球場上失誤或表現不佳時,他們總是第一個給予鼓勵,讓孩子學習承擔與修正,而不是責怪或推卸。

也有家長雖然不懂棒球,但從孩子加入球隊那刻起,便下定決心與教練站在同一陣線。有一次球隊需要調整訓練時間,這位家長立即配合,甚至主動調整孩子的課後活動安排。當孩子在比賽中被安排到較冷門的位置時,他們毫無怨言,只說:「只要孩子能學到東西,我們都支持。」這樣的家長與教練之間沒有隔閡,孩子自然也能在信任與尊重中茁壯成長。

親師合作,學會自律自省

在棒球與教育交會的路上,張耀騰教練遇過許多原本狀況堪慮,卻在教練與家庭共同努力下完成轉變的孩子。最讓他印象深刻和感動的是前面提過的那一對原住民兄弟的故事。

他們在家庭功能幾近失常的環境下成長,剛來到球隊弟弟就出現學習遲緩、生活混亂等各種問題。為了矯正他的行為偏差,張耀騰教練曾下令他暑假不准來練球,雖然他在教會的乾媽急急趕來求情,教練仍堅持原則,提出一個歸隊條件——他必須學會自律、自我管理、自我反省。後來因為有教會的乾媽替代了家長的角色,與教練通力合作,最終促成了孩子的改變。

球隊不是收容所,也不是補習班,但張耀騰教練始終希望這裡能成為孩子的「另一個家」。只要孩子肯努力,家長願意與教練同一陣線,就有機會讓孩子走向更光明的未來。

張耀騰教練的球隊不是製造明星選手的工廠，而是培養團隊精神、品格與抗壓力的場所。他相信每個孩子都是一顆等待雕琢的原石，而這項工作必須仰賴教練與家長共同的信任與合作，才能成就真正的成長。

　　無論是成功的家庭教養，還是逆境中翻轉的奇蹟，這些故事都印證了一個共同點──孩子的未來，取決於願意付出的家庭與堅持不放棄的教練。

▲ 只要孩子肯努力，家長願意與教練同一陣線，就有機會讓孩子走向更光明的未來。

張教練細說棒球

球隊與學校面臨的困境

1 少子化對球隊維持的影響

隨著少子化浪潮席捲全台，小學校園裡的學生數量逐年減少，也為我們這些基層運動隊的招生與培訓帶來極大挑戰。我在汐止國小擔任棒球隊的專任教練多年，最有感的是，早期來報名參加棒球隊的三、四年級學生，往往是家中活潑好動、已具備基本運動能力的孩子；但現在，二年級以下的小朋友都有可能來接觸棒球，甚至有機會成為球隊主力的一部分。

目前我們隊上三年級以下的孩子已經有五位，他們年紀尚小，還沒有清楚的團隊概念，也尚未建立良好的自律與專注力。因此，作為教練，我必須額外投入許多心力，從生活習慣、禮貌舉止、課業態度到團隊互動，一點一滴慢慢培養。我常跟人開玩笑說：「汐小棒球隊教練等於是半個保母。」

許多家長意識到孩子從小接觸運動的重要性，便選擇讓孩子加入球隊，希望他們在運動中學會紀律、鍛鍊體能，也學會與人相處。不過，來自不同家庭背景的孩子，在球隊裡的狀況真的千差萬別，這也讓我

們教練團在招生與訓練之間必須不斷調整與磨合。

除了年齡結構的改變,孩子們的個性與學習動機也隨著社會氛圍出現變化。相較於過去那些好勝心強、不輕言放棄的學生,現在更多孩子習慣安逸,缺乏競爭意識,對團隊精神的理解也比較薄弱。坦白說,現在隊中「打不贏就算了」的心態並不少見,甚至有些孩子把參加球隊當成一種身分象徵,並不投入心力在訓練與比賽上。碰到這種孩子,我也只能轉個念:不能成為精彩的球員,那就訓練他成為一位稱職的球迷,至少他看得懂戰術、懂得欣賞比賽,這樣也不錯。

在少子化這樣的大環境下,要維持球隊的戰力與訓練品質並不容易,但我始終堅持一個信念:孩子能留下來,不見得是因為他能力最強,而是看他願不願意配合、肯不肯受教。這樣的精神,也一直是我持續帶隊、努力克服招生困境的最大動力。

2　教養觀念改變對球隊維持的影響

隨著社會型態的改變,家庭結構與父母的教養觀念也發生了深刻變化,這些轉變對我們這些基層運動團隊產生了不可忽視的影響。在帶隊的過程中,我深刻感受到這些變化所帶來的挑戰。

現在的家庭普遍子嗣稀少,很多孩子是家中獨生子女,父母對他們的呵護與保護程度相對加重,這讓孩子往往比較缺乏界線感與紀律

Part ❸ 家庭教養篇：養成人生競爭力的關鍵

> 張教練
> 細說棒球

觀念。更重要的是，很多家長讓孩子進球隊的動機，其實並不完全是為了追求運動表現，而是希望我們能「代為教養」，彌補家庭中所缺失的部分。有些家長因為孩子不好管教，感到無能為力，便希望我們教練來「調教」他們的孩子。

雖然球隊曾有親師合作的成功案例，但並不是每個家庭都能接受這樣的轉變。有些家長不但不配合球隊的要求，甚至會質疑、抗拒我們的教養方式。坦白說，汐小棒球隊是由專業教練帶領的團隊，我們會從整體的角度去思考孩子的發展，但家長往往只從自己孩子的立場

▲ 讓孩子從小接觸運動，可以幫助他們在運動中學會紀律、鍛鍊體能，也學會與人相處。

出發，這樣的差異，常常讓溝通成為我們面對的第一道難關。

此外，家庭參與程度不一、功能弱化的狀況也越來越常見。有些孩子你一眼就看得出來他不是不行，而是沒有人教他。他們在課業上明顯跟不上，卻得不到家庭的幫助；也有些孩子連基本的社交禮儀與生活常規都不了解，只能在球隊中重新學習如何與人互動、如何在團體中生活。

在這樣的情況下，我們教練的角色早已超出傳統上所謂的技術指導，更像是一位生活導師、性格塑造者，甚至是家庭教育的補位者。我常常必須提醒家長：「孩子能不能走得遠，關鍵其實不在教練，而在家長。教練的陪伴只是階段性的，但家長會陪他一輩子。」

我始終相信，唯有家庭教育與學校、球隊同心合一，孩子才能在品格、技術與心理素質上穩定成長。因此，我也常呼籲家長們，不要把教養責任全部丟給球隊，而應該與我們並肩作戰，為孩子建立堅實的人格基礎與人生競爭力。這是我一直堅持的信念，也是我持續在球場上努力的初衷。

PART 4

球隊經營篇

披荊斬棘從零開始

　　2003 年，張耀騰開始在汐止國中擔任外聘教練，當時因支援汐小球隊，他也一併協助訓練國小球員，雖對未來不確定，但他仍全力以赴、逐步扎根。

　　2004 年球隊打進南陽杯全國四強，讓他深刻體會到團隊合作與專業分工的力量。隔年，他申請到汐止國小擔任體育代課教師，開始更深入參與少棒訓練；同年成功轉任體委會專任教練，正式進入國小體系。2005 年底，隨著國中、小球隊分開運作，他全面接掌汐止國小棒球隊，成為名副其實的少棒教練。

　　這個轉變，讓他真正站上屬於自己的舞台。從協助訓練到全面負責，他不僅帶領球員，也逐步建立起屬於這支球隊的文化與制度。二十年來，他堅持在基層耕耘，投入無數心力，只為看見孩子的成長與蛻變。他期盼透過這些經驗的分享，讓更多人理解基層棒球的價值，一起為台灣棒球的未來打下更穩固的根基。

一個教練應該具備的基本條件

在棒球運動中，教練的角色遠不止於技術指導，尤其是少棒教練，職責更加多元。從張耀騰教練多年的執教經驗來看，教練的工作涵蓋了技術訓練、人格塑造、團隊管理以及與學校、家長的溝通協調。以下結合實際案例，探討每項基本條件的實際內涵。

具備專業知識與技術能力

教練必須對棒球的技術細節瞭若指掌

張耀騰教練曾發現一名學生的打擊動作始終無法連貫，經過觀察，發現是重心轉移有問題。他將學生單獨叫到一旁，示範正確動作：「前腳要先踏穩，重心從後腳轉移到前腳，這樣力量才能釋放出來。」經過反覆調整，學生終於掌握了要領。

另一個案例是關於守備訓練。一名學生接球時腳步凌亂，張耀騰教練告訴他：「接球不是用手去撈，而是用身體去擋，腳步要提前移動，讓身體在球的路徑上。」後來，他特別安排這名學生每天多接50顆滾地球，一個月後，學生的守備穩定性明顯提升。

在比賽中，戰術執行力往往決定勝負。有一次對陣強隊時，對方在滿壘的情況下派上一名控球不穩的投手。張耀騰教練立即對打者下達「等球」的指令：「他現在很緊張，一定會投壞球，只要謹慎選球，汐小棒球隊就能擠回分數。」果然，對方投手連續投出四個壞球，他們輕鬆擠回致勝分。

還有一次，張耀騰教練發現對方捕手的慣性，破解了對方接下來的動

向，便悄悄告訴跑壘員：「下一球他們會牽制二壘，你假裝離壘，引誘他們傳球。」結果對方真的中計，傳球失誤讓他們多進一個壘包。

這些看似細微的技術指導與戰術判讀，其實正是教練專業能力的體現。唯有對棒球技術細節瞭若指掌，才能在訓練中精準診斷問題，在比賽中臨場應變、抓住關鍵。

教育者應有的認知與責任

張耀騰教練始終認為，教練的第一責任是教育。曾有一名學生在班上調皮搗蛋，老師根本管不動。教練私下把他叫來問：「你知道為什麼老師管不動你嗎？因為你覺得球隊才是你的舞臺。但教練告訴你，在教室不守規矩的人，在球場上也不會是個好球員。」後來，這名學生逐漸改變，連老師都驚訝他的轉變。

每個學生的能力不同。有一名學生投球動作不協調，張耀騰教練發現是因為手臂力量不足，便設計了一套特別訓練：「每天多做 20 個俯臥撐，加強手臂力量。」三個月後，學生的球速明顯提升。

另一名學生心理素質差，比賽時總是緊張。張耀騰教練告訴他：「緊張是正常的，教練也會緊張。但你要學會把緊張轉化成專注力。」後來，他讓這名學生在練習賽中多擔任關鍵角色，慢慢培養抗壓能力。

紀律是球隊的根本。有一次，張耀騰教練發現幾名學生偷偷染髮，當場要求他們染回來：「球隊不是選美比賽，你們的價值在於實力，不在於外表。」後來，他們再也沒犯同樣的錯誤。

張耀騰認為教練的角色，不只是贏球的推手，更是孩子成長過程中的引路人。他始終將自己視為教育者，在他來看棒球訓練從來不只是技術的

▲ 張耀騰始終將自己視為教育者，他認為教練不只是贏球的推手，更是孩子成長過程中的引路人。

提升，更是人格與態度的養成，培養孩子面對人生的態度才是重點。從生活紀律到心理建設，從學業、行為到品格修養，這些看似瑣碎的點滴，正體現了一位基層教練對教育的執著與責任感。

培養團隊管理與溝通能力

張耀騰教練要求球隊要有「家的感覺」。每週五訓練後，全隊會圍成一圈分享心得。一名學生說：「我以前很孤僻，但現在覺得隊友就像兄弟。」這種歸屬感讓團隊更有凝聚力。

曾有一位家長對訓練強度有意見，張耀騰教練耐心解釋：「汐小棒球隊不是要操練孩子，而是要讓他們學會堅持。」後來，家長看到孩子的進步，

反而成為球隊最有力的支持者。

球隊教練與學校老師之間的合作也很重要。有一名學生在教室坐不住，但打球很認真。張耀騰教練為此和老師商量：「讓他在課堂上站著聽課，只要不影響別人。」這種彈性做法讓學生在學業和球隊之間取得平衡。

有一次比賽，裁判的判決引起爭議。一名年輕教練當場摔帽子抗議。賽後，張耀騰教練告訴他：「你是教練，你的情緒會影響孩子。抗議要有方法，不是發脾氣。」後來，這名教練學會了更理性的溝通方式。

從張耀騰教練提供的這些案例，讓我們看見棒球場上不只有比賽，更多的是人與人之間的互動。教練深知，一支穩定的球隊仰賴的不只是技術與紀律，更需要有效的溝通與關係經營。他重視隊員間的情感連結、與家長的理解互動、與教師的協調合作，也不忘帶領年輕教練學習如何用理性面對爭議。這些管理與溝通的細節，正是一支基層球隊能夠長期運作、穩健成長的關鍵所在。

看重球員心理素質與抗壓能力

執教多年，張耀騰教練學會了不被一時成敗影響。有一次汐小球隊在全國賽提前出局，家長很失望。他告訴他們：「失敗不是終點，而是進步的起點。」後來，他們針對弱點加強訓練，隔年就拿下了冠軍。

張耀騰教練會在訓練中刻意製造壓力情境。例如在練習賽時，他會說：「這是最後一球，輸了就全隊跑十圈。」讓學生習慣高壓環境。

有一名學生在訓練時一直打不好，越來越沒信心。張耀騰教練針對他改變訓練方式，鼓勵他：「你今天雖然沒安打，但選球很棒，這也是一種進步。」後來，這名學生逐漸找回自信。

比賽結果雖然重要，但選手的心理素質才是發展長遠競爭力的根本。因此教練不僅引導學生在失敗中汲取養分，更設計高壓訓練情境，培養他們臨場冷靜與應變能力，並且適時給予肯定與支持，幫助選手走出低潮、重建自信。在球技之外，還有重要的心理建設工程，這些看不見的訓練也是一位教練不可輕忽的環節。

因應環境變化與資源整合

少子化讓汐小棒球隊不得不從低年級開始招生。三年級以下的孩子尚未建立團隊觀念與自律習慣，得從生活細節、待人接物到課業態度一一盯緊，教練就像半個保母一樣，雖然極為耗神，但張耀騰教練知道，這是因應環境變遷下的必要轉型。

他們放寬招生標準，不以天份高下為唯一標準，更看重態度，只要學生肯配合、願意受教，就歡迎加入球隊。憑藉教育與專業並重的信念，球隊在艱困環境中繼續前行，為培育下一代棒球種子繼續努力。

為了穩定招生與訓練品質，他們不僅調整球隊經營策略，因應學生背景差異與動機轉變不斷調整教學方式，更積極整合及開發資源，爭取企業贊助球具，逐步改善訓練環境，還與社區合作舉辦棒球營，讓更多家長認識球隊理念，提升招生能見度。

面對外在重重挑戰，張耀騰教練仍設定了三年目標：第一年打基礎，第二年挑戰市內賽，第三年進軍全國。透過明確的藍圖讓球隊上下有了共同努力的方向。

在環境與條件愈發嚴峻的情況下，球隊的延續仰賴的不只是熱情與努力，更需要因應趨勢的彈性與整合資源的能力。張耀騰教練以務實態度面

Part ❹ 球隊經營篇：披荊斬棘從零開始

對少子化挑戰，對棒球教育有長遠發展的堅持與布局，方使球隊得以延續與成長。

不斷自我反思與改進

每場比賽後，張耀騰教練都會和周教練一起檢討。如果發現戰術太保守，之後就調整得更積極。遇到家長抱怨訓練時間太長，他們便改為短時間高強度訓練，效果反而更好。

張耀騰教練至今仍會向資深教練請教。有一次從一位日本教練學到「情境訓練法」，大大提升了球隊的守備穩定性。

教練工作充滿挑戰，但看到學生從不會握棒到能打出安打，從散漫到懂得自律，這些成就感沒有任何東西可以取代。張耀騰教練的信念始終是：教球，更教人。這不僅是在訓練球員，更是在培育未來能立足社會的人才。

如何尋找助手，組建團隊？

從孤軍奮戰到建立團隊——周教練的加入

2004 年張耀騰教練加入校園球隊，一開始他是協助張永文教練帶汐止國中球隊的外聘教練，直到 2005 年才接手汐止國小。由於汐止國中缺乏操場，僅有狹小的籃球場空間，對訓練需求來說實在不夠，經常需要向汐止國小借用正式場地訓練。當時國小校長提出條件：「你們借用汐小棒球隊的場地，是不是可以幫汐小把學校少棒隊組建起來？」就這樣，汐小汐中兩校球隊共同訓練了一段時間。

2004 年底新校長上任後，國中國小徹底切割，原本一起帶隊的張永文、陳志強兩位教練回歸國中，汐止國小只留下張耀騰教練一個人帶隊，而各項裝備也被帶回汐止國中，導致當時球隊什麼都缺，從裝備到人手，全都是從零開始。

對於那段時間的困境教練印象很深刻，球棒、裝備都很缺乏。因為裝備不夠，在滿壘的情況下下一棒打者只能站在場邊等待裝備。因為實在沒錢買新的，有時候只能厚著臉皮跟別的學校借。記得有一次校長發現汐小棒球隊居然只有四頂頭盔時，還感到非常詫異。

在獨自奮戰兩年後，2007 年底終於有周昇玄教練加入團隊。當時他的孩子是球隊成員，最初他是以家長身分參與球隊。周教練雖然不是棒球科班出身，但發現他對棒球充滿熱情且運動神經很好，學習能力也很強，張耀騰教練開始逐步將自己的經驗與知識傳授給他。起初他只是從旁學習，經過五年後，張耀騰教練便放心地讓他獨自站上三壘指揮並負責主力球員

| Part ❹ 球隊經營篇：披荊斬棘從零開始

▲ 在獨自奮戰兩年後，2007 年底終於有周昇玄教練（左）加入團隊，為他分擔不少肩上重擔。

訓練。

　　兩人聊起他的進步，周教練說：「剛開始的時候真的有點吃力，但你親自示範動作，讓我慢慢掌握了訣竅，現在站三壘指揮也越來越自在。」這句話讓張耀騰教練感到十分欣慰。因為有了周教練這位得力助手，球隊經營愈來愈上軌道。

張教練
細說棒球

從家長到教練——
輪胎行老闆周昇玄的棒球執教人生

▲ 熱愛棒球,為孩子奉獻一切的周昇玄教練。

在我教球這麼多年裡,周昇玄一直是不可或缺的夥伴。他一直只是學校的外聘人員,每月領個幾千元的基本費,卻二十年如一日在球場上陪著孩子們長大。他的故事,值得被好好記下來。

初心:從興趣到志趣

周教練從小家裡並不富裕。還記得他說過,當年他之所以半夜爬起來陪老爸看威廉波

> **Part ❹ 球隊經營篇：披荊斬棘從零開始**

張教練細說棒球

特的少棒賽，只是為了想吃一片吐司麵包，他說現在回頭再看，那是他與父親最珍貴的記憶，也是他與棒球的起點。雖然沒打過校隊，但他十幾歲就自己組隊打球，後來在基隆工作也繼續打乙組聯盟，棒球對他來說一直是生命的一部分。

後來他在百福社區開了間輪胎行，做了快四十年，生活算是穩定。他的兒子在他的影響下也愛上棒球，三年級時說想打球，起初加入別的學校球隊，但氣氛不如預期。輾轉之下，他們來到汐止國小，我們就在那時認識了。

投入：從助理到教學

一開始，他只是個很關心孩子的家長。他兒子四年級進球隊，五年級就入選中華少棒，表現很不錯。當時練習人手不夠，他主動來幫忙餵球、協助訓練。

那時候我一個人撐整隊，確實很吃力。他看在眼裡，也動了想更深入參與的念頭。他跟太太討論後，決定店裡多請師傅，把重心放在球隊上。從那刻起，他不是為了自己，也不是為了自己孩子，而是真心投入要陪伴每一位球員。

一開始他雖然不懂，但非常肯學，放下身段從旁觀察我怎麼教、問我該怎麼看動作、怎麼理解孩子的情緒，一切從頭學起。他常說，他當教練不是靠經驗混出來的，而是一點一滴學來的。

相知：與我的默契和互補

我們的合作，是多年下來培養出的默契。我負責技術與戰術，他則在球場大小事務上無所不包，從修網架到排水工程，樣樣親力親為，還常提出改善建議。最重要的是，我們彼此信任、互相尊重，不是上下屬，而是夥伴。

有時不用多說幾句話，我們就知道彼此在想什麼。我知道，如果沒有他，這支資源有限的小球隊撐不到今天。

堅持：讓棒球隊成為孩子們的第二個家

他在球隊快二十年了，拿的是微薄的學校和後援會的補助，遠不如開店賺得多，但他從不計較。他常說，看孩子從不會揮棒到能上場比賽，這種感動不是錢買得到的。只要有孩子記得他、帶著一杯飲料回來看他，那就是他最大的滿足。

他還說，看到畢業的孩子回來看他，有的還牽著自己的孩子來打球。那一句「教練好」，比什麼都讓他開心、欣慰。對他來說，教球不只是教技術，更是傳遞價值。

反思：教育方式改變帶來的影響

對於新一代的孩子，他也有很多感慨。他覺得不是孩子變差，而是教育方式變了。以前可以打屁股、罰跑，現在只能想別的辦法讓孩子記住規矩。

> 張教練
> 細說棒球

他不支持體罰，但也覺得適度的處罰可以幫助孩子建立專注與紀律，而這些正是運動中不可或缺的品格。

展望：持續守護孩子的未來

我們合作這些年，他曾對我說：「你如果要讓球隊更好，就拿原本給我的資源去找年輕教練，我隨時可以退。」他從不貪戀舞台，只希望孩子有更穩定的訓練環境。

我們都年紀大了，尤其寒暑假長時間練習常讓我們累得快散架，但他仍堅持撐著，因為他看到孩子在進步。他只希望未來有更多年輕教練接手，把他這分經驗與熱情傳承下去。

很榮幸也很開心能有他這樣一位理念相近、可以共同為理想打拼的夥伴。

> 張教練
> 細說棒球

球隊背後的溫暖力量：謝謝你，郭老師，和我們一起守護孩子

▲ 球隊永遠令人尊敬的大哥哥——郭景文老師。

　　回首我這二十年的教球生涯，不只是球場上的奔跑和汗水，更深刻的，是那些與我並肩作戰、一起守著孩子們的人。而在這些人當中，除了周教練、諸位校長之外，還有一位我始終非常感激、也非常敬佩的夥伴——郭景文老師。

　　球隊一直有宿舍讓外地球員住宿，但是往往人力吃緊，特別是住

141

> **Part ④ 球隊經營篇：披荊斬棘從零開始**

**張教練
細說棒球**

宿孩子的生活照顧，常常讓我們分身乏術。之前還有替代役役男可以申請協助照顧，之後還請畢業學長回來幫忙過一陣子，但是後來又因為個人生涯規劃而離職。

就在人手匱乏的這個時候，我們想到了擔任學校體育組長的郭老師。說來也巧，我們其實都是台南建興國中的校友，過去也都熱愛棒球，但真正熟識，還是在學校共事後。他做事認真、待人誠懇，跟孩子相處很自然。某次聊天，我提到球隊住宿管理困難，他二話不說就接下了這個吃力不討好的任務。

那時，他原本在外租屋，為了能照顧住宿的孩子，乾脆直接住進學校宿舍，一住就是六、七年。從那天起，球隊多了一位真正能讓我放心的生活守護者。

住宿孩子從二年級到六年級都有，生活自理能力參差不齊，還有些孩子剛離開家會想媽媽、想爸爸。郭老師得一個個安撫，教他們洗澡、洗衣服，協助他們整理東西，也要處理彼此之間的相處摩擦。更別提課業輔導，孩子們學科不同、年級不同，他總是耐心安排，也讓孩子學會互助。

有時我晚上回到宿舍巡一下，看到他還在陪孩子聊天、輔導寫功課，心裡真的很感動。我知道，他原本大可不用接下這些額外責任，但他卻選擇站在我這邊，一起守住這個球隊的秩序與溫度。

我們的球隊，最少時七八個住宿生，最多曾塞進二十幾人，還包

括代表隊的外校球員。郭老師從不抱怨，每天照表操課，幫忙安排值日、管伙食費、處理小糾紛。物價漲了，他一邊精打細算伙食開支，一邊協助向學校申請原住民補助。這些雜事，他做得一絲不苟。

身為教練，我或許更容易被看見；但我清楚，若沒有郭老師幫我穩住後勤，這支球隊不可能撐到今天。我們最感動的是，他從沒把這件事當「分外工作」，而是真心把這些孩子當成自己的責任。

他常說，這分工作雖然累，但能看見孩子一點一滴成長，就是最大的回報。他從沒要求過什麼回饋，總是淡淡地說：「這是一段人生的任務，做得來，我就繼續陪著他們。」

更讓我敬佩的是，他跟孩子們的關係像長輩，也像朋友。他能在需要嚴厲的時候立場堅定，也能在孩子犯錯後，給予理解與引導。他不只是生活老師，更像是孩子人生的第二個啟蒙者。

這次我們決定出版這本書，我特別希望能把郭老師的故事寫進來。因為我知道，一支球隊的背後，不只有教練的努力，而是還有很多像郭老師這樣默默付出的人，才讓我們可以真正陪著孩子從球場出發，走向人生的每一步。

謝謝你，郭老師。謝謝你不只因為責任，更因為心中有愛，加入我們團隊。有你這樣的夥伴同行，是我帶隊這麼多年來最大的福氣。這本書正是我們一起守護孩子、一起教育未來的共同見證。

Part ❹ 球隊經營篇：披荊斬棘從零開始

成立後援會的挑戰與注意事項

經費壓力催生後援會

基層棒球隊經常面臨經費短缺的困境，汐止國小棒球隊也不例外。尤其是在聘請外部教練時，經費壓力更形嚴峻。當時周教練剛加入球隊，學校僅能提供每月不到一萬元的車馬費，這還是校長努力東拼西湊才籌得的預算。

張耀騰教練認為，若要長期維持球隊運作，單靠學校資源遠遠不夠，成立由家長共同支持的後援會，是一項必要的措施。於是他主動向校長建議：「周教練幫助球隊很多，這樣的薪資真的不足以表達我們的感謝。是否能成立一個後援會，由家長共同出資，給他合理的收入？」校長點頭認可，表示只要家長支持，應該盡快推動。2009 年左右，汐止國小棒球隊的後援會正式成立。

後援會的功能與教練責任

後援會的主要功能是支應外聘教練的報酬，同時也可補足其他訓練與行政支出，有時還能為球員準備一些獎勵，提振士氣。這樣的制度讓家長能更直接參與球隊經營，也讓教練不需獨自背負所有責任。

然而，後援會要順利運作，並不只是制度設計的問題，更仰賴人員參

▶ 2024 年汐小棒球隊後援會會長交接儀式，上屆會長張秭睿卸任，新任會長吳蓉蓉（左）從王俊杰校長手中接下會旗。為了球隊與後援會之間能建立緊密合作關係，張耀騰教練總會透過長時間觀察及互動，去找到合適會長人選。

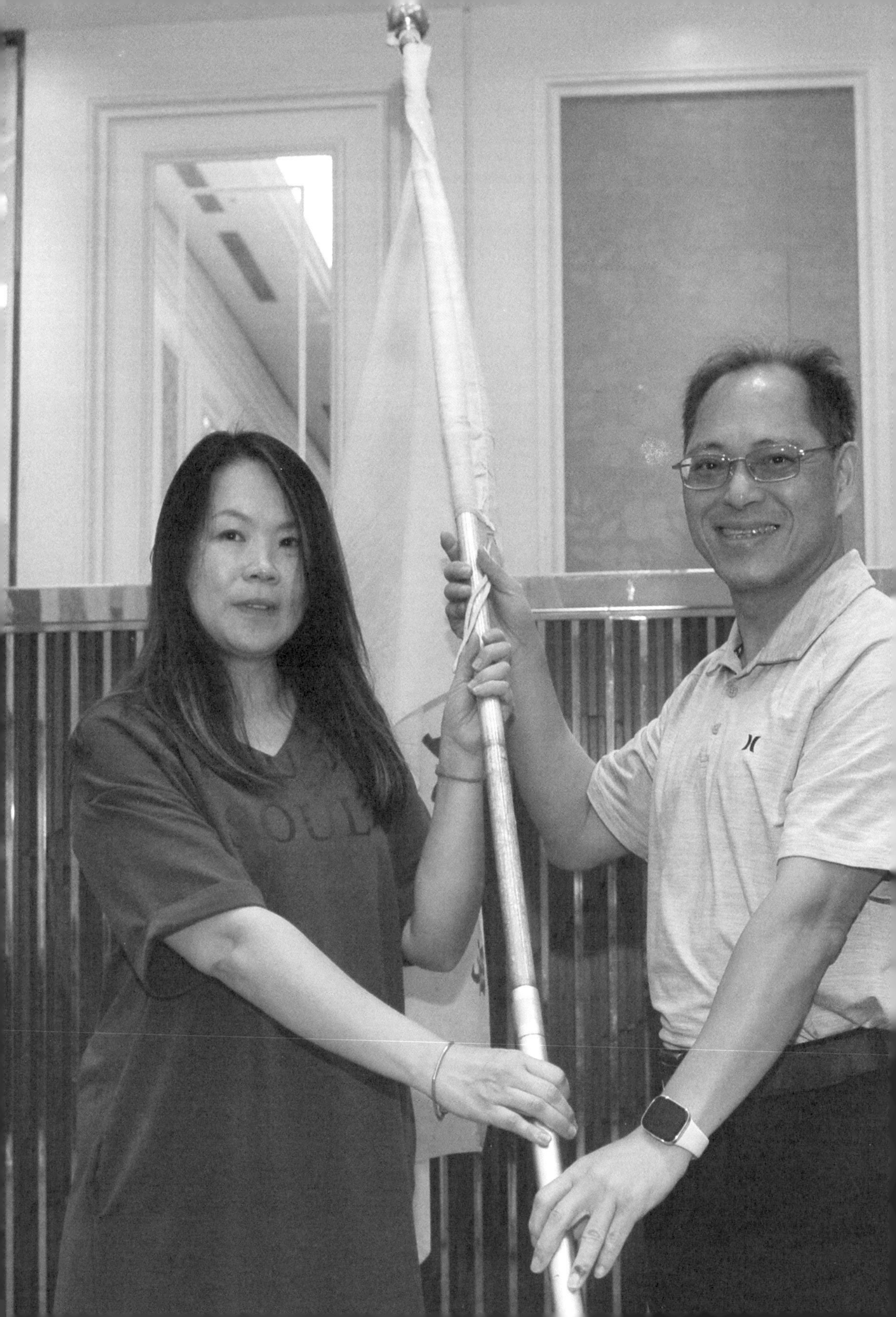

與與溝通的默契。教練本身也必須主動配合、積極經營，與家長緊密互動，才能爭取更多支持。張耀騰教練強調：「每個孩子都是家長的寶。」教練應該讓家長了解孩子在球隊的狀態，建立彼此的信任。

與家長溝通時，他主張應先肯定孩子的優點，再委婉提出需要改進之處，例如：「我們有注意到，會幫忙多提醒他。」這樣能讓家長感受到教練的細心與關懷，自然也更願意支持球隊。

會長遴選的現實挑戰

後援會成立後，接下來的難題是會長的人選。理想上應由家長推選出熱心且願意投入的成員，但現實中，並非每一屆都有合適人選。曾有一年，六年級家長中遲遲找不到願意擔任會長的人選。

張耀騰教練後來改變做法，親自觀察各家長的參與程度，主動接觸其中較熱心者。有位家長在受邀時一度婉拒，坦言：「教練，我真的怕做不好。」為了讓她安心，張耀騰教練邀請周教練和前任會長張爸一同協助勸說。張爸建議：「下次打勝求盃時，你再親自跟她聊聊，讓她放心。」最終，在耐心溝通後，這位家長終於答應接下任務：「聽完張爸的解釋後，我才知道其實沒有想像中那麼難。」

良好溝通確保長期運作

這樣的經驗讓張耀騰教練意識到，經由平日主動觀察與積極溝通遠比交由後援會內部形式化推選更實際，既能有效避免誤解，也更容易找到真正願意投入的家長。多年來，他持續採用這種方式，也確保後援會能穩定運作。

總的來說，成立後援會固然是解決經費與資源問題的重要途徑，但若

要發揮真正效用，背後更倚賴教練的經營智慧、人際溝通能力與對家長情緒的理解。唯有建立起彼此信任的合作關係，後援會才能成為球隊長期發展的重要支柱。

維護教練專業，劃清家長界線

家長參與是助力也是挑戰

後援會對於基層球隊的幫助不言可喻，無論是資源募集、活動協助或凝聚團隊向心力，皆能發揮關鍵作用。然而，如果缺乏明確界線，家長的參與也可能變成壓力甚至干擾。張耀騰教練提醒，家長與教練之間應該建立互信與互重的關係，在球場上尊重教練指揮，在私下則可以是朋友，共同討論孩子的狀況與球隊事務。

建立團隊文化，強化親師互動

為了增進親師之間的互動與認識，汐止國小棒球隊每年固定舉辦多項活動，包括每季的慶生會、中秋烤肉、過年前的尾牙抽獎餐會，以及畢業生歡送會等。這些活動雖會增加教練的工作量，但可以有效凝聚家長之間的情感，營造出「大家庭」的溫暖氛圍，讓整個團隊對孩子的培育更具整體性與合作性。

堅守教練專業，不容外力干擾

儘管平日與家長保持良好互動，張耀騰教練在比賽時對於專業界線絕不退讓。有次全國賽進入四強前夕，一位外校會長竟透過學生傳話要求他讓某個孩子上場，張耀騰教練當場回絕：「這是全國賽，不是開玩笑的場合，場上的名單是由教練決定的！」為此那場比賽他完全未讓該生上場，以示原則不容挑戰。

類似情況也曾在職棒界發生。某年比賽前，一位企業老闆干預球員名單，日本總教練寺岡孝當場將名單撕毀並怒罵「巴嘎牙路！」隨後獨自到外野散步平復情緒。張耀騰教練以此故事提醒家長：場上調度屬於教練專業，不應被個人私情左右。

建立穩定制度，凝聚長遠共識

透過不斷溝通與原則堅守，張耀騰教練逐步建立起家長對教練專業的尊重。有家長聽完職棒的例子後主動表示：「教練，汐小棒球隊絕對尊重你的專業判斷。」

張耀騰教練深信，穩健球隊的養成不僅靠教練團的配合，更依賴家長的理解與支持。從成立後援會、推動活動到守護專業界線，這一切都是為了同一個目標──讓孩子們能在棒球中找到樂趣，並學會人生中最重要的價值。

總教練的第一課：穩定你的團隊

教練不只是技術指導者，更是品格與紀律的引導者

在張耀騰教練的觀念裡，教練的職責從來不僅止於技術訓練，更肩負起品格教育與紀律要求的責任。他深受曾紀恩與黃明川教練影響，從兩位恩師對基本功、紀律與態度的嚴格要求中領悟到，教練在團隊中是一種價值觀的示範者。尤其對基層選手而言，他們對棒球的理解尚未成熟，往往不知道該如何扮演好自己的角色，這需要教練長時間引導與培養。

教練不只是要看出球員的潛力，更要知道如何挖掘與磨練，協助他們提升整體實力與心態成熟度。對教練來說，是否能提升球員的「整體平均

值」，才是最大的挑戰。訓練一支具備整體戰力與團隊意識的球隊，絕非只靠明星選手或短期成效，更需長期的穩定與磨合。

教練團穩定，是提升訓練成效與掌控球隊方向的基石

教練團的穩定性，直接影響球隊訓練的一貫性與整體表現。若教練經常更動，不但會使訓練內容反覆修改，球員也難以累積成套觀念。張耀騰教練以實例指出，某些學校球隊更換教練過於頻繁，導致選手總是要重新適應新教練的觀點與訓練風格，最終無法建立穩定的戰力與清晰的系統。

例如教練 A 帶了一年，逐漸與選手建立默契，觀念開始傳遞下去，卻在一年後離職；教練 B 接手，又有另一套做法，球員只能從頭適應，這樣反覆下來，難以有所成長。更嚴重的情況，是教練團內部觀念不一致，總教練與訓練教練互相質疑，甚至當場指正對方的指導方式，這會讓選手無所適從，不知該聽誰、如何做。長期下來，不僅影響表現，更打擊士氣。

張耀騰教練曾說：「帶頭的人必須先把教練團穩定下來，大家對訓練的東西有共識，才能開始談培養球隊。」這也是汐小棒球隊多年來穩定運作的基礎，兩位資深教練彼此信任，能夠有效協作，即使面對年輕教練的新觀點與新打法，也能理性判斷其是否已具備完整體系，而非因應流行而輕易更動方向。

建立起良好的外部溝通與信任關係

除了教練間的協調，球隊的穩定也與外部環境密切相關。張耀騰教練認為，一支穩健的球隊，必須讓教練們在收入、氛圍與合作關係中都感到安心。教練教得開心，才能在訓練與管理上用心；教練團之間能討論、共享理念，球隊整體才會形成合力。反之，若教練對團隊缺乏歸屬感，或因

Part ❹ 球隊經營篇：披荊斬棘從零開始

為待遇、權責不清等問題導致流動，將為球隊帶來結構性的不穩定。

此外，家長的介入也可能對球隊造成影響。若總教練無法妥善處理來自家長或社區的各種意見與壓力，這些「大人世界的問題」終將反映到孩子的學習上。張耀騰教練曾坦言，許多球隊雖技術條件不差，卻因無法解決人際與管理問題，導致運作混亂，進而拖累整體進展。

因此，作為球隊的領導者，不能僅關注技術與比賽成績，更要有管理思維與整體視野。只有當教練團穩定、理念一致，並建立起良好的外部溝通與信任關係，孩子們才能在沒有干擾的環境中穩定成長，真正享受棒球，體會運動帶來的價值。

▲ 受曾紀恩與黃銘川教練影響，張耀騰從兩位恩師對基本功、紀律與態度的嚴格要求中領悟到，教練在團隊中是一種價值觀的示範者。

一點一滴找尋外部資源，壯大球隊

從汐止國中跟國小球隊正式切割的那一刻起，張耀騰教練便深刻感受到自己必須全心投入。學校只有他一個懂棒球的專業教練，其他老師對棒球都不了解，遇到問題也無人能詢問，只能自己一步一步摸索，從頭開始思考：「怎樣才能讓球隊更好？如何加強球隊的架構，使其更完整？」

張耀騰教練常常夜裡睡不著覺，滿腦子想著球隊還有哪些地方需要加強，做了這個，又覺得還少了那個；等兩個都做到了，卻又隱約感覺還不夠，整個球隊的架構總覺得還差一些。尤其最現實的問題就是：「想得再好也沒用，到處都需要錢，沒有經費的話，該怎麼辦？」

就這樣他一步一腳印，慢慢摸索前進，皇天不負苦心人，在自助人助的情形之下，總算有了一些成果。

百廢待舉：在資源匱乏中打下球隊根基

剛接手汐小球隊時，隊裡裝備極為簡陋，器材嚴重不足。捕手護具早已破舊，勉強堪用，但沒經費更換裝備，再怎麼破損也只能撐著用。球棒方面，通常球隊會區分練習用與比賽用，以延長壽命，避免因彈性疲乏影響比賽表現。然而，汐止國小棒球隊資源有限，根本無法講究這些。

球衣更是一段難忘的記憶。早年汐止國中國小球隊尚未分開時，校長曾仿效洋基隊訂製條紋球衣。這套球衣穿在國小年幼的小選手身上，短腿、小肚子，再配上條紋制服，那個畫面實在一言難盡。張耀騰教練初接球隊

時，對這套球衣也頗感頭痛，最後只好拆開來，讓孩子們穿上條紋上衣，搭配白色球褲，免得整套上陣時過於滑稽，連教練自己都覺得尷尬。

剛接手球隊時，球員人數超過三十人，但整支隊伍只有張耀騰一位教練（周玄昇教練直到2007年底才加入），實在分身乏術。為了因應人手不足，只好將球員分為兩組，主力球員編入A隊，並將訓練資源集中在他們身上，畢竟這群孩子肩負代表學校參賽的責任。

比賽機會也相當有限，一學期最多僅三場比賽，曝光度極低。即使偶爾想爭取更多參賽經驗，往往也因經費拮据而作罷。當時球隊既無中央或地方政府的直接補助，也尚未成立後援會。雖汐止國小被列為重點學校，可以申請教育部補助，但經費依然十分有限。

教育部補助金額的多寡全看球隊成績，按年評比、論功行賞，分為A、B、C三級：在全國性比賽中表現優異者可獲A級補助，進入全國聯賽等中大型賽事則屬B級，僅參加地方性賽事則為C級。汐小棒球隊當時大致能穩定拿到B級補助，地方賽事也屢次奪冠。例如當年打進台北縣冠軍後，就爭取到約十二萬元的補助款。然而，這筆補助屬於「現領現用」，今年有成績就有經費，若明年成績不如預期，補助也會隨之中斷，對球隊長期發展頗為不利。

談起球隊初期窘境時，張耀騰教練仍感無奈，但秉持他一貫的不服輸精神，有多少條件就先做多少事，能想到辦法就設法解決，比賽雖少但每場都全力以赴，在這樣困窘的景況下他們一步一步走了過來。

迎難而上：克服場地限制，提升環境條件

經營一支球隊，就像經營一家公司，必須全面規劃、分工合作，不能只靠一個人苦撐。總教練的責任，就是構思球隊整體架構，規劃訓練流程，打造適合選手發展的環境。

張耀騰教練剛接手汐止國小棒球隊時，情況真的非常慘：器材破舊、場地雜草叢生，練習區連棚子都沒有，只有四頂老舊的頭盔可以用。這時候要擺爛當然也行，但如果連教練都無所謂，那這支球隊就真的完了。

▲ 張耀騰教練剛接手汐小球隊時，景況極為困窘，器材破舊，裝備嚴重不足，經過好些年鍥而不捨地努力和設法，點滴累積，終於有了如今的規模。

| Part ❹ 球隊經營篇：披荊斬棘從零開始

　　以場地為例，汐止國小的場地限制，就曾經為球隊訓練帶來許多困擾，但環境條件就是如此，沒有足夠的經費，很多事情根本難以改變。張耀騰教練能做的，就是從周邊一點一滴地慢慢加強，逐步添購一些輔助訓練器材、設法開闢室內練習區，東拼西湊地把球隊環境架構起來。

廢土上練出來的全國冠軍

　　早期汐止國小的場地狀況相當糟糕，泥土石塊混雜，只要一下雨就積水，兩三天都消不掉。除非剛好星期二、三出了大太陽，否則整個禮拜球隊都別想練球。後來周教練加入，有了助力後張教練開始嘗試整理場地，

▲ 室內練習場完工後，汐小棒球隊擺脫了每逢雨天便無處練球的窘境。從剛接手時百廢待舉的慘澹，張耀騰想方設法一磚一瓦建造球隊成為如今的規模。

但情況出乎意料，讓他們明白這不是靠人力能處理的地面，最後只好放棄整地的念頭。但也就是在這片廢土上，汐小棒球隊訓練出一批又一批球員。2007年，球隊終於第一次拿下全國冠軍──小馬聯盟全國冠軍，接著獲得亞太區冠軍，最後進軍美國總決賽。

從荒地上生出室內練習場

球隊開始交出漂亮的成績單，但因為經費還是沒有著落，仍無法整修場地，只能忍耐。不過問題即使不能馬上全面解決，張教練還是設法先從其他方面下手。在張耀騰教練心中，經營球隊，環境條件一定要逐步改善，孩子才能在舒適安全的場地中練習，整體發展才會正向成長。

以前學校裡有一塊荒廢的地，張耀騰教練在學校待了三、四年，始終好奇為什麼那塊地一直沒被善用。後來，他開始想像：這塊地如果能拿來當室內練習區，該有多好？雖然空間短了一些，但「有總比沒有好」。

他把這個想法跟周教練討論，對方也認為可行，但這時候又回到老問題：錢在哪裡？他們分工合作，查詢補助、寫計畫書，不會寫就參考別人的格式再修改。後來張教練想到曾有家長教過他，只要球隊有原住民學生，就能申請原民補助。汐小棒球隊一試果然奏效，很快就成功得到撥款。

2011年暑假開始動工，一直到2012年才完工。張教練總納悶工程不大，為何工期拖了那麼久？不過總算完成，汐小棒球隊擁有了第一個室內練習場。

這個練習場原本是紅土地，但秋冬濕氣重時，地面濕軟，球一落地就沾滿泥巴，學生還常因此滑倒。於是，張耀騰教練決定改鋪人工草皮。雖然總價比PU跑道便宜，但鋪草皮前須打好幾層地基，整體工程約需二十萬，

| Part ❹ 球隊經營篇：披荊斬棘從零開始

▲ PU 跑道的誕生是一個漫長的過程，從不斷努力取得戰績，得到申請經費的資格，到場地完工，汐小球隊的規模日益完整。

又是一筆不小的支出。

儘管困難重重，但張耀騰教練始終堅信：只要確立好球隊發展架構，環境條件就要像拼圖一樣一塊塊拼起來，再困難也要設法解決。最終，問題一一克服，室內練習場順利啟用。不過，操場的問題仍未解決，革命尚未成功，同志仍須努力。

整合資源促使 PU 跑道誕生

球隊唯一的出路，就是不斷靠實力拿下好成績。2015 年，因為室內練

習區的效益，汐小棒球隊在多雨季節仍能穩定訓練，再度奪得小馬聯盟全國冠軍。

這次時機終於來了！教育部推出「各級學校環境修繕補助計畫」，張耀騰教練立刻將申請書與冠軍紀錄一併送交體育署。當委員為此來視察時，教練毫不保留地說明場地現況。委員一看大吃一驚：「這樣的場地你們還能打全國冠軍！？」

視察委員中有兩位其實是張耀騰教練的學長──學生棒球聯盟秘書長陳德華與體大總教練龔榮堂。他們直言不諱：「老實講，這種視察最主要就是看你們有沒有在拼，有成績就夠了。」如果汐小當時沒成績，他們也許只會說：「回去再討論看看。」

隨後的兩年，感覺契機出現，張耀騰教練向校方提出整修操場的建議。早在多年前他就有這個想法，整個操場風沙太大，不僅影響訓練，也有學校老師頻頻反映這個問題。而 PU 跑道是最理想的解決方案，但這時候他們仍舊面臨資金短缺的老問題。

張教練請主任協助召集學校相關人員，大家一起整合資源、盤點可申請的補助單位，如國教署、教育局等。最終靠著兩三個單位的支持，順利完成 PU 跑道建設。如今的跑道不僅讓學生上體育課更安全，也能畫上各種標線作為活動空間，整體環境大幅改善，孩子們也更樂於使用。

撐過來，為的不只是場地

回頭看這一路走來，從荒草地、廢土場、舊頭盔，到擁有室內練習場、PU 跑道，每一塊磚、每一寸草皮、每一項設備，背後都是汐小棒球隊用一場又一場比賽、一份又一份計畫書，一點一滴爭取來的。

| Part ❹ 球隊經營篇：披荊斬棘從零開始

　　汐小棒球隊沒有雄厚資源，也沒有天降奇蹟，靠的只是「不服輸」的精神與「不怕煩」的堅持。場地可以再修、器材可以再換，但張耀騰教練始終相信：真正支撐這支球隊的，是球隊裡這群人願意把每一個問題當作責任，把每一次困難當作機會。

　　如果一切只能從資源貧乏開始，那汐小棒球隊就從改變環境、改變制度，甚至改變他人對這支球隊的眼光下手扭轉。球隊會不會變強，當然與成績有關，但更重要的是——汐小棒球隊有沒有勇氣撐過去。因為當你真心投入、全力以赴，就算一開始什麼都沒有，也能慢慢拼出自己的一片天。

▲ 為了讓隊員出賽時吃住條件寬裕些，張耀騰教練在募集經費上極為費心。

善用資源爭取外援 ── 基層教練面對的挑戰

補助有限，怎麼讓孩子吃得好、住得安穩？

每當球隊要出門比賽時，雖然有公家補助，但各項費用都有嚴格限制。一人一天的住宿與餐費都被規定得死死的，想多編都不行。可現在的物價早已今非昔比，想住個還過得去的四人房就要三千多元，而補助一天卻只有七百塊，根本不夠。

便當一個一百塊不算差，但也說不上吃得好。比賽一打就是五六天，天天吃便當孩子也會膩。張耀騰教練常常會在孩子們表現不錯時，讓他們吃好一點當作鼓勵。但多出來的那一兩百塊從哪裡來？這時候就得靠後援會的幫忙，補足這些差額。

出賽時，汐小棒球隊也會在條件允許下讓孩子分得一些零用錢，自己去買想吃的東西，但前提是他們平時訓練表現良好。這不只是獎勵，更是生活教育。張教練希望他們吃得開心、吃得有選擇，而不是亂花錢。如果有人破壞規矩，全隊就要回頭吃便當，這是一種責任感的訓練──想要有選擇，就得彼此約束、互相提醒。

如何突破招生縮減、資源短缺的惡性循環？

有些學校球隊因為有企業或基金會長期支持，資源穩定、條件優渥，附近的孩子自然會往那裡跑。汐小棒球隊在汐止深耕多年，當然也希望能爭取企業長期協助。事實上，不只汐小，很多基層教練和志工團隊都一樣，需要外界伸出援手。

疫情之後，球隊招生遇到斷層。以前暑假一來就有十幾位新生報到，

現在人數明顯減少。汐小會先讓新生試上一週,看態度與能力,確定適合再留下來。但招生數量下降,資源也會被砍,進而形成惡性循環。

當學生人數不夠,張耀騰教練就得向校長反應,這對學校來說也是壓力。原本這些事不該讓校長操心,但疫情後情況變了,有時就連校長也要親自出馬幫忙找資源。

機會來時就要把握,錯過一次可能永遠沒有第二次

張耀騰教練曾在賽場遇到新竹某個少棒隊的教練,也是他汐止國中時期的學生。閒談時對方提到一件讓他至今想到就扼腕的事:頂新基金會原本曾想捐一部交通車給他們學校,但當時他們校長擔心維修與稅金成本而婉拒。結果後來發現每次出賽都得花上一萬多元叫遊覽車,長期下來成本遠高於一台車的維護費。等到想回頭再爭取,對方已經不理會了。

有些學校會臨時動員家長開車送孩子參賽,往往都是靠家長湊出五部車北上參加比賽,但臨時動員的方式不是長久之計。如果家長上班抽不出時間、人手湊不齊,那比賽怎麼辦?這些實務問題,都是教練必須一併思考與解決的。教練的工作內容不只在訓練選手,連交通安排也要管。

以前汐小棒球隊也是靠周教練家裡那部福斯 T4 硬撐,現在球隊有自己的交通車,正是張耀騰教練靠自己向教育局爭取來的。

汐小中巴:歷時一年奔走的成果

教育局的陳曉光主任一直很照顧汐小棒球隊。有一次他主動問張耀騰教練:「耀騰,你們球隊有什麼需要的就說。」張教練想到像桃園龜山與台北幾個校園球隊都有中型巴士,使用起來不但安全、省油、還能減少人

力配置與風險。他便詳細分析了效益與實用性，曉光主任聽完也非常認同，願意幫忙牽線找企業贊助。

透過一連串轉介，最終聯絡上時任新北市副市長的侯友宜先生，請他居間為學校與汐止在地上市公司華電聯網牽線。這條路走得不容易，從構想到真正拿到車，整整等了一年半。市政府甚至還特地在板橋體育場為汐小棒球隊舉辦了一場捐贈儀式，搭舞台、找媒體，把球隊的努力和成果展現在大眾面前。

從後援會、交通車到出賽期間的三餐與住宿，這些經費從來都不是天上掉下來的。汐小棒球隊靠的是平常耕耘、場上拚搏、用實績去換得外界認同，也靠著教練與團隊一點一滴的努力，去爭取別人的信任與支持。

資源不是等來的，是靠行動與信任累積來的

做教練，不只是帶練球，更是要管理一個完整的團隊系統。場上要訓練、場下要找資源，沒有哪一樣可以少。因為孩子們值得一個更好的舞台，而教練能做的，就是幫他們把路鋪好。哪怕路再難走，只要持續努力、不放棄，就一定能走得更遠。

| Part ❹ 球隊經營篇：披荊斬棘從零開始

▲ 為了讓球隊隊員出賽時更安全舒適，減少人力調度和經費支出的困難，經過一年費心費力地奔走，汐止國小棒球隊終於擁有自己專屬的中型巴士。

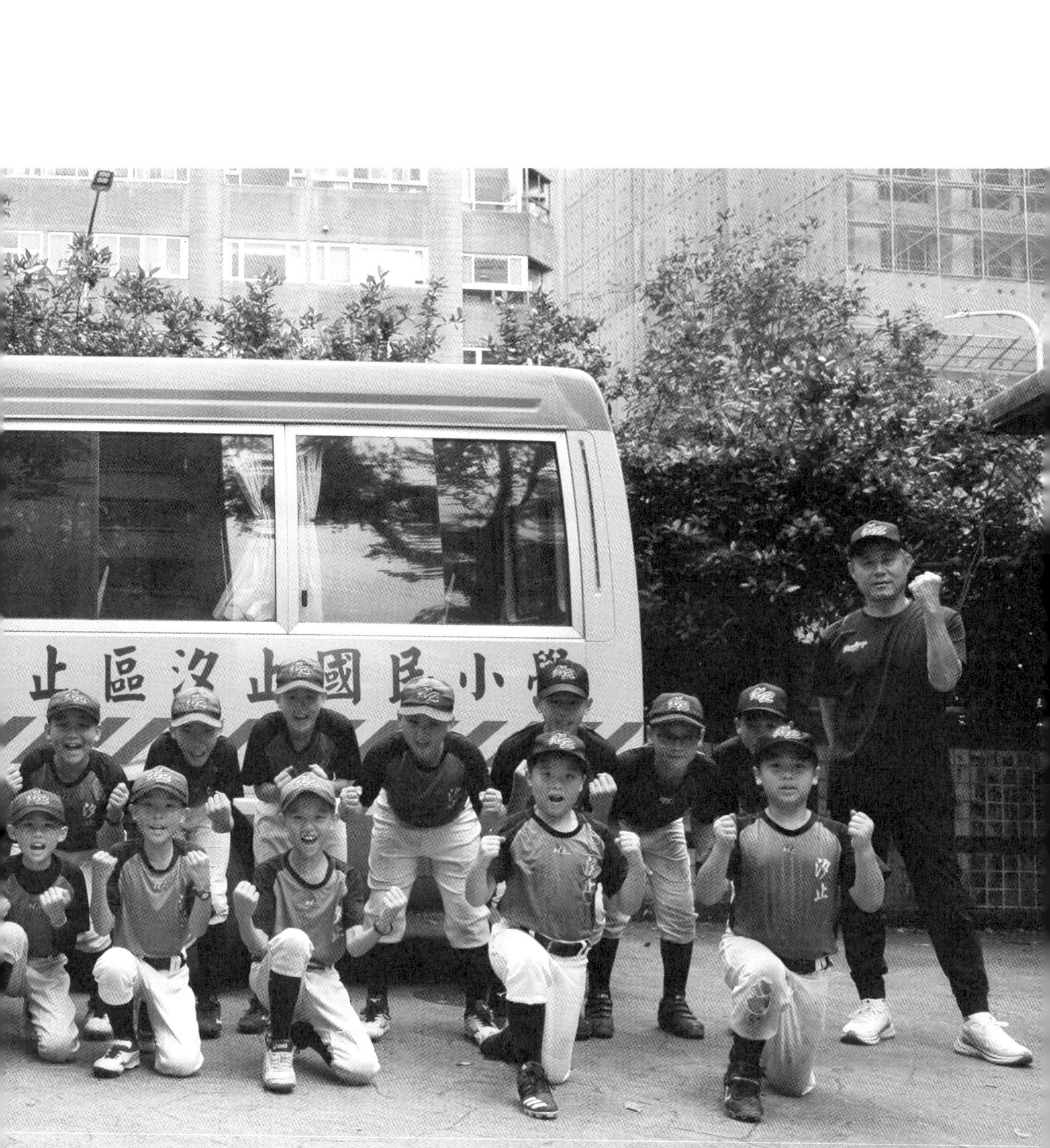

Part ❹ 球隊經營篇：披荊斬棘從零開始

如何訓練球員、制定訓練計畫？

　　如果要讓張耀騰教練分享哪些事情會影響球隊訓練成效，其實很難說得完整，畢竟每個人對於成功和成效的定義並不一樣，張耀騰教練二十年累積出來的經驗，當中有很多是個人的主觀看法和經歷，未必符合別人的理想，現在分享出來其實只是希望給想要當教練，或是想要認識教練這個行業的人一些參考的依據。

分級訓練與團隊管理

　　訓練球員首先要進行詳細的分級管理，以適應不同年齡層與能力的需求。小學低年級球員通常好動且專注力較低，教練應以興趣為主導，引導他們透過遊戲與趣味性的訓練活動來培養基本紀律與熱愛運動的態度。例如，透過輕鬆的跑步競賽、簡單的團隊遊戲，逐步灌輸團隊合作的觀念。

　　對於中、高年級球員，則可逐步引入更具挑戰性的訓練方式，逐漸增加紀律與嚴謹度，如固定的熱身程序、規律的技術訓練、清晰的隊伍規定與獎懲制度。進入國中後，由於學生自主性較強且理解能力提高，訓練內容可進一步加強，包括更專業的技術動作與戰術演練，也可以適當增加每位教練管理球員的數量。

　　張耀騰教練個人在制定訓練計畫時，會提前告訴球員當天的訓練內容與目標，確保他們在訓練前就明確了解當天的任務，這不僅能提高球員的投入感，也能顯著提升訓練效率。不過在分組練習過程中，教練還須特別注意學生的行為舉止，避免發生意外事件，例如學生之間的打鬧或意見衝

突,這對教練而言難免帶來一些精神上的負擔,但只要教練持續保持積極的心態,這些壓力便能有效化解。

從孩子的差異出發──個別化訓練的必要性

每一位球員都有其獨特的潛力與學習特性,作為教練,張耀騰教練的責任就是深入觀察、精準評估,並針對不同學生進行分類教學,尤其在基礎訓練階段這點更顯重要。

實務上,張耀騰教練會依據球員的技術熟練程度與強弱項目進行分組訓練。有的學生較適合集中於打擊練習,有的則可專注於投球或守備的專

▲ 因應不同年齡層與能力的需求,張耀騰教練會制定不同的訓練計畫,同時提前告訴球員當天的訓練內容與目標,提升訓練效率。

項訓練。在訓練現場，張耀騰教練經常花大量時間觀察每一位球員的動作細節，逐一找出他們的問題。例如有學生在投球時重心不穩或出力不足，張耀騰教練會特別安排個別指導，針對動作加以修正，並重複練習，直到明顯改善。

球隊每一屆的學生條件都不一樣。以 2015 年那一屆為例，汐小棒球隊拿下全國賽冠軍，隔年畢業後六年級只剩下八名球員，能用的大概只有四、五個。但汐小棒球隊仍憑著這樣的條件打進了全國軟式八強。因為人數不足，張耀騰教練只好從五年級開始拉人上來訓練，真正的考驗從這裡才開始。

要帶出成績，關鍵就在於是否理解孩子的狀態，並根據他們的條件安排不同的訓練方式。訓練不能一體適用，每一個孩子都是一個獨立的個體。

為每個孩子量身打造的訓練計畫

張耀騰教練曾經問過自己：能不能透過自己的訓練，讓這些孩子有朝一日也能站上中華隊的舞台？張耀騰教練知道他們的起點、條件都不一樣，所以同一套訓練法無法適用所有人。

以打擊練習為例，張耀騰教練帶著全隊做一套基本動作，大部分球員都能執行得不錯，但總有幾個孩子怎麼練就是不行。這時候張耀騰教練就得仔細觀察他是哪個步驟沒做到、哪裡卡住了，然後針對他調整教學方式，尋找更適合他的技巧訓練方法。這樣的模式也適用於投球、接球，甚至跑壘訓練。

小學生的自律性與注意力畢竟不比高中、大學，練習過程中張耀騰教練必須時時關注，帶著他們一個動作一個動作地做。只要他們願意跟上節

奏、聽指令練習，最後一定能達到張耀騰教練想看到的效果。

從練習態度看出孩子的潛力

張耀騰教練自己過去也打過多個位置——一壘、二壘、三壘、游擊、外野，甚至也當過投手。這讓張耀騰教練在觀察選手潛力時，能從不同位置需求來評估。例如外野手需要反應快、腳程好、臂力強，如果球員還具備打擊能力，那上場機會自然就更多；內野手則更講求反應與靈活性。

不過在小學這個階段，除了技術條件，更重要的是孩子的「態度」。球技再好，如果態度懶散、不願學習，張耀騰教練反而不會輕易給他上場機會。相反地，有些孩子天分不突出，但對棒球充滿熱情、願意苦練，這樣的孩子張耀騰教練更願意培養。

有時候學生會問張耀騰教練：「教練，我表現比他好，為什麼不能上場？」張耀騰教練會直接回他：「因為教練不確定你會不會認真對待上場的每一分鐘。」

因為在球場上，教練信任誰，誰就有上場機會，而信任是來自日復一日、練習時的表現與態度。

團隊比明星重要──分組與角色扮演的觀念建立

在張耀騰教練自己也當了教練之後，常會去回想以前國小、國中、高中甚至中華隊、職棒的教練，他們當年是怎麼教他的？有沒有什麼東西可以套用在現在小朋友身上？訓練強度可以怎麼調整，讓小朋友們也能從中學習？藉著回溯以前的經歷，為張耀騰教練的教練工作帶來極大的幫助。

還記得剛開始當教練的時候，張耀騰教練每天腦子裡想的都是：這個

Part ❹ 球隊經營篇：披荊斬棘從零開始

選手的打擊不好，可以用什麼方式來改造？那個學生接球動作有問題，步伐老是跟不上，怎麼幫他調整？針對每個小朋友的狀況張耀騰教練心裡不斷做著各種計畫：這個同學今天應該先做什麼練習、那個同學應該加強什麼？

同時張耀騰教練把問題雷同的小朋友分成一組，指出他們哪些動作做不好，再為他們動作示範，鼓勵他們好好地看，把這些動作學起來，每天不斷練習，慢慢在球場上就會愈做愈好。另外每組每天都有不同的操練重點，今天做守備訓練，明天做投球，後天做打擊，這樣子不斷循環操練，練習在球場上會做到的動作。

棒球不靠個人單打獨鬥，它是一項高度講求「角色互補」的團隊運動。

▲ 從接手汐小棒球隊教練職務後，張耀騰每天腦子裡想的都是每個小球員的問題該怎麼改善，除了個別指導，還不斷擬定分組訓練、情境設定等等計畫。

曾經有人問：如果把每支球隊的第四棒都集結起來組一隊，會不會變得無敵？張耀騰教練的回答是否定的。

原因很簡單：第四棒的打者雖然火力強，但往往缺乏速度與戰術執行力。他們可能不擅長短打、突襲或打帶跑等戰術。如果一支球隊每個人都只能重砲轟擊，卻沒有人能傳跑、能推進，那麼這支球隊很難真正贏球。

所以張耀騰教練在訓練上也會安排不同任務分組，讓孩子們學會在不同的位置扮演好自己的任務角色，而不是一味追求當「主角」。每個人都可能成為球隊贏球的關鍵，哪怕只是一次傳球成功、一次觸擊得分，這些都會成為孩子們對自己價值的體認。

設定目標，激發動力與抗壓性

在訓練過程中，設定具體而明確的目標對於提升球隊的積極性至關重要。張耀騰教練經常會以打入全國賽為球隊的基本目標，這不僅能給予球員一個清晰的努力方向，也能讓他們感受到自身努力與成果之間的連結。

張耀騰教練特別看重參與更高強度比賽的交流機會，例如全國性的比賽或邀請賽，這些場合會讓球員感受到競爭的刺激與壓力，進一步激發他們更強的訓練動機與自我提升的欲望。

永遠以冠軍為目標

張耀騰教練個人非常堅持一件事：既然要帶一個競技團隊，汐小棒球隊需要打出成績，讓人家知道汐小棒球隊是個競技團隊，他們的成績不是隨便唬弄一下就可以有的。所以張教練一直把自己團隊的競爭標準放在「打入全國賽」，這是他對汐小棒球隊最基本的要求。這是為了讓孩子們有一

Part ❹ 球隊經營篇：披荊斬棘從零開始

個目標。說實在的，從來沒有人有把握一定可以拿到全國冠軍，聚焦在全國賽可以給他們一個小目標、有訓練動力。

進入全國賽可以跟全國更好的球隊做交流，那種競技的強度是不一樣的，他們需要有這個機會去感受。這個機會從哪裡來？球員自己本身要努力啊！自己不努力這個機會哪裡來？不是任何人想參加都可以，必須先在各縣市地方性的選拔取得資格，才能去全國賽。而取得全國賽參賽資格，也就代表你是各縣市戰力不錯的球隊。

每個人都想要打贏，在高強度狀態下就看誰有辦法持續到比賽結束。球賽打到後面，愈到緊要關頭，壓力跟緊張度比預賽不知道要提升多少倍，這時候看重的已經不是技術、體力，而是心智，球員必須要提升抗壓性，必須扛得住壓力，克服臨場的緊張。比如進到四強賽，你知道這一場球輸了就沒機會參加冠軍賽，萬萬輸不得，所以你要能扛住，這一關過了之後，接下來的冠亞軍賽你的壓力跟緊張度又會再度提升，那程度是不一樣的。

戰術訓練與執行力培養

在棒球日常訓練中，戰術練與執行力培養是不可或缺的一環。張耀騰教練會經常利用模擬比賽的方式進行戰術訓練，透過實際情境讓球員熟悉各種常見戰術的執行細節，例如短打、盜壘、犧牲打等等。

此外，張教練也會針對球員的戰術執行力進行深入分析與檢討，幫助他們了解自身的弱點並加以修正。教練特別強調抗壓能力的養成，經常在訓練中刻意營造壓力情境，譬如最後一局追平或落後，培養球員在關鍵時刻冷靜應對的能力。

張耀騰教練從小就接觸棒球，這些年一路從球員走到教練，過程中累

積了很多經驗，所以當他開始帶隊之後，常常會在腦海裡搜尋過往的記憶，回想以前當選手時遭遇過的那些場景，尤其是一些印象深刻的比賽或國際賽，那時候教練是怎麼安排戰術、怎麼應變。這些記憶對張耀騰教練現在的教學方式都影響很深。

不過有一點很重要，不是只有你懂棒球，對手教練也懂，很多戰術大家其實都會使用，所以真正困難的是——你要怎麼突破對方的預期？最成功的戰術往往不是常規操作，而是你在對方完全沒料到的時候出其不意，那才叫真正的戰術。

說穿了，戰術本質上就是一種心理戰。你在觀察對方，對方也在觀察你，雙方教練其實都在不斷彼此試探。雖然學生年紀還小，不具備太成熟的戰術能力，但只要有心觀察，還是可以從他們的肢體動作、眼神、細節上嗅出些戰術端倪。

有次幾位家長和張耀騰教練、周教練在賽場邊聊天，其中一位好奇地問張教練：「教練，你怎麼知道對方要做什麼戰術？你會抓他們的暗號嗎？」教練笑著回答他：「我從來不抓教練的暗號，我都是看球員的動作。」

對張耀騰教練來說，觀察小球員的變化反而更精準。他們的肢體語言很誠實，常常一個小動作就洩漏了對手下一步的計畫。像是短打的準備動作、腳步的調整、眼神盯的位置，這些差異其實都看得出來，重點只在你有沒有那種細膩的觀察力。

戰術的另一個層面，就是你得讓球隊「做得到」。你可以排出一套很精密的戰術，但如果學生沒辦法執行，那就毫無意義。小學生的戰術變化其實不多，關鍵還在執行力。當教練下了短打戰術指令，跑者已經啟動時，

| Part ❹ 球隊經營篇：披荊斬棘從零開始

▲ 棒球日常訓練除了加強專業技術之外，戰術訓練與執行力培養是不可或缺的一環，透過平日實境訓練，熟悉各種常見戰術，真到賽場上時便不致手足無措。

你這個打者能不能確實把球觸出去、安全護送他上壘？這就又要回歸到平時的訓練強度與穩定度。

有些孩子在校內練習時，因為對手是自己熟悉的隊友，投球的是自己教練，表現的很好，但一到了比賽，面對陌生的投手、陌生的守備員，加上現場觀眾的視線、比數壓力，整個動作立刻僵住，原本揮棒流暢，結果一緊張整個人就「卡住」，連腳步都亂了。

這種反應正是他們必經的學習歷程。在練習時隨便馬虎，沒有紮實地記住那些關鍵動作，比賽一緊張，壓力一來，什麼都忘光光。所以張耀騰教練常常告訴孩子們：「練習不是做樣子，而是讓你的身體記住比賽時會

用到的動作。」這就是「肌肉記憶」，你練得愈確實，到了真正需要的時候愈不會手忙腳亂。

基本功紮實才能成功執行戰術

現在社交媒體上可以看到很多所謂的「棒球教室」，他們開設了琳瑯滿目的教學課程，看起來包羅萬象，但說穿了，大多都是以營利為目的的商業行為。課程設計並不是以「紮實訓練」為核心，而是以「刺激消費」為導向。許多課程安排只為讓小朋友覺得自己好像有學到什麼技巧，進而吸引那些經濟能力較好的家長心甘情願掏錢，把孩子送進這些教室。

但事實上，這些課程裡內容往往與應該強調的基本功毫無關聯。他們的訓練從一開始就跳過了基礎階段，直接進入技術層面，看似高階、實則浮誇。問題是：技術必須從紮實的基本功慢慢延伸出來，沒有打好基礎的技術，看起來再漂亮，在場上也未必派得上用場。

張耀騰教練很清楚，國小這個階段的孩子就像一團柔軟的泥巴，你想把他們塑造成什麼樣子，必須一步一步慢慢塑形，你不能跳過那個「塑形過程」，直接把他定型在某種姿勢、某個動作上，結果表面上看起來像模像樣，但一遇到狀況他就不知道怎麼調整，因為他根本沒有內涵去支撐那個動作。換句話說，只空有一個「標準姿勢」，卻沒有背後的理解與身體協調能力，等真正遇到問題時，他根本不知道該怎麼辦。這種「一招半式」的學習方式根本無法應對場上的實戰挑戰，更不用說「闖江湖」了。

說到打基礎，其實不只是棒球，每個運動項目都一樣。如果孩子對這個運動有興趣，教練能做的就是從基層開始慢慢引導他們進入這個領域，讓他們循序漸進地建立正確觀念與動作基礎。只要核心抓得穩、基礎打得

| Part ❹ 球隊經營篇：披荊斬棘從零開始

▲ 技術必須從紮實基本功練起，沒有打好基礎的技術，看起來再漂亮，在場上也未必派得上用場。

紮實，外在的花招、技巧怎麼發展都不是問題。

有一次，一位棒球界的前輩曾經問張耀騰教練：「張教練，你們國小階段會要求學生什麼樣的基本功？」張耀騰教練笑著回答：「前輩，就是我們以前練的那些啊。」他聽完馬上點頭說：「對嘛！現在那些猴囝仔都去學些有的沒的！」

前輩帶的是高中球隊，感觸當然更深。他說現在的高中生，看到大聯盟球員在比賽中得一些華麗動作，像是側身傳球、特別的揮棒姿勢，就以為只要模仿這些動作，自己就會變強。卻不知道，那些看似特殊的技巧，

其實都是建立在極為扎實的基本功之上。人家練了一輩子的基礎，才敢做出那樣的變化，他們只學到皮毛，卻沒有學到其中精神與根基，反而會把自己搞成四不像。

所以張耀騰教練常提醒孩子，也提醒自己，打棒球沒有捷徑，一步一腳印地扎好每一個基本功，才是真正進步的關鍵。外表可以模仿，但內在要自己練，這才是真本事。

基礎體能必須長期培養

基礎體能的訓練與培養是訓練計畫中的重要基石，張耀騰教練會特別在寒暑假的集訓期間，安排不同年級的學生進行適合他們的體能訓練，例如跑步圈數的差異化設定，以及各種力量與耐力的訓練課程，以全面提升球隊整體的體能素質，為未來的技術訓練奠定良好基礎。

比如說，暑期訓練時小朋友一抵達球場就先按年級分隊跑操場，設定比如說高年級五圈、中年級三圈、低年級兩圈，跑完才開始練習。體力好壞在跑步時就可以慢慢分別出來，有的比較懶得跑步，就會慢慢脫隊，那些二升三的小毛頭，常常讓人看不出來是在跑還是在散步，像這種就不用太要求。一般大部分要求都是針對四升五以上的同學。

制定並落實有效且系統化的訓練計畫，從基礎扎實的訓練開始，逐步深化到戰術與抗壓能力的培養，同時配合個別化指導與清晰的目標設定，將能顯著提升球隊的整體實力，幫助每位球員發揮最佳潛能，為團隊及個人創造更好的成績與未來。

| Part ❹ 球隊經營篇：披荊斬棘從零開始

校園教練的忙與盲：
向保持熱情的基層教練致敬

　　球壇生態一直在改變，大約在 2000 年前後比賽數量遠不如現在，現在卻是大大小小的賽事滿檔，根本不怕沒比賽，就怕你沒錢參加而已。不過，考量到汐小棒球隊的孩子還只是小學生，張耀騰教練跟校方有個共識：不需要讓球隊過度參加比賽。孩子日後若真的有機會往上發展，比賽機會一定不缺，在這階段更重要的是奠定扎實基礎。對汐小棒球隊來說，一個月能安排一到兩場比賽就已經很多了。

　　張耀騰教練曾經粗略計算過，有些設有體育班的學校，一開學四個月內就安排了十五、十六個盃賽，等於平均每週一個，甚至每十天就要出賽一次。尤其硬式比賽往往占去一半以上的場次，這些盃賽通常交給高年級應戰，因為他們比較能應付實力較強的對手。這樣一來，每次盃賽動輒五到七天，加上週末休息一兩天，孩子真正能待在教室學習的時間幾乎是零。這種負荷量連大人都吃不消，更何況是成長階段的小學生！？

留在這個環境，是因為還能做點事

　　很多人問張耀騰教練，為什麼這麼多教練願意回學校帶球隊？說穿了，還是因為整個環境變了。台灣的棒球已經發展到職業階段，投入這個領域的人也比過去多了很多。這些人裡，有些想繼續待在這個圈子做點自己擅長的事情，就像張耀騰教練一樣。說實在的，離開棒球，他也不知道自己能做什麼。留在球隊裡，至少還有張耀騰教練熟悉、有信心的空間。

張教練從小接受的家庭教育就是「做人做事要有分寸」，這個原則放在各種環境裡都一樣適用。還記得汐小林校長曾經找張耀騰聊天，問他對自己的工作有什麼想法。當時他只是簡單回應：「把自己該做的事情做好就對了。」沒想到兩天後，這句話竟然出現在學校的跑馬燈上，這讓張耀騰教練很感動，代表校長其實也認同這個理念。這不是什麼大道理，而是張教練多年來做教練的基本信念——把份內的事做到最好，其他的，隨別人去看。

公職穩定 ≠ 放棄熱情

　　在成為汐小棒球隊專任教練後，其實還是有其他球隊來找過張耀騰，邀請他去擔任球隊教練教練。但張教練怎可能放下公職工作去當約聘教練？也有人問他：「為什麼不往更高階段走？那不是比較輕鬆嗎？」但張耀騰教練從來不這麼看。跟小朋友一起奮鬥，有一種單純的快樂，雖然工作繁瑣、雜務一大堆，但心態調整過來後，這一切其實都挺值得的。張耀騰教練不覺得人生一定要不斷往上爬，有時候停在你最能發揮的位置，反而更能做出影響。

　　有些教練真的很有教育熱忱，甚至會自掏腰包幫學生買球具、器材。他們帶著孩子練球得到的是發自內心的快樂，這種感動不是薪水可以衡量的。偏鄉地區很多教練都是這樣默默付出，只希望讓家鄉的孩子也能有接觸棒球的機會。對他們來說，擔任公職並不表示放棄熱情，一粒麥子落了地，反而是新的麥穗萌發的開始。

偏鄉困境：資源斷層與流失

　　談到偏鄉，他們的問題除了資源不足，更嚴重的是學生來源不穩。可

Part ❹ 球隊經營篇：披荊斬棘從零開始

能這一屆好不容易打出一點成績，但下一屆人數不夠，球隊因此消失個三、五年也屬正常。台灣長年面對資源分配不均的問題，雖然大家都說希望孩子能在地發展，人才不要外流，但以現行教育制度來說，這根本是天方夜譚。

想像一下，如果你兒子考上建中，你還會讓他留在屏東就學嗎？大多數家長一定寧願傾家蕩產也要讓孩子北上就讀。高中球隊更是如此，花東地區的好選手往往會被台北、新北、桃園的強隊挖走，因為那裡的資源條件實在太好，不僅包吃包住，甚至連內褲都幫你準備好，選手幾乎什麼都不用操心。不但有人幫忙養孩子、教孩子，每次回鄉還有車費、零用錢。試問如果你是家長，你會不心動？

但話說回來，如果花東當地也有不錯的球隊、完善的訓練設施，誰願意離鄉背井？根本原因還是資源集中在西部。偏鄉想發展棒球，只能靠一些熱血教練、家長硬撐著走下去。而每當棒球隊向上反應問題時，政府單位的回應常常也只是：「有聽到了。」但聽到歸聽到，真的會動起來嗎？往往只是不了了之，這也是最讓人感到無奈的地方。

體育班的功與過

1. 體育班的優勢：資源整合與發展利基

從資源面向來看，體育班最直接的效益在於突破學區限制與增加教練編制。汐小棒球隊張耀騰教練教練回憶道，2015 年球隊打入全國冠軍賽時，他曾向校方建議成立體育班，主要考量就是使招生範圍能夠擴及基隆、汐止、南港、萬里等地區，甚至延伸到新北其他地區與北市港湖一帶，不再受學區限制。這種跨區招生的彈性，對於發掘潛力運動員至關重要。

人力資源方面，體育班的設立意味著教練員額的實質增加。一般學校球隊僅配置一名專任教練，而體育班則可增加至三名——包括一名原住民身分的專任教練。以北市東園國小為例，她們六、七十人的球隊規模，就配備了八到九名教練，這種師生比能提供更完善的訓練指導。對汐小棒球隊這類基層球隊而言，多一名教練不僅代表訓練品質的提升，更是分擔工作壓力的關鍵。

> **Part ❹ 球隊經營篇：披荊斬棘從零開始**

張教練細說棒球

　　體育班另一項不容忽視的優勢是行政管理效率的提升。將棒球、田徑、羽球等專長學生集中編班後，訓練時間安排、比賽行程協調都更為簡便。現行國小多在下午四點放學，體育班能將專項訓練統一安排在放學前一小時，避免學生因分散各班而產生的調課困擾。特別是當學生外出比賽時，課業追蹤的負擔也能集中處理，而非由多位班級教師個別補救。

　　從經費運用角度，體育班帶來的預算編列正規化也值得肯定。公部門對體育班的資源支持相對穩定，包括防護員等專業人力的引進，這對選手的運動傷害防護至關重要。看著其他有體育班的學校能多運用一筆資源、多聘請一名教練，張耀騰教練不諱言，這種支持「大家都很需要」，一句話道出了基層體育資源匱乏的普遍困境。

2　體育班的隱憂：過早專精化的代價

　　然而，體育班制度也引發教育界的諸多質疑。最核心的爭議在於過早專項訓練可能對孩童發展產生的負面影響。這也是當年張教練希望成立體育班，校長卻有諸多考量的原因。因為從教育專業角度考量，國小階段是否需要投入大量時間進行單一運動訓練，確實值得審慎評

估。兒童身心發展專家普遍認為，12歲前應著重多元運動體驗，而非早期專精化訓練。

體育班的設立也可能造成課業與訓練失衡的結構性問題。張教練同時觀察到，部分體育生在課業上容易自我放棄，當外出比賽頻繁時，學習斷層更為明顯。就算球隊嚴格要求「該做的事情一定要好好做」，但在體育班強化專項訓練的框架下，學科教育往往淪為形式。這種過度傾斜的發展模式，可能限縮學生未來的生涯選擇。

從制度運作層面，體育班衍生的經費消耗壓力也不容小覷。公部門預算編列附帶執行率要求，學校必須將90%以上的經費消化完畢，否則來年預算可能遭刪減。這導致體育班被迫必須不斷參加比賽「消耗預算」，而非根據選手實際需求規劃賽事。張教練描述了這種窘境：「五、六年級球員可以輪流出動，但是教練幾乎都沒辦法休息」，道出資源分配扭曲下的惡性循環。

更值得關注的是，體育班制度可能強化資源分配的不平等。現行教育政策一方面限制新體育班的設立，另一方面卻保留既有體育班的資源，形成「既有者恆有」的階層固化現象。張教練也感嘆：「想申請體育班的人他們不讓申請，只能眼巴巴看著有體育班的學校多一筆資源」，這種不公平競爭環境，不利於基層體育的均衡發展。

3 尋找平衡點：汐小棒球隊經驗的啟示

在缺乏體育班的情況下，汐小棒球隊棒球隊仍能穩定運作二十年，關鍵在於學校支持與社區網絡的結合。遠道而來的孩子獲得住宿安排，學校教師自發撥出私人時間協助照顧，畢業學長返鄉指導，這種「全村落」式的支持系統，某種程度彌補了制度性資源的不足。這種模式強調的是運動團隊與學校教育的共生關係，而非資源的零和競爭。

從教育理念角度，張教練對當年未設立體育班的反思頗具啟發性：「如果出發點是為了孩子，讓他們可以均衡發展，不管課業也好，運動也好，都能好好去接觸，張耀騰教練個人其實可以接受校方不設立體育班的決定。」這種以學生全人發展為核心的價值觀，或許正是當前體育班爭議中最需要被彰顯的立場。

結論：超越二元對立的第三條路

體育班的功與過反應的是台灣基層體育教育更深層的結構性問題。資源集中化雖然帶來短期競爭力的提升，卻可能犧牲學生的多元發展與教育公平性。反之，完全否定體育班的資源整合功能，也可能讓有天賦的孩子失去發展舞台。

或許，解方不在於「設立與否」的二元選擇，而在於建立更彈性、更人性化的支持系統。例如：發展「運動重點學校」而非「體育班」

的模式，讓資源投入與學生需求更緊密結合；建立區域性的訓練中心，避免資源過度集中於特定學校；強化課業輔導機制，真正落實「學生運動員」的雙重角色。汐小棒球隊的經驗顯示，沒有體育班的學校同樣能培育出全國冠軍隊伍，關鍵在於教育者是否能夠超越制度的限制，以學生最佳利益為中心，整合學校與社區資源。台灣基層體育的未來，需要的或許不是更多體育班，而是一套更能兼顧運動競技與全人教育的發展哲學。

正如張教練的體悟：「兼顧課業學習和體育專業是非常辛苦的事，可是這些事情對同學以後發展是有幫助的。」這種對教育本質的堅持，才是體育班爭議中最該被聽見的聲音。在功與過的辯證之外，大家更該思考的是：如何讓每個愛運動的孩子，都能在成長路上獲得適才適性的引導與支持。

PART 5

球隊管理篇

教練與小球員之間的那些事

　　提到小學棒球隊，多數人腦中浮現的是孩子們奔跑吶喊的畫面，或家長場邊加油的身影。但對基層教練來說，球隊運作遠不僅是練球與比賽。張耀騰教練多年來在汐小棒球隊深耕，深知「球隊管理」是一場看不見的長跑，不只要懂棒球，更要理解孩子、家長與團隊，並具備堅持信念的韌性。

　　球員從哪裡來？如何納入訓練？不同背景的孩子怎麼在同一體系中成長？當家庭、學業與紀律挑戰接踵而至，教練又該如何拿捏標準、調整方法，讓球隊成為孩子成長的支柱？這些答案既不在教科書，自然也無法照本宣科。

　　本章將從「人」出發，看見小球員如何進入球隊，球隊又如何陪伴他們走過訓練與生活的起伏。這不只是孩子的故事，更是張教練對「球隊管理」的實踐與反思。他用陪伴與堅持，讓我們看見，一支小學球隊的核心，不是勝負，而是對教育的執著——相信每個孩子都值得被認真對待。

小球員都從哪裡來？

當一個棒球教練這麼多年，張耀騰教練常常被人問：「你們的球員都從哪裡來？」這個問題看似簡單，背後卻是汐小棒球隊這個領域最核心也最辛苦的環節之一。和學校的班級老師不同，汐小棒球隊的球隊沒有固定的學生來源，每一個孩子的到來，幾乎都是一場緣分的安排。

找孩子，更是找緣分

有些孩子是自己來的，有些則是張耀騰教練一個一個去找來的。不是所有對棒球有興趣的小孩都能成為球員，也不是每個被選進來的孩子都準備好面對球隊的紀律與訓練。這些年來，張耀騰教練教導過的孩子其實也只有兩三百人，但每一個孩子，張耀騰教練都記得他進來時的樣子——有的滿臉興奮，有的面無表情，只是被爸媽帶來試試看的；有的很快就能融入團體，有的則需要花上一整年，甚至更久的時間來磨合。

留下來的，不只看球技

汐小棒球隊有一個原則：不是誰都能留下來。這話聽起來很殘酷，但一支球隊如果無法維持基本的訓練與紀律要求，其他孩子也會受影響。比賽成績不是汐小棒球隊唯一的目標，培養團隊的責任感、紀律與態度，才是真正的教育。孩子有沒有潛力是一回事，有沒有心、願不願意配合，又是另一回事。

▲ 汐小棒球隊的球隊沒有固定的學生來源,張耀騰教練說,每一個孩子的到來,幾乎都是一場緣分的安排。

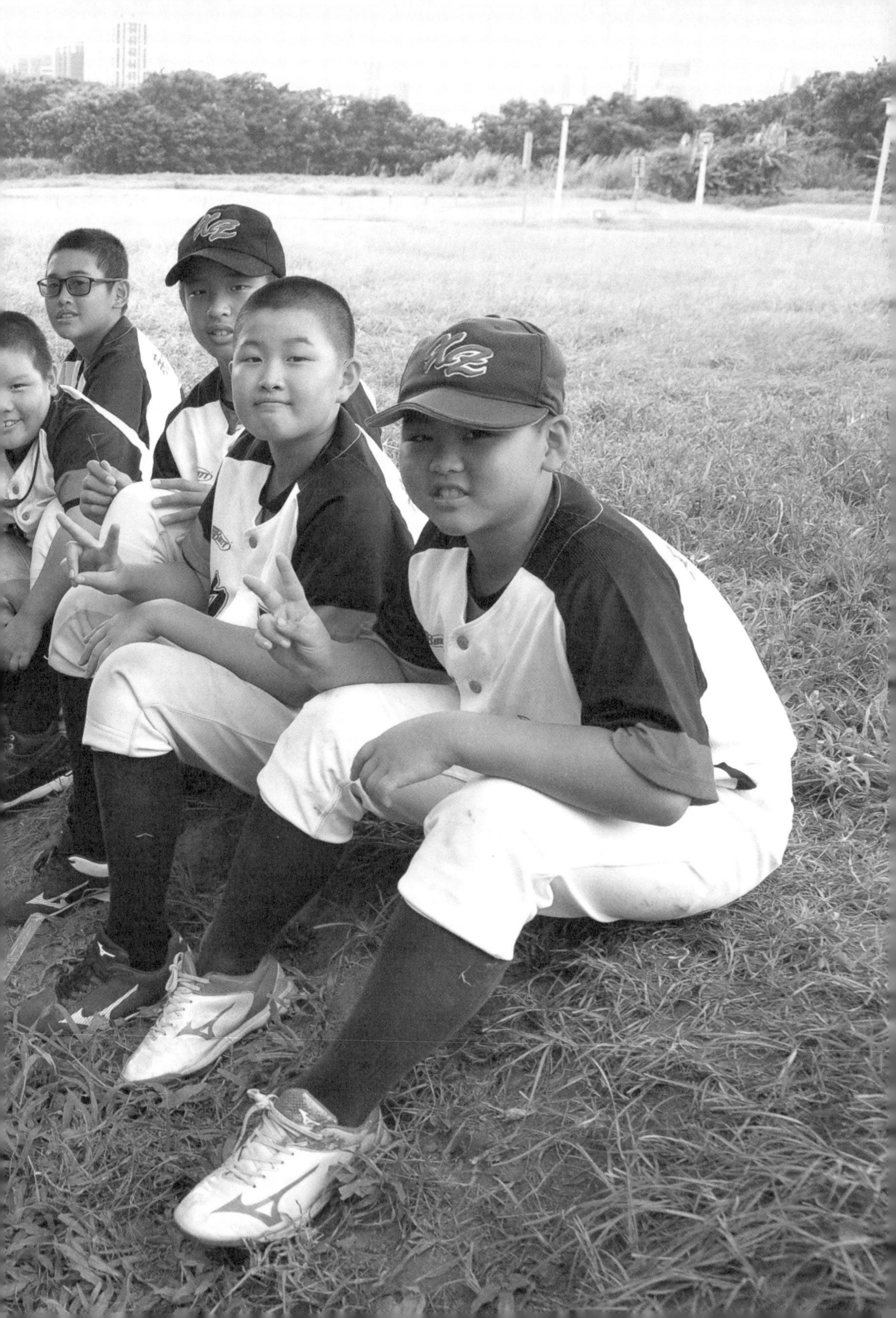

Part ❺ 球隊管理篇：教練與小球員之間的那些事

每個孩子背後都有故事

張耀騰教練曾經自己到學校的校門口去觀察，看哪個小孩看起來特別靈活、有運動細胞，就主動和家長接觸；也有孩子是從其他縣市轉學過來球隊的，甚至遠從烏來的龜山國小轉來汐小，只為了找一個能好好打球的環境。這些孩子的背後，都有一段故事。

篩選原則：態度比天分更重要

張耀騰教練記得有個從角力隊轉來的孩子，他的媽媽聽朋友介紹說汐止有個不錯的球隊，剛好又有住宿的空間，就帶孩子過來看看。孩子體格不錯，就是太過內向，第一次打比賽緊張得全身僵硬，連球來了都忘了要揮棒。那時張教練就告訴他：「沒關係，這次比賽你就當成是學習，學著觀察別人是怎麼在場上面對壓力的。」孩子後來雖然沒有成為主力選手，但他卻學會了如何面對比賽、如何面對壓力。關鍵在於他願意聽教練的話，好好學習。

很多時候，孩子能不能留下來，不在於他的球技，而在於他對球隊的態度。態度不好，即使技巧再好，張耀騰教練也不會輕易給他上場機會。反過來說，如果有個孩子雖然資質普通，但非常努力、願意學習，張耀騰教練會願意給他多一點機會。這樣的選擇，不只是為了球隊，更是為了教育。

張耀騰教練有個原則，對每一個孩子的要求是一致的。不管你是二年級還是六年級，紀律就是紀律。有的孩子會抱怨說教練偏心，對誰比較好，對誰比較嚴格，這時候教練都會問他：「你覺得教練哪裡不公平？你可以說出來。」張教練也常常對那些明明可以做得更好卻故意怠惰的孩子說：「你

不是做不到，你是故意做不好，教練就得特別盯你，因為你明明可以做得更好。」

招生不易，更要堅持理想

汐小棒球隊球隊不像專業體育班，孩子來自各個學區，有些是自己主動想加入，有些是父母希望孩子來打球。有些孩子可能一開始根本不想打球，只是因為轉學才進來，汐小棒球隊還得一點一點去喚起他們的興趣、培養他們的自信。這是汐小棒球隊最辛苦也最有成就感的地方。

有一年招生特別辛苦，整個暑假只進來一位新生。那時候張耀騰教練真的覺得前途茫茫，但張耀騰教練沒放棄。既然只有一個，那就一對一好好教；孩子會長大，球隊的氛圍也能帶動新生的加入。慢慢地，又有幾位孩子加入，汐小棒球隊重新組起來一支團隊。

關心孩子，不只是在球場

球隊裡面有些孩子，來自單親家庭、隔代教養，家裡經濟狀況不穩定。張耀騰教練不會因為這樣就放低對他的要求，反而更會陪著他們，一點一滴去建立他們的信心與責任感。有時候，他們不是不想努力，只是不知道怎麼努力、不知道怎麼和人相處，不知道怎麼面對挫折。汐小棒球隊不只是訓練棒球選手，更是要教他們怎麼成為團隊的一員。

教練的角色是陪伴者

這些年來有一個中年級的孩子讓張耀騰教練印象非常深刻，他成績非常不好，數學大概只有二年級的程度，但是非常想打球，也很努力地想融入球隊。教練當然不會放任他學業繼續落後，而是常常鼓勵他在課後抽空

Part ❺ 球隊管理篇：教練與小球員之間的那些事

來問教練問題。張耀騰教練不是數學老師，但是希望他知道：教練關心的不只是你的球技，也關心你這個人未來能不能在社會上立足。

還有一位孩子，體格好、速度快，是張耀騰教練一開始很看重的選手。但後來卻因為態度懈怠，被教練暫時請出球隊三個月。教練不是不想讓他打球，而是希望他能明白：球隊不是他的舒適圈。後來他主動來找張耀騰教練，說他想回來，教練讓他回來，但沒多久，老毛病又出現，張耀騰教練就再度提醒他：「如果你不改變，你還是無法真正成為這個團隊的一分子。」在過程中教練必須非常堅持，不能輕易放手。

▲ 汐小棒球隊不只是訓練棒球選手，更是要教他們怎麼成為團隊的一員。教練不只是訓練專業球技的引導者，更是帶領他們在人生道路上前進的陪伴者。

成績不是全部,陪伴才是核心

這些年來張耀騰教練看過不少球隊因為比賽成績不好、經營不善而解散,孩子只能轉隊或放棄。但在張教練來說,他堅持一件事:就算汐小棒球隊賽績不好,紀律不能垮、教育不能鬆。只要孩子還願意學,張耀騰教練就願意陪他走下去。

也常有人問張耀騰教練:「你怎麼不去更高的階段當教練?那裡比較輕鬆。」張耀騰教練總笑笑地說:「跟小朋友玩有樂趣啊!」雖然瑣事多、責任重,但張耀騰教練看到一個原本自卑的孩子因為棒球找回自信、一個調皮的孩子學會為團隊負責,那種喜悅不是任何成績能比的。

有些孩子打完六年級後就不打了,有些則繼續走棒球之路,甚至進了職棒。也許以後他們不會記得教練講過什麼話,但只要在某個時間點,自己曾經陪他們走過一段重要的路程,張教練覺得這就夠了。

所以,如果你問張耀騰教練,小球員都從哪裡來?張耀騰教練會告訴你:從家長的信任來,從孩子的一句「我想打棒球」來,從一次次偶然的介紹、一個不經意的緣分來。這些孩子,每一個都是璞玉,而張耀騰教練有幸自己能成為陪他們琢磨的那一個人。

Part ❺ 球隊管理篇：教練與小球員之間的那些事

百百種孩子，如何對待？

當張耀騰教練回顧這些年來所指導過的孩子們，發現每一個孩子都有自己獨特的故事、背景和性格。他們來自不同的家庭、學校，有的性格外向，有的內向；有的體能出色，有的起步較慢。作為一名教練，他知道教練的工作不僅僅是在訓練他們的技巧，更要了解他們的內心，幫助他們在球場上找到屬於自己的位置，並且從每一次的訓練中成長。

張耀騰教練經常聽到這樣的問題：「如何對待不同的孩子？每一個孩子都是獨一無二的，該怎麼去管理和教導？」其實，這不僅是棒球訓練中的挑戰，更是教練每天都要面對的現實。每個孩子的需求不同，他們的學習方式不同，他們的成長過程也各不相同，張耀騰教練的工作就是在這些差異中，幫助找到每個孩子的最佳學習路徑，並且在這個過程中，讓他們學會如何面對挑戰，如何在球場上不斷自我超越。

看見每個孩子的獨特性

每一個孩子都擁有自己的故事，來自不同的家庭，經歷過不同的生活與學習背景。在球隊裡，這些背景差異往往在訓練中表露無遺。有些孩子天生活潑外向，容易與人打成一片，他們在人際交往中毫不畏懼，能迅速融入團隊並在比賽中表現出色；而有些孩子則較為內向，他們對自己不太有信心，甚至會因為一次失誤而沮喪得不願繼續參與訓練。

作為教練，張耀騰需要敏銳地察覺到這些差異，並根據每個孩子的需求來調整教學方式。對於那些外向且自信的孩子，張教練的訓練會側重於

技術細節和戰術的精進，而對於那些內向且容易自我否定的孩子，張教練則會更多地從心理層面來進行輔導，幫助他們建立信心、學會如何面對挑戰和挫折。

張耀騰教練說曾經有一位小球員在比賽中經常出現低頭、垂肩的情況，明顯缺乏自信，所以每當他失誤時，教練總會走到他身邊，輕輕拍他的背，告訴他：「失誤並不可怕，最重要的是能夠從錯誤中學習。」用這樣的安慰和支持，幫他逐漸在比賽中變得更加積極，並且學會了如何將挫敗轉化為動力。

因材施教：根據孩子的需求進行訓練

張耀騰教練總是強調：作為教練，最大的挑戰之一就是如何因材施教。每個孩子的運動天賦不同，學習的方式也不盡相同。對於天生運動能力較強的孩子，張耀騰教練會在技術層面上提出更高的要求，鼓勵他們去挑戰自己、突破極限；但對於那些基礎較弱的孩子，張耀騰教練則會從最基本的動作開始教起，讓他們不會因為起步晚而喪失信心。

例如，有一位孩子剛加入球隊時投球動作不夠流暢，投出的球常常偏離目標。與此同時，他的身體協調性也較差，跑步時常常跑不穩或是動作僵硬。對於這樣的孩子，張耀騰教練並不急於要求他提高投球的精準度，而是先幫他加強基礎的體能訓練，例如跳繩、跨步、平衡練習等。經過一段時間，他的身體協調性逐漸提高，投球的準確度也就有了顯著改善。

有些孩子可能一開始對棒球沒有太大興趣，他們參加球隊更多是因為父母的期望或是想嘗試新事物。對於這些孩子，張教練會多花時間了解他們的興趣所在，並幫助他們找到與棒球的聯繫點。同時，也並不強迫他們

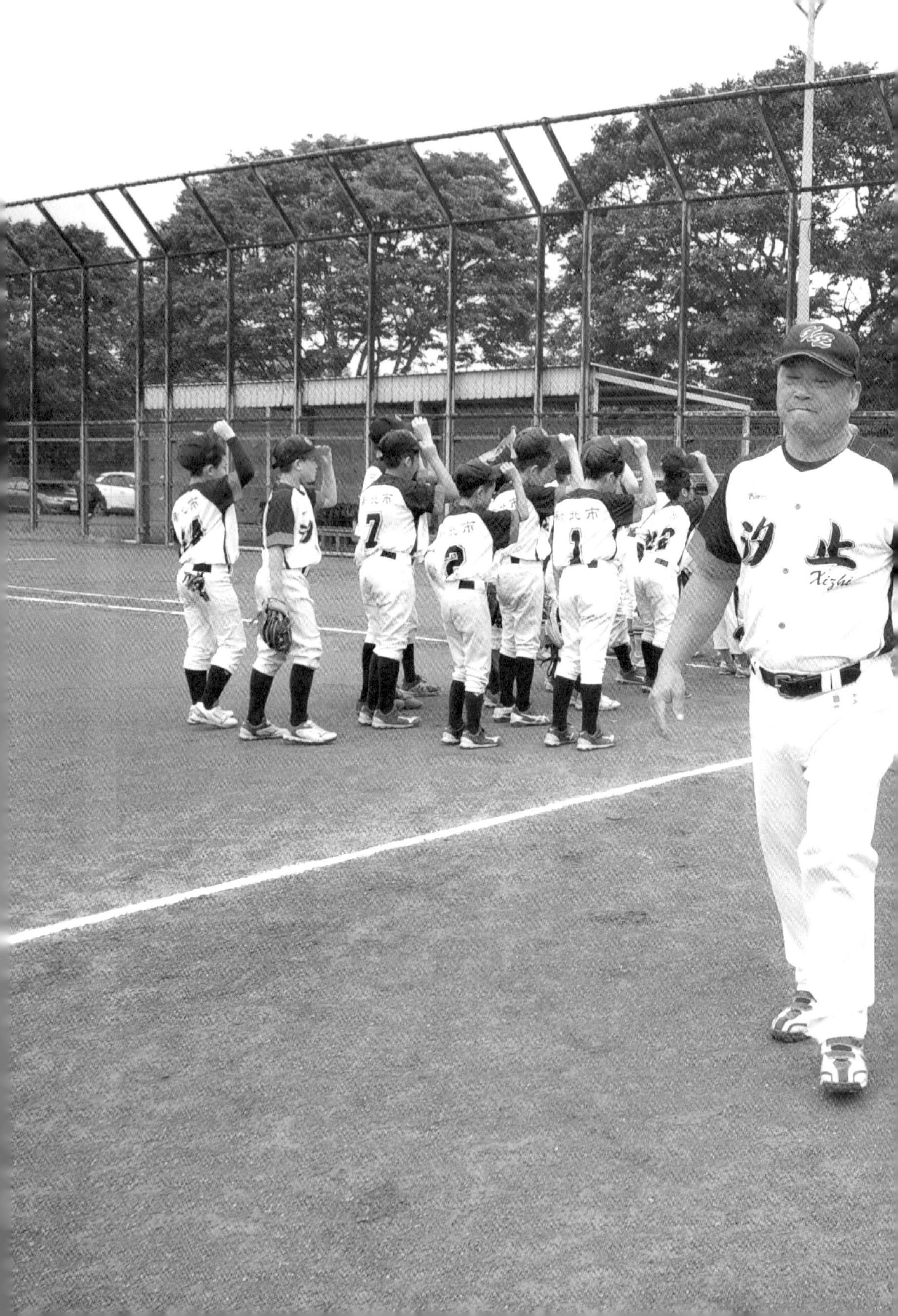
汐止
Xizhi
新北市

▲ 每一個孩子都是獨一無二的，對球隊教練們來說，如何管理和教導是他們每天都在面對的挑戰。

在短時間內學會高級技巧,而是鼓勵他們從最簡單的動作做起,讓他們在過程中逐漸建立對棒球的興趣,並且在愉快的氛圍中成長。

培養態度與品格:比技術更重要的是紀律

在訓練中張耀騰教練總是強調兩個字:「紀律」。無論孩子在場上多麼出色,技術再怎麼好,如果沒有紀律,沒有責任感,他也無法在團隊中立足。

棒球是一種團隊運動,每個球員的表現都會影響到整個隊伍的勝敗。無論是打擊、投球還是守備,任何一個位置的失誤,都可能導致整場比賽的結果發生變化。因此,張教練常常告訴孩子們,最重要的並不是技巧的精湛,而是對隊伍的責任感,對紀律的堅持。

教練會定期與球隊開會,討論團隊合作的重要性,強調每個人都必須為團隊負責。對於那些態度不夠端正的孩子,他會在練習場邊直接指出,並給予他們具體的改進建議。這不僅是為了提高球技,更是為了讓他們學會如何在生活中做出正確的選擇,如何承擔責任,如何在面對困難時不放棄。

記得有一個孩子,在剛加入球隊時,總是習慣性遲到,甚至有時會無故缺席。教練對他的要求很簡單:「紀律是基本,沒有例外。」經過一段時間,他漸漸地理解了這一點,開始準時參加訓練,也在場上表現得更有責任感。張耀騰教練相信,這不僅是他成為一個更好球員的關鍵,也是在他未來人生道路上,面對挑戰時的一種心態準備。

與孩子的關係：不僅是教學，更是陪伴

　　作為教練，張耀騰教練認為自己與孩子們之間不僅僅是師生關係，更是陪伴與支持的關係。很多孩子在場上的表現，往往與他們在場外的情緒和狀態息息相關。教練經常花時間與孩子們交流，了解他們在學校的情況，關心他們的家庭生活，這樣才能更好地幫助他們調整心態，集中精力投入到訓練中。

　　有一次，有個孩子在比賽中表現得很沮喪，失誤後一直低著頭。張耀騰教練走過去拍拍他的肩膀，問他：「怎麼了？」他說：「我覺得自己不行，總是做不好。」教練告訴他：「每個人都會有失敗，失敗並不代表你不行，

▲ 張耀騰認為教練與孩子們之間不僅僅是師生關係，更是陪伴與支持的關係。他關心的不只是競技成果，更是他們在日常生活中的身心狀態。

反而是你學習的機會。重要的是你能從失敗中站起來，繼續前進。」從那以後，他的表現慢慢變得穩定，甚至在下一場比賽中，關鍵時刻成功完成了一次漂亮的接球。

這些小小的故事，讓張耀騰教練深刻體會到，作為教練，自己的角色不僅是技術指導者，還是他們生活中的支持者，幫助他們在場上場下都能保持積極的心態。

回顧這些年帶隊的經歷，張耀騰教練會發現，自己不僅僅是在教導孩子們技術或心態，更是與他們一起成長。無論是從球隊的成績上，還是每個孩子個人的改變，張耀騰教練深刻地體會到教練這個角色，並不只是為了讓孩子們贏得比賽。更重要的是，作為教練，自己必須成為孩子們面對挑戰、成長的榜樣。

而對於那些曾經因為失敗而低頭、因為挫折而迷茫的孩子們來說，棒球隊是最值得信任的陪伴者。張耀騰教練始終相信，每一個孩子都有成為更好球員的潛力，只要給他們足夠的支持、正確的引導，最終他們會在球場上找到屬於自己的位置。

教學相長：
教練教給孩子的、孩子教給教練的

作為一名教練，張耀騰教練深知教學的過程不僅是教練單方面傳授知識和技能，孩子們也在教教練如何進步。每一個孩子都有他們獨特的學習方式，這些方式不僅挑戰了教練的教學方法，幫助他學會如何成為更好的教練，也是讓他更為了解生活、情感和人性的寶貴課程。

認清教練的責任

每當張耀騰教練站在球場上，帶領著球員們練習，心中總是充滿著責任感。不僅僅是讓他們成為更好的棒球選手，更重要的是，要讓他們在這個過程中學會如何面對挑戰、如何與他人合作，並且如何在困難面前不輕易放棄。這些對他們未來的成長無比重要，甚至比技術層面的提高更為關鍵。

棒球不僅是一項運動，它是一場心靈與身體的磨練。在球場上，張耀騰教練要求孩子們不僅要把每一個動作做到位，更要理解為什麼這些動作能夠幫助他們達到更好的表現。他常常對他們說，棒球是一種集體運動，每個人都是團隊的一部分，無論你做得多好，都不能單打獨鬥。你的一個小小失誤，可能會影響到整個隊伍的結果。因此，想要完成一場優秀的競技賽事，每一個球員的心態、專注度、以及他們對團隊的貢獻，都是不可或缺的。

Part ❺ 球隊管理篇：教練與小球員之間的那些事

▲ 每個孩子的個性不同，學習的方式亦不同，需要更多的耐心去了解。對汐小球隊教練來說，真正的教學不只是教導，更是與孩子之間的雙向溝通。

學會與孩子溝通

在這樣的教學過程中，張耀騰教練漸漸發現，真正的教學不只是對孩子的教導，更是與孩子之間的雙向溝通。張教練說他不是一個全知全能的教練，而是一個引導者和學習者。他有自己的經驗和技巧，但每個孩子都會以不同的方式吸收這些知識。為了能夠讓他們學得更好，張教練需要學會理解每個孩子的個性，並且根據他們的需要去調整他的教學方法。

有些孩子天生在技術上就比較有優勢，這類孩子通常能夠很快掌握新技能，但也容易變得自滿或忽視細節。對這些孩子，張耀騰教練會特別強

調「細節決定成敗」，並且告訴他們，儘管他們的天賦可能讓他們在初期走得比較快，但如果不注重基本功，他們的進步就會停滯不前。這時候教練會挑戰他們，讓他們明白，即使在他們已經很擅長的領域，也有無窮的學習空間。

反過來，也有一些孩子在技巧上起步較晚，甚至有些孩子在最初的練習中顯得格外遲緩。這些孩子可能會感到沮喪，甚至想要放棄。但正是在這些孩子身上，張耀騰教練學會了更多的耐心和鼓勵。

教學過程中不斷反思與成長

在教導孩子的同時，張耀騰教練也經常對自己的帶隊方式進行反思。每當看到孩子們在球場上取得進步，或是在面對困難時不輕言放棄，他會思考：是哪個關鍵時刻的啟發，讓孩子們發現了自己的潛力？這樣的反思，讓張耀騰教練更加深刻地理解到，教練的角色不僅是傳授技能，更重要的是幫助孩子發現自身的價值，並在球場上學會如何面對壓力與挑戰。

有時候，當球隊在比賽中落後，張耀騰教練會看到孩子們那種不服輸的眼神。他認為，這不僅僅是比賽的勝負問題，更是一個學習面對人生低谷的過程。在這樣的時刻，他也從孩子們身上學到了堅持的力量。每一次的失敗與挫折，都是成長的一部分。張耀騰教練告訴孩子們，這不只是棒球，而是人生的縮影；在任何領域，能面對困難而不屈不撓，才是最寶貴的財富。

除了他教給孩子們的東西，孩子們也反過來教會了教練許多。在教學過程中，他學會了更多的包容與耐心，也學會了如何與不同性格的孩子建立信任。有些孩子需要的是嚴格的訓練，有些則更需要理解與支持。每一

Part 5 球隊管理篇：教練與小球員之間的那些事

個孩子的成長方式都不同，張耀騰教練面對的最大挑戰，就是找到最適合每位孩子的方式，幫助他們發揮最大潛能。

有時候，張耀騰教練會質疑自己的教學方法是否太僵化，會不會限制了孩子們的創造力。而孩子們的反應，也會給他很大的啟發。他們在場上的每一個表現，無論是喜怒哀樂，都讓張教練感受到他們的真實情感，也促使他反思自己是否能更好地接納他們的不同，而孩子們也因此可以更好地學習如何真誠地面對自己與他人，這樣的態度不只影響球場表現，也延伸到他們的學業與人際關係。

總的來說，教學相長不只是孩子從張耀騰教練那裡學到了技術與知識，更多的是他從孩子們身上學到如何在教學中持續進步。汐小棒球隊裡的互動，不只是知識的傳遞，更是一種心靈的交流。他教給孩子們的是克服挑戰的工具，孩子們教給他的是一種更有耐心、更具包容力的理解方式。

作為一名教練，張耀騰教練永遠不會停止學習與反思。他深知，自己每一個小小的改變，都可能對孩子的成長產生深遠的影響。正是這份責任感與愛，讓他能持續不斷經由教學相長，在孩子們的成長過程中與他們一同進步。

> 張教練
> 細說棒球

期待每個孩子都能開枝散葉

1 教練的真正價值

如果單從棒球場上的戰績來評估一名教練的工作，未免太過片面。對我來說，教練真正的價值，不只是贏得幾次冠軍，而是學生們在未來的人生路上能夠開枝散葉，有好的發展，有人成為社會的中堅份子，有人繼續在棒球界發光發熱。

我從事棒球教練工作已經二十餘年，帶過的小球員人數雖然不多，但每一個孩子身上都有屬於他們自己的故事，對我來說，那些故事遠比一場比賽的勝負來得更有意義。從這些過程中，我深刻體會到，作為教練，除了技術傳授，更重要的是要為孩子的未來負責。

Part ❺ 球隊管理篇：教練與小球員之間的那些事

張教練
細說棒球

2 球場內外的成就

我曾帶過的學生中，有些進入職業棒球界，成為家喻戶曉的明星；也有不少孩子選擇走入其他領域，在教育、商業、公共服務等領域展現自己的能力。我一直強調的，不只是棒球技術，而是面對人生的態度與抗壓能力。這些價值觀不僅影響了他們的棒球生涯，也深深形塑了他們之後的人生選擇。

我記得有位小球員，當年在球隊表現平平，抗壓性也相對不足。但他後來進入軍校，靠著我所教導的調適與堅持方法，逐漸能夠在壓力下穩定發揮，最後成為一位優秀的軍官。他說，那段棒球訓練是他終身受用的經驗，不只是運動，更是一種面對壓力的能力養成。

還有一位球員，家境較為清寒，自卑感強烈，剛加入球隊時情緒起伏很大，訓練常受影響。我花了很多時間陪伴他、鼓勵他，慢慢地，他建立起自信，不僅球技大有進步，心理素質也有了顯著的成長。現在，他在商界創業成功，靠著當年在球隊磨出來的自信與韌性，成為地方頗具聲望的企業家。

也有幾位學生後來選擇投入教育界，成為體育老師或教練。他們經常跟我說，在教學現場常會不自覺模仿我當年的教法與態度。看到他們也用耐心與責任心帶領下一代，並將我強調的基本功與品格教育延續下去，我感到非常欣慰。他們的學生也同樣受到這股力量的影響，這種良性循環，就是我一直所追求的目標。

3 態度與品格決定未來

　　我也曾遇過一位天分極高的學生，順利進入職業棒球界，但因性格過於傲慢，不懂得與人合作，最終無法適應團隊環境，黯然離開球場。反觀那些也許資質普通，卻願意紮實學習、態度認真的球員，反而能夠在長期的競爭中穩定發展，甚至超越原本更被看好的選手。

　　這不是偶然。我早年當教練時，或許也曾看重比賽的輸贏，但隨著經驗累積，我愈來愈明白，真正決定孩子未來的，不是短期的表現，而是能否在長期中保持穩定的態度與良好的人格特質。因此，後來我越來越注重從品格著手，因為我知道，只有這些內在的力量，才能支持他們走得更長遠。

　　而我一路帶出來的球員，也的確是這樣成長起來的。有人成為職棒明星，有人選擇走入軍旅或商界，也有人投入教育工作。他們雖然走在不同的道路上，但共同的特質是：都曾學會如何在壓力與挫折中成長，如何在競爭與合作中找到平衡。

　　或許，這才是作為一位棒球教練最深遠、最寶貴的成就：我教會的不只是打棒球，更是教出一群能在人生路上不斷前進、不斷成長的孩子。而這份成果，正是我教練生涯中最珍貴的收穫。

PART 6

球員養成篇

每個孩子都是璞玉

　　對多數人來說，棒球訓練是為了贏球、升學，或邁向更高層級的競技舞台。然而在張耀騰教練眼中，練球更是通往人格養成的道路，是與孩子內心對話的過程。在汐小棒球隊，技巧固然重要，但孩子的情緒與成長節奏才是教練每日真正的功課。有的孩子初來乍到時目光閃爍、難以親近，有的則挑戰規範、抗拒權威，而這些行為背後，往往藏著尚未被理解的故事。張教練始終相信：「沒有不好教的孩子，只有不會帶的教練。」

　　真正的訓練，不只是傳授技巧，更是引導孩子認識自我、學會尊重與合作。教練不只是教球技的人，更是引路人與陪跑者，是能幫助孩子撥開迷霧的燈塔。

　　本篇不是技術手冊，而是紀錄一位教練如何在球場上雕琢性格、激發潛能的故事。這是一段從對抗到理解、從混亂到自律、從退縮到綻放的旅程，也是關於「成為大人」如何從練球開始的深刻探索。

沒有不好教的孩子，只有不會帶的教練

從開始帶小學球隊的那一刻起，張耀騰教練就告訴自己一句話：「沒有不好教的孩子，只有不會帶的教練。」

這句話聽起來像口號，實際上卻是張耀騰教練這二十多年來最深刻的體悟。每一個來到球隊的孩子，無論性格多難捉摸、背景多麼複雜、行為多麼叛逆，張耀騰教練都相信他們的內心深處藏著一塊值得琢磨的璞玉，只是還沒有遇到願意花時間去打磨的人。

孩子的眼神，說出他們的世界

張耀騰教練常說，教練跟老師最大的差別，在於汐小棒球隊不只是教技能，而是陪伴他們學會與自己相處、與他人相處。有時候在集合時，張教練會故意講一些話，觀察他們的反應、看他們的眼神，是不是專注？是不是理解？還是放空、游離、呆滯？

你會發現，現在的孩子很容易把耳朵關起來。他們對大人的語言沒有太大感覺，尤其是說教式的話語。他們活在自己的節奏裡，你說得再多，他不感興趣，也進不了他們的世界。所以張耀騰教練改變方式：少說理，多示範。動作做給他看，比講一堆理論有效得多。

有些孩子對棒球是真愛，他會讀你的眼神，捕捉你的小動作，主動回應你的暗示。這種孩子很少，但是一旦遇到，會讓人覺得做教練真是幸福的事。可惜，20 年來張教練接觸過的孩子，保守估計有兩三百個，但這樣的孩子不到 10 個。

| Part ❻ 球員養成篇：每個孩子都是璞玉

▲ 張耀騰教練常常透過觀察孩子的反應和眼神，設法進入他們的世界，因應需要改變教導的方式。

教球，先從教行為開始

　　張耀騰教練對球隊的孩子從不客氣，什麼時候該說話、該做、該停，什麼時候不該說話、他都會直接講明。小孩違規了，教練會問：「現在教練講都沒用了嗎？我講了你還這樣，是故意的嗎？」這不是表現惡意，而是讓他知道，這世界有規則，行為必須付代價。

　　有的孩子剛來時很難融入，教練不會立刻下判斷，會給他們觀察時間，也給他自由互動的空間。從他和隊友玩遊戲時的模樣，張耀騰教練可以看出他的真性情：是鴨霸型？沉默型？還是合群型？每一型都有得教，只是

方法不同。

張耀騰教練會讓那些鴨霸的孩子自己解釋:「為什麼大家要聽你的?」很多時候,他們根本講不出來,這就是個性的寫照。遇到這種孩子,就要教他什麼叫團隊,怎樣的行為才會被接納。這樣,他才不會在成長路上被人排擠而不自知。

孩子越小,越有可塑性

這幾年,球隊三年級以下的孩子越來越多。以前除非運動能力特別好的小孩才能提早進來,現在則是家長願意早一點讓孩子接觸球隊。這對汐小棒球隊來說挑戰也大,因為他們就像張白紙,你必須是老師、是教練、同時也是保母。但反過來看,他們被雕琢的機會也更大。

張耀騰教練發現,這些低年級孩子的表現,很多是受到家庭氛圍影響。家長本身不討厭運動,甚至熱愛棒球,自然就希望孩子也走這條路。耳濡目染下,他們就會說:「我也想去打棒球!」這樣的孩子,動機不錯,但能不能走得長久,還是得看他撐不撐得過訓練的強度。

在汐小棒球隊,教練的責任就是觀察他們的潛力與個性。這孩子雖然技術不夠,但如果認真、合作、愛球,球隊就會讓他繼續留下來;反過來,如果他不但不認真,還破壞氣氛,那麼球隊也只能請他離開,因為團隊不能被拖垮。

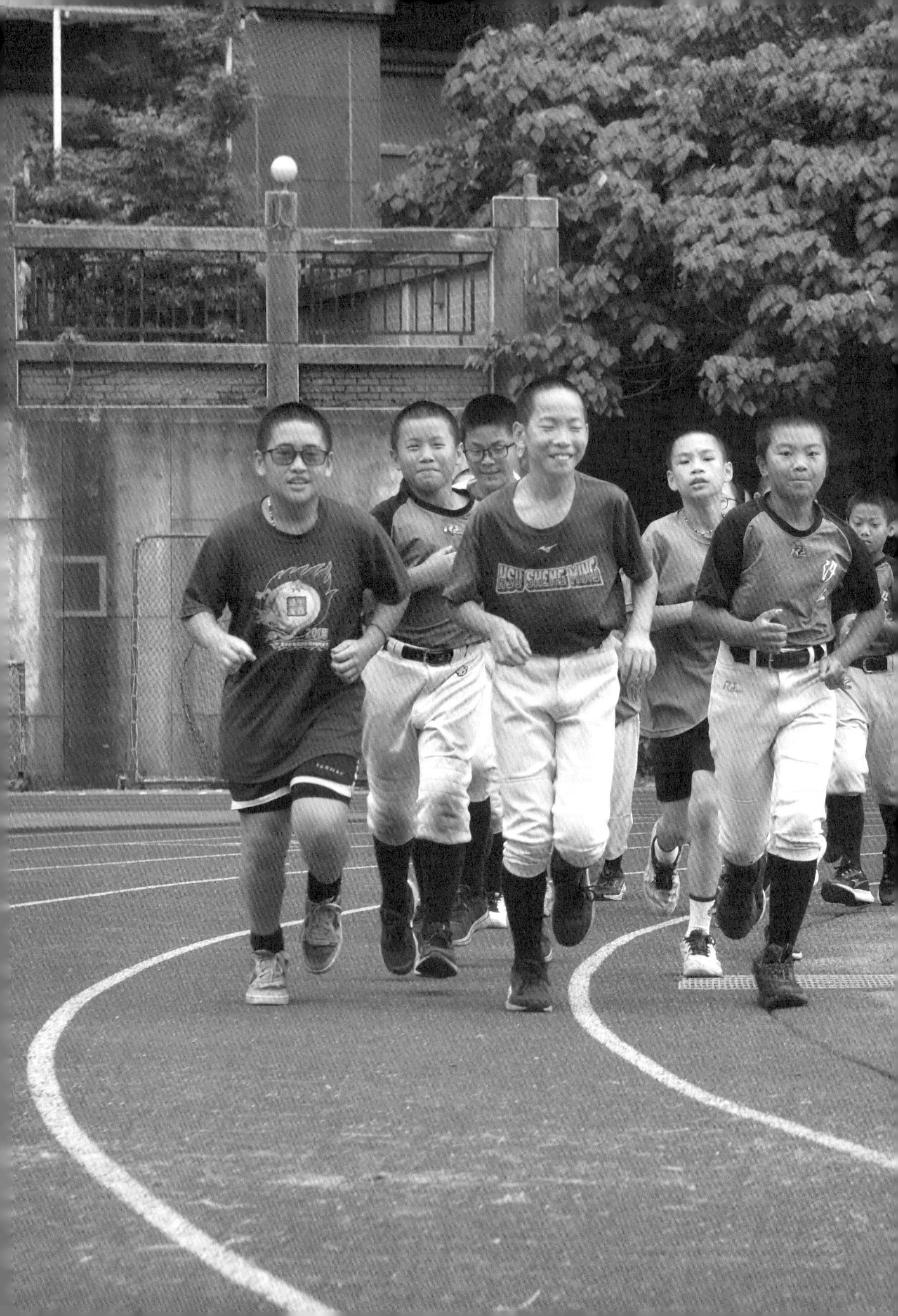
2015
HSU SHENG MING

▲ 每一顆璞玉都有自己的亮點與時區，有些人快，有些人慢，但都值得被等待。時間到了，只要給他舞台，輕輕一點火他就會自己放出光來。

Part ❻ 球員養成篇：每個孩子都是璞玉

原生家庭，藏著孩子的行為密碼

很多孩子剛加入的時候行為很極端，不是過於退縮，就是過於強勢。起初大家可能只看得到表面，但久了就會發現，這背後多半跟原生家庭有關。

有的孩子從小被爸媽呵護，什麼都有人包辦，所以他不會自己處理情緒、不懂等待、不習慣團體生活。也有的孩子是獨子，在家裡就是小霸王，所有人都得聽他的，他也理所當然覺得教練「應該」照顧他。但汐小棒球隊不是他家，這裡是一支球隊。

有一個孩子讓張耀騰教練印象很深刻，剛來時他完全不能適應。動作做一半就放棄，教練糾正他，他竟然當場翻白眼、掉頭就走。本來教練也很火大，覺得這態度是在向他挑戰，但轉念後他忍了下來，改為從旁觀察。

首先教練注意到他總是很早就來球場，幾乎一放學就過來，沒人接送。偶爾他媽媽過來，待人很客氣，但看起來明顯很疲憊。有次教練試著跟她閒聊，才知道孩子的爸爸長期在外地工作，所以他常常一個人吃飯、做功課。那一刻張耀騰教練才明白，這孩子不是故意叛逆，他只是渴望被看見。

從那之後，張耀騰教練就換一種方式和他相處。教練不再在眾人面前斥責他，而是利用收操後的時間私下找他聊：「教練知道你不是不想做好，只是有時候不知道該怎麼辦。沒關係，我教你。」之後他的態度慢慢改變，眼神也有了溫度。到六年級畢業時，他是汐小棒球隊最可靠的內野手。

所以張耀騰教練常說，孩子的行為往往不是單一事件造成的，而是生活累積的結果。不能只憑一個動作、一句頂嘴，就替他貼上標籤。汐小棒球隊所要做的，是耐心剝開他的保護層，看到裡面那顆尚未經雕琢的內核。

璞玉，不只要琢磨，也要給他發光的舞台

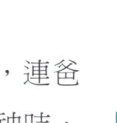

有些孩子一開始不起眼，但只要你願意給他時間、空間，他會讓你驚豔。

汐小棒球隊有個小球員，起初體力差、反應慢、常常跑錯方向，連爸媽都半開玩笑說他「應該是不適合運動的料」。但教練觀察他的眼神時，發現他總是很專注地看別人練習，雖然不出聲，但學得快。

有一次比賽，汐小棒球隊主力投手突然肚子痛下場，教練沒得選，只能讓這個平常坐冷板凳的孩子上去。誰知道他竟然投出兩局零失分，而且不慌不亂！賽後張耀騰教練問他：「你怎麼那麼冷靜？」他說：「我每天都在練這個畫面。」

那一刻教練真的鼻酸。他不是沒天分，只是沒人相信他、沒被放上場。有些孩子需要的，不是訓練的加強，而是信任的那一點火。你一旦給他舞台，輕輕一點火他就會自己放出光來。

這也是張耀騰教練帶球隊這麼多年來最困難的一課：每一顆璞玉都有自己的亮點與時區，有些人快，有些人慢，但都值得被等待。

| Part ❻ 球員養成篇：每個孩子都是璞玉

你願意成為磨玉的人嗎？

如果你問張耀騰教練，什麼是「成功的教練」？他的答案不是「帶出幾個職棒選手」，而是讓幾個本來迷失、叛逆、不被看好的孩子，找回自信，知道自己是值得被看重的。

他們就像一塊塊原石，也許稜角畢露，也許黯淡無光，但你若願意花時間去觀察、理解、引導，他們終有一天會亮起來。

張耀騰教練始終相信——每個孩子都是塊璞玉，關鍵是，我們願不願意當那個花時間雕琢的人。

打出成績，不代表就要失去溫度

經營球隊的前十年，張耀騰教練曾經很執著要帶出成績，因為沒有成績的球隊，撐不久。可是隨著年資漸深，教練更清楚知道，每個孩子的故事才是真正的價值核心所在。你幫助一個曾經不適應、不被接受的孩子重新融入群體，甚至打開他的未來，這比贏得一場比賽更有意義。

汐小棒球隊球隊人數不多，二十年來總數不過兩三百人，就是因為汐小棒球隊「帶得很細」。每一個孩子的問題棒球隊都要摸清楚、設法調整。他們不只是球技教練，更是行為導師。有時候張耀騰教練心裡也會想：「這樣是不是太累了？」但轉念一想，這些孩子若沒有人願意這樣去帶，他們還有機會嗎？

教練，是一份需要信念的工作

很多人以為教練的職責是管訓、是技術、是贏球。沒錯，汐小棒球隊也希望有成績，也希望孩子們上了國中、高中後有好的表現。但張耀騰教練心裡更覺得，教練像一個陪跑者。

汐小棒球隊陪著他們度過失敗、被人比較、學會團體合作、克服自己的任性。這些不是一堂課可以教會的，是一天天、一場場練出來的。

教練不是神，他也曾對某些孩子感到無力，甚至想要放棄。但只要回想起那些曾經讓他看見希望的孩子，教練立刻堅固決心，這份工作不能馬虎。

因為汐小棒球隊所面對的，不只是小「球員」，而是未來的成年人。如果在小學這段時間，他們能透過棒球學會尊重、努力、反省，那麼未來不管他們是否繼續走這條路，都會比較不怕跌倒。

多問一句，不要急著下判斷

張耀騰教練一直覺得，帶隊這些年，他學到的其實比孩子們還多。他們讓教練變得更有耐心、更懂得觀察、更願意相信奇蹟。同時也讓他知道，每個看似頑皮或封閉的外表下，可能都藏著一顆願意努力、想被理解的心。

所以現在他再也不急著對一個孩子下判斷，總會多問自己一句：「他怎麼了？」「他需要什麼？」這些問題讓他不只是一名教練，更是一個懂孩子的大人。

Part ❻ 球員養成篇：每個孩子都是璞玉

球技鍛鍊（一）：
基本訓練──從玩耍開始

　　身為一名基層棒球教練，張耀騰教練最常被問的一個問題就是：「教練，你們是怎麼教這些低年級的孩子學會打球的？」教練總是會笑笑回一句：「先別談球技，我們先讓他們學會用身體玩耍。」

　　聽起來很不專業對吧？但事實上，這才是汐小棒球隊最紮實的基本訓練起點。

球技訓練，先從童玩入手

　　現在的小朋友，從小接觸 3C 產品的時間比接觸沙堆草地還多。他們眼睛反應很快，可是手腳不協調、身體平衡差、反應遲鈍。這些問題如果不解決，再高明的技術訓練也只是空中樓閣。

　　所以汐小棒球隊教練常常從「童玩」開始。像是丟沙包、踢毽子、跳格子、打彈珠，這些老一輩人熟悉的東西，對現在的小孩來說新奇又有挑戰性。他們在玩的過程中，無形便訓練了四肢協調、空間感、重心控制，甚至是團體合作的能力。

　　張耀騰教練自己小時候也是玩這些長大的。現在回過頭看，他的身體平衡感、反應快慢、肌肉記憶，其實在玩耍的時候早就養成了。所以他很清楚，玩這些童玩不是浪費時間，反而是最天然、最有效的訓練。

感覺統合，是球技訓練的前行基礎

有些孩子剛加入球隊時，連最基本的「跑步」都不協調，左右腳交替還會打結，跳繩跳不過三下。這時候就可以知道，他的「感覺統合」出了問題。

感覺統合是什麼？簡單說，就是身體各個部位之間能不能協調合作。有些孩子其實不是學不會動作，而是他身體接收不到「要做什麼」的訊號。你罵他、逼他、要求他，只會讓他更退縮。

這時候，球隊反而會放慢節奏，用遊戲讓他動起來，慢慢喚醒他的身體感。等他能控制自己身體了，再談姿勢、技巧、配合。這種方法很花時間，但非常值得。因為當你看到一個原本跌跌撞撞的小孩，開始能夠順暢奔跑、

▲ 有些孩子其實不是學不會動作，而是他身體接收不到「要做什麼」的訊號。這時候反而應該放慢速度，藉由遊戲、暖身運動慢慢加強他們的感覺統合。

Part ❻ 球員養成篇：每個孩子都是璞玉

揮棒、接球，那個成就感，是沒有任何事情可以比擬的。

示範勝於說教，做給他看比較快

張耀騰教練帶球隊最深的體會之一，就是「說太多沒用，做給他看比較快」。

尤其是低年級的孩子，你跟他談什麼打擊機制、揮棒軌跡、身體重心分配，他只會呆呆看著你，一臉「你在說什麼」的表情。

張耀騰教練和周教練現在的默契就是：直接示範。「你跟著教練做動作，教練做一次、你做一次。不要問為什麼，先把感覺做出來。」等他做得出來了，再慢慢講原理，效果反而更好。

在遊戲裡看見個性，在互動中塑造團隊

很多人以為「基本訓練」就是一連串動作重複、體能鍛鍊，其實不全然。對汐小棒球隊來說，觀察孩子在遊戲中的表現，比什麼都重要。

孩子之間怎麼協調遊戲規則？誰搶領導權？誰默默配合？誰愛鬧脾氣？這些都能讓人了解他的性格、溝通方式、甚至預設他的人際關係模式。有些孩子很鴨霸，凡事都想主導；有的孩子很和善，大家說什麼都配合；也有些是「邊緣型」，話少，不主動。這些都不是問題，重點是我們要知道怎麼帶他。

張耀騰教練和周教練常常一邊看他們玩耍，一邊討論：「這個小子很強勢，之後要多注意他的團隊適應。」或是「這個孩子觀察力很強，講話不多，但其實什麼都看在眼裡。」

愈了解，愈好帶。球隊並不要他們都變成一個樣子，而是引導他們在自己的性格中找到跟團體相處的平衡點。

既是球隊，也是幼兒園

很多人以為棒球教練只負責教球，但如果你曾在汐小棒球隊待過一天，就知道張教練他們同時是教練、導師、保母、心理師，甚至還必須是孩子最信任的大人。

尤其是對二、三年級的孩子來說，他們還搞不清楚什麼是紀律、什麼是團體生活。很多小朋友第一天來到球隊的時候還在哭，不是因為被罵，而是因為想媽媽。這時候你就知道，不能只是用「球隊紀律」來要求他們。他們需要的是陪伴，是有人能帶著他們慢慢適應這個「非家庭」的環境。

這時候張耀騰教練會安排他們多和大一點的孩子互動，刻意給他們小任務，像是遞水、收球、記錄等，讓他們覺得自己是「球隊的一份子」，慢慢就可以留得下來。張教練因此常笑說：「汐小棒球隊不是球隊，是幼兒發展中心。」但其實這樣的互動，是建立歸屬感與責任感的第一步。

低年級生的參與感比成績更重要

低年級的孩子有時根本還沒有競爭意識，他們打球是純粹為了開心、為了可以穿制服、為了可以上場揮棒。他們的動機單純，但也最真誠。

汐小棒球隊不會一開始就用外在表現來評價他，而是先看他願不願意配合、能不能持續練習。你只要跟他說：「你這禮拜有練滿四天，下次比賽讓你去撿球！」他就開心得不得了。

不要小看這種「參與感」，它才是他們留在球隊的最大動力。當他覺

Part ❻ 球員養成篇：每個孩子都是璞玉

得自己被需要、有角色，他就會開始思考「我要怎麼做得更好」。

這是孩子的起點，不該被忽略。太早談「先發」、「比數」、「表現」，只會讓他失去興趣，甚至產生自我懷疑，在心裡對運動產生陰影。

孩子需要「結構中的自由」

張耀騰教練從不會把孩子綁得太死。訓練的時候他會特別預留出「自由活動」時間。這段時間不是放任他們亂玩，而是讓他們用自己的方式釋放能量、探索場地，也給球隊教練機會偷偷觀察。

你會發現，有的孩子開始去主導遊戲，有的自顧自玩球，有的跟別人

▲ 2024 年畢業歡送會上學弟們台前為畢業生獻舞。張耀騰教練不會總讓訓練塞滿孩子們的時間，適度留空除了讓他們身心放鬆，也給教練更多偷偷觀察的機會。

組隊分邊打鬧。這些反應，正是他性格與社交行為的真實展現。

這時候除非出現衝突，否則教練不會立刻介入。多數時候張耀騰教練會靜靜旁觀，看誰在主導、誰在配合、誰在旁邊冷眼看戲。這些資訊比叫他做十次伏地挺身還有用。

因為這樣的自由，孩子會表現出「真我」。而在這個「真我」的基礎上，張耀騰教練才能為他設計專屬的訓練路線。

基本訓練不是一套標準動作，而是一種態度

張耀騰教練教孩子不是從「要怎樣揮棒」入手，而是從「你願不願意一次又一次練這個動作」開始。汐小棒球隊的訓練很多是枯燥的。傳接球、移位、跨步、握棒、眼手協調，這些動作每天都要做，有些孩子會覺得無聊、想偷懶。這時候你該做的不是逼他，而是告訴他：「做久了你就會比別人快，比別人穩，比賽的時候你能打得好就是因為你願意多練這些。」

小小年紀的孩子聽不懂大道理，但他們感受得到誠意。如果你是陪著他做，而不是在旁邊指揮，他就會願意咬牙繼續下去。

汐小棒球的基本訓練，是讓孩子願意「再來一次」

其實很多孩子不是輸在技術，而是輸在「自我放棄」。只要一個錯誤、一句責備、一場表現不好，他就會開始自我懷疑。這就是為什麼汐小棒球隊要讓孩子們從小就建立「我願意再試一次」的心態。

所以張教練最愛的練習不是什麼高科技訓練，而是「你昨天做不好，今天再來一次」。只要孩子願意「再來一次」，那他就值得鼓勵。

Part ❺ 球員養成篇：每個孩子都是璞玉

你說這是不是技術訓練？張耀騰教練覺得是，但它更是態度訓練。當孩子體悟到，它之所以要練一百次，是為了讓自己變得更好，而不是為了應付教練，他才真的是在「進步」。

一切的起點，就從基本開始

張耀騰教練常告訴球員們：「再高難度的球技都是從基本來，強大的信心是從小事建立。」

沒有人天生會打棒球，也沒有人天生能適應團隊生活。汐小棒球隊的教練，就是那個幫球員把每個「第一次」做好的人——第一次傳球、第一次跑壘、第一次落淚，也包括第一次體會到「我可以！」的那個瞬間。

這些第一次，可能不會被記在戰績表上，但都會深深刻印在孩子的生命裡。

這，就是張耀騰教練對「基本訓練」的定義——不是動作的複製，而是態度的種植，是習慣的養成，是信心的累積，是孩子成長的起點。

因為從這裡出發，他們才能一步步成為真正的球員，也成為更好的自己。

球技鍛鍊（二）：
進階訓練——在競爭中成長，在實戰中蛻變

很多人以為，球技訓練就是一直傳接球、揮棒、跑壘練基本功。但當孩子進入高年級、準備上場比賽的階段，真正重要的其實不是「動作有沒有做對」，而是「反應夠不夠快、判斷準不準、能不能即時應變」。

進階訓練，就是從平常的動作學習走向「場上理解」，從跟著做走向「自己判斷」。

這個階段，也是孩子是否能成為真正球員的關鍵分水嶺。

戰術不是背出來的，是打出來的

汐小棒球隊經常會在訓練裡模擬比賽情境，設定不同局數、壘上狀況，讓孩子們自己決定怎麼跑壘、要不要觸擊、要不要回傳。這時候你就會發現，很多孩子平常練得很好，但一到比賽場上就慌了。

為什麼？因為他沒有建立起「判斷」的能力。

戰術不是死的，它要配合場上狀況、對手布陣，以及你自己當下的身體狀態。這些東西是需要經驗累積的，不是靠課本背出來的。

張耀騰教練會設計各種模擬狀況，讓孩子學會判斷：「現在是該冒險還是保守？這球該傳三壘還是先封一壘？給這個打者配速球還是直球？」

▲ 戰術不是死的，必須配合場上狀況、對手布陣，以及當下自己的身體狀態隨機反應。需要實戰經驗累積，靠死背學不來。

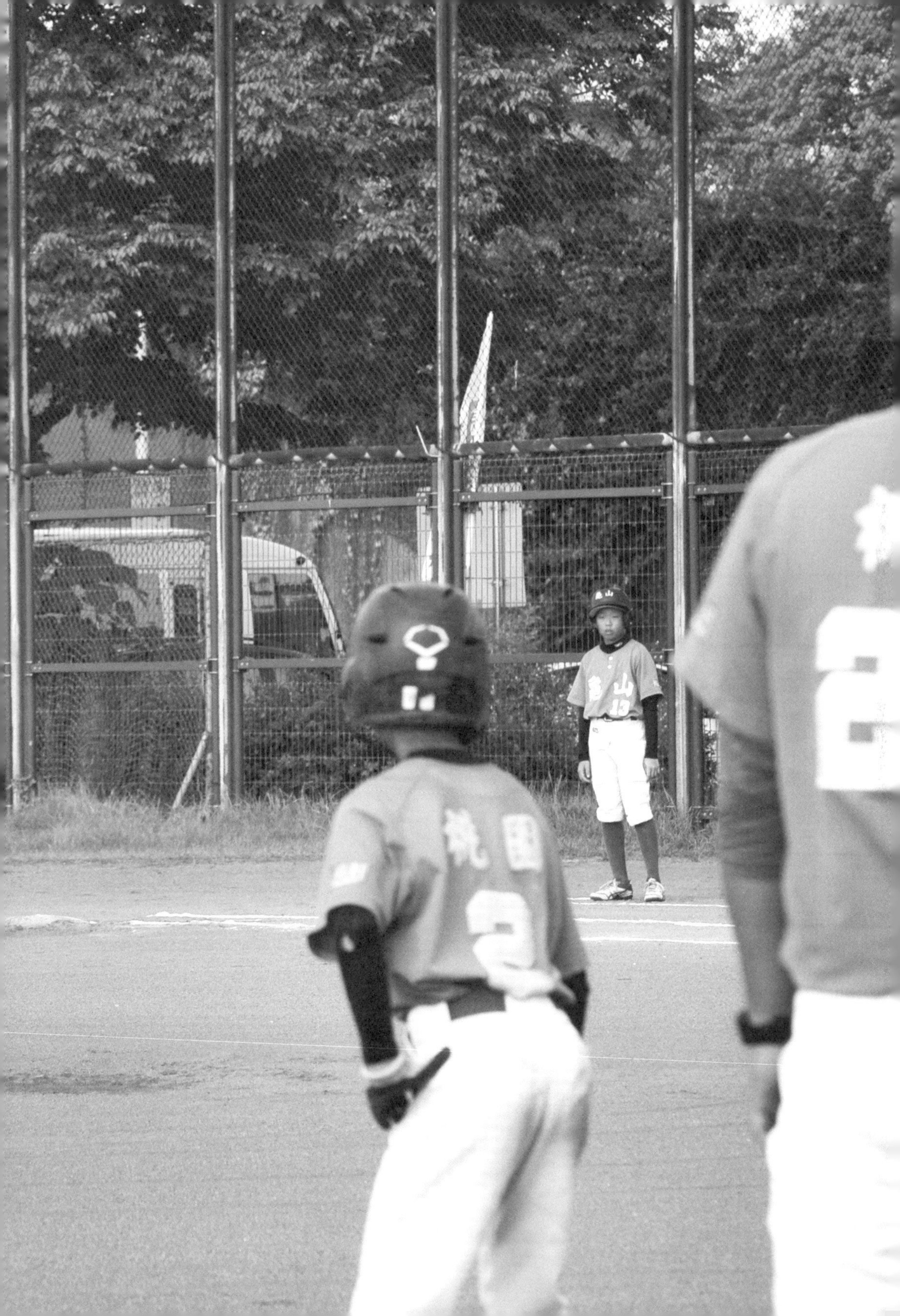

每一次練習，教練都讓他們去想、去選、去承擔後果。

久了之後，他們就不只是聽命行事的「球員」，而是能自主做決定的「選手」。

看不見的功夫：臨場反應與隊友默契

比賽中有一種訓練，是你永遠無法在球場外教會的，那就是「臨場反應」與「隊友默契」。

舉個例子：有一球打在一壘與二壘之間，二壘手與右外野手幾乎同時移動，這時誰接？接完之後誰補位？誰喊話？這就是默契。

在汐小棒球隊的進階訓練中，很多時候做的是「跑位訓練」。張耀騰教練會特別不出聲音，讓球員自己用眼神判斷、用聲音溝通，而不是每一球都等教練發號施令，在真正的比賽中孩子們必須自己做判斷。

孩子一開始會很混亂，但當他習慣觀察隊友的位置，習慣先思考再動作，他的棒球智商就會慢慢建立。

這些東西沒有秒數可以量化，但卻是能讓你成為「場上關鍵人物」的訣竅。

讓孩子「看見競爭」，不迴避失敗

有些家長會說：「我希望孩子有信心，不想讓他打那麼難的比賽。」這想法可以理解，但說真的，孩子只有真正面對競爭，才會知道自己的位置在哪裡。

汐小棒球隊常安排球員和強隊比賽。每次大比分輸球時，孩子們會很

難過、感到挫折。但那一刻也是他們成長最快的時候。

這時候張耀騰教練會問他們：「你看到對方為什麼這麼強嗎？是跑壘快？判斷準？還是默契好？」

這些都是他自己在場上「感受到的」，比教練講十次都還有用。

張耀騰教練從不逃避失敗，也讓孩子自己去體驗失敗。因為你只有輸過，才會知道贏的可貴，也才會願意再努力。

想上場？不能只是練得好，而是要準備好

有些孩子私下來問張耀騰教練：「教練，為什麼我平常練得很好，但比賽你都讓別人先發？」張耀騰教練會說：「因為你還沒準備好打比賽。」

練得好跟能不能比賽，是兩件事。比賽要承擔壓力，要在幾秒鐘內做決定、付諸執行、承擔後果。這需要心態、需要經驗、需要穩定。所以進階訓練的另一個核心，就是「模擬壓力」。

汐小棒球隊會安排「一球決勝負」的練習，或者「錯一次就退出」的賽制，讓孩子在壓力下學會穩定自己。這時候他會急喘、會緊張，但他也會開始練習如何「穩住」，這才是比賽真正的意義。

球隊不是成績工廠，而是孵育平台

張耀騰教練常常告訴家長，球隊不是保證孩子一定能打出成績的地方，而是讓孩子準備好、有競爭力、面對未來的平台。

不管他以後要不要走職棒這條路，只要在這個階段他學會如何觀察、如何與人配合、如何在挫敗後重來一次，那麼這支球隊對他來說就已具有

價值。

張教練曾經有一個學生,小學時候不算出色,身材也不高,但他的觀察力超強。每次比賽完他都會跑來問張耀騰教練:「剛剛汐小棒球隊守備站位是不是錯了?」後來他上了國中、高中,一路變成戰術指揮官。因為他從小就培養了「場上理解」這個能力。

所以張耀騰教練從不會只用「現在的成績」來評斷孩子,而是看他是不是願意「多想一步」、「多做一次」。

進階訓練,是成為選手的真正起點

從基本動作進入進階訓練,就像是從學會寫字到進入寫作。你不能只會字形,還要學會表達。

進階訓練教會孩子的,不只是比賽技巧,更是思考能力、應變能力、合作能力、抗壓力。這些能力,不只是場上有用,將來面對人生也一樣需要。

張耀騰教練常說,球隊不是職業培訓班,但它絕對是人生競技力的練習場。

讓孩子在場上經歷競爭、體會壓力、承擔責任,是一種禮物。而汐小棒球隊教練的任務,就是陪著他們一步一步走進這個更真實的世界。

這,就是進階訓練的價值。

心理鍛鍊：
不只精進心智，更是培養人生抗壓力

　　當教練多年，張耀騰教練最有感觸的，其實不是孩子們技術上的進步，而是看到他們在心理層面一點一滴地成熟。

　　「練心」這兩個字，看起來抽象，其實就是棒球場上最具體的決勝關鍵。孩子能不能面對失敗？能不能走出情緒低谷？能不能承受壓力？這些，往往決定他將來能不能成為一位真正的選手。

有些孩子輸了，就不想再來

　　有些孩子，一場比賽打不好，就整個人垮下來。低著頭、不說話、不想練球，甚至開始質疑自己：「我是不是不適合棒球？」

　　這時候教練會私下找他聊。不會急著安慰，而是問他：「你為什麼難過？」他說：「因為我打不好。」教練再問：「你覺得別人打不好也會難過嗎？」他點點頭。然後教練才給予誘導：「那你覺得厲害的人，是因為從來不難過，還是因為每次難過完都會再站起來？」他這才慢慢理解。

　　這就是「心理鍛鍊」的開始。汐小棒球隊不是要孩子不難過，而是讓他學會「難過完要再站起來」。

Part ❻ 球員養成篇：每個孩子都是璞玉

有些孩子輸了，就更想贏

也有些孩子，輸球之後會更用力練球，這樣的孩子通常有很強的勝負心。他們不服輸、不想被打敗，每次失誤都記得很清楚。

但有時候，這樣的孩子反而更容易「爆掉」。因為他們太要求自己，失敗的時候壓力會倍增，甚至開始責怪隊友。

這時候張耀騰教練就會介入，引導他認清一件事：團隊運動不是一個人扛起勝負。

教練會讓他回顧整場比賽的過程，不是只看自己，而是看整體：「如果別人也失誤了，你會怪他嗎？如果你失誤了，別人都在支持你，那你願不願意也支持別人？」

久了，他就能學會一件事：壓力可以轉化為責任，但不能變成指責。

不能自律，就撐不過漫長的練習期

心理素質中最關鍵的，其實是「自律」。

球隊不是天天比賽，更多的時候是不斷重複訓練、枯燥無聊。有些孩子一開始熱情滿滿，但過沒幾週就鬆懈了，開始找理由缺席、敷衍練習、做一半就偷懶。

這時候教練會提醒他們：「你不是為了教練練球，而是在為自己累積實力。」

張耀騰教練常舉王勝偉的例子。他是一位非常自律的選手，即使年紀漸長，仍然堅持自主訓練。這種選手，能夠延續職業生涯，是因為他知道「自

▲ 技術上的進步可以靠平日練習累積，但是棒球場上最終決勝關鍵在球員的抗壓力、心理穩定度。

律」才是自己最大的競爭力。

孩子們會問張耀騰教練：「教練，你怎麼知道我有沒有偷懶？」教練會告訴他：「你不用怕我知道。你自己以後會知道，你所要面對的，不是張耀騰教練，而是將來每場比賽。」

這句話他們會記住，因為他們知道，心理上的鬆懈，最終會回到場上帶來現實的挫敗。

成就感的落差，是最需要被補起來的破口

張耀騰教練看過太多孩子，在課業上一直拿不到好成績、一直挨罵，

結果對自己完全沒了自信，等到加入球隊後，如果汐小棒球隊還是用「你不夠好」的苛責對待他，他很快就會放棄。

教練會給這樣的孩子一點點小任務，像是熱身帶隊、計分紀錄、協助整理裝備，讓他覺得「我也可以有價值」。

張耀騰教練會用這些機會幫他建立成就感，再慢慢引導他在球技上也找到進步的契機。他不是笨，也不是懶，只是太久沒有感受到「我做得到」的感覺。

所以張耀騰教練常說，心理鍛鍊的第一步，不是訓話，而是「給一個他能完成的任務，然後真心肯定他」。

大頭症，是比輸球還危險的事

有時候孩子在比賽中表現很好，被媒體報導後，學校老師稱讚他，同學也為他鼓掌。接下來，他就開始飄了。

以前不敢講話，現在開始批評隊友；以前很謙虛，現在開始推訓練說自己已經會了；以前肯聽教練的話，現在開始頂嘴。

這就是所謂的「大頭症」。

張耀騰教練自己年輕時也經歷過這樣的過程。突然有成績了，會覺得自己了不起，開始覺得別人不懂、自己是主角。但後來摔下來的時候，才知道，真正厲害的人，是「穩得住」的人。

張耀騰教練會把這些故事分享給他隊裡的球員們，讓他們知道，鎂光燈可以照亮你，也可以灼傷你。

你要學會在掌聲中依然保持謙遜，在勝利後依然記得努力，這才是心理鍛鍊真正的課題。

練心，就是為了讓他們未來不怕跌倒

張耀騰教練常說，球隊雖然教的是球技，但我們真正在塑造的，是一個孩子未來面對人生的態度。

每一次輸球，每一次失誤，每一次被罵，每一次不被選上，其實都是他心理鍛鍊的機會。

只要他在這裡學會怎麼站起來、怎麼穩住情緒、怎麼調整心態，那麼不管將來他走不走運動這條路，他都會是一個更堅強、更有自信的人。

練心，是練韌性、練自律、練自省。

汐小棒球隊不能保證每個孩子都能成為冠軍，但汐小棒球隊可以幫助每個孩子，成為「不怕跌倒的人」。

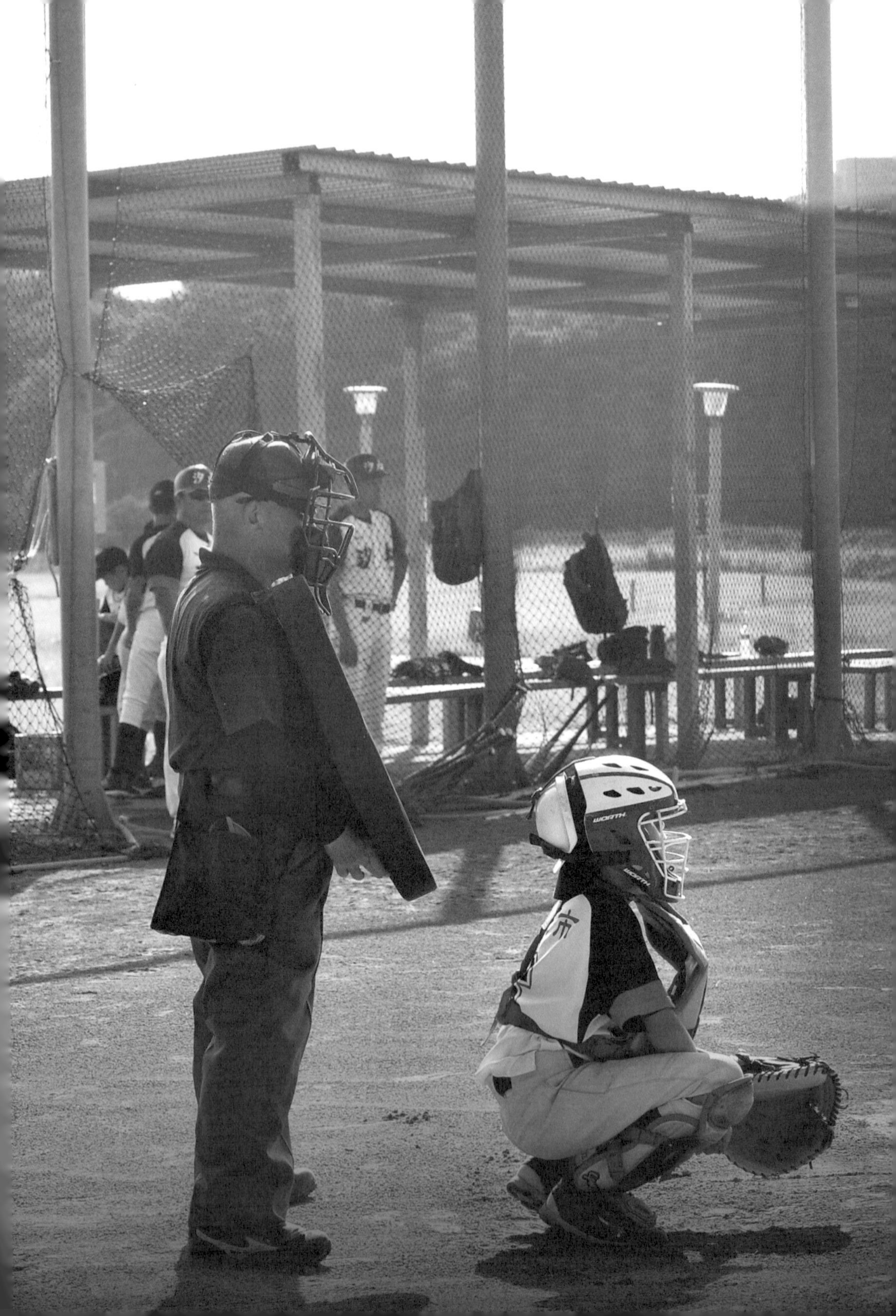
WORTH
WORTH

▲ 在球場上贏球的時候不要患大頭症，輸球的時候能夠站起來，這是張耀騰教練最希望孩子們在球隊裡鍛鍊得來的心態。

> Part ❻ 球員養成篇：每個孩子都是璞玉

張教練細說棒球

用我最愛的棒球陪伴孩子找到自己

台灣基層棒球的教練，不只必須訓練孩子投、打、守、跑的技術，更是要以棒球為媒介，陪伴一個又一個孩子找到自己。回過頭來，因為每一次教球的過程，也幫助我對生命的深度有更多理解。

從一位小學手球隊隊員轉換跑道、投身棒球，最後選擇成為基層教練。我最愛的，不再是贏球，而是看到一個孩子因為棒球，變得不一樣。

1 從選手到教練，是一場延續不斷的鍛鍊

我的運動旅程其實是從手球開始的，後來才逐漸轉入棒球這個領域。但即便一開始沒有進入所謂的「正規」棒球體系，但憑著天生的運動神經和高度的專注力，我很快就在棒球場上站穩了腳步。

當選手的時候，我曾經受到外國職棒洋將的稱讚，甚至有人建議我轉練投手。因為臂力強、專注力高，加上臨場判斷力不錯，讓我常

常在比賽中起到作用。因為自己可以非常投入，場外的喧鬧聲從來無法干擾我，所以我可以把心思全都放在比賽裡。

不過，真正讓我開始理解什麼叫「棒球不只是比賽的輸贏」，是在我轉任教練的那一刻。那時我才明白，棒球不只是球場上的競爭，更是一個關於陪伴與成長的旅程。

2 棒球，是理解孩子的鑰匙

帶隊多年來，我遇過無數不同個性的孩子。從一開始的安靜沉默，到後來活蹦亂跳的孩子，每一種性格都需要不同的陪伴與理解。

隊上曾有個四年級的孩子，剛轉到球隊時完全不說話，眼神空洞，不理人、不互動，彷彿把世界關在外頭。所以我沒有急著強拉他出來，而是設計遊戲，讓他慢慢參與。等到某一天，這孩子終於開口說話時，我和全隊的教練才鬆了一口氣。

對我而言，棒球不只是場上的戰術、技術，它也是一種「社交語言」。在遊戲中建立安全感，在練球中找回信心，在比賽中學會負責——這些都是我用來陪伴孩子的方法。

3 教練，是球員的鏡子

有些孩子熱愛棒球，願意犧牲玩樂時間，投入訓練；有些孩子則

> Part ❻ 球員養成篇：每個孩子都是璞玉

張教練細說棒球

對練球漫不經心，甚至還搞怪惹事。我給每個孩子機會，但也會劃出明確底線。我的原則很清楚：「可以不強，但不能不努力；可以調皮，但不能搞破壞。」

對於那些想進職棒的孩子，我會更嚴格去要求：不要為了想「上場」而參加比賽，要為了「變強」而接受訓練。舞台人人都想要，但不是每個人都已經準備好站上去。

教練必須常常提醒孩子，進職棒不是選秀，被選進去就結束了。進去只是開始，你必須站穩、能持續、能面對殘酷淘汰的現實，才是真正的專業棒球選手。

4　陪孩子練心、練性格，更練做人

雖然身為教練，但我從不r覺得自己是完美的指導者。其實孩子教我的，比我教他們的還多。

每一次帶領孩子面對輸球、處理衝突、調適情緒，都彷彿重新經歷自己年輕時的掙扎。尤其是那些容易放棄、容易浮躁的孩子，更是讓我想起自己當選手時的自滿與失衡。

年輕時我也曾患過「大頭症」，在贏球之後飄起來。但現在，我希望自己成為一個可以幫助孩子「不重蹈覆轍」的大人。透過一次次分享過去的錯誤經驗，陪著孩子一起練「心」練「性格」，更練「做人」。

5 棒球，是孩子的未來，也是他的現在

我曾經問自己：「這樣陪著孩子們，會不會太累？值得嗎？」但只要一想到那些本來被學校放棄、成績吊車尾、性格古怪的孩子，現在願意練球、願意合群、願意笑，就覺得值得。這份職責，雖然耗時耗力，但只要有一個孩子因為棒球走出自己的路，那這些辛苦就都有價值了。

6 陪伴，是最長遠的訓練

棒球從來不是「教出成績」這麼簡單的事。我所要教的，是孩子看待世界的方法、面對自己的方式、與他人相處的態度。

每一次練球，對孩子而言是鍛鍊體能，對我來說卻幫助我重新理解什麼叫「陪伴」。教練，不只是指導，而是要真正「在場」。細說棒球，其實是在細說人。在一場又一場操練中，陪著孩子長大，也讓自己變成更完整的大人。這，就是我用最愛的棒球，陪伴孩子，也陪伴自己的方式。

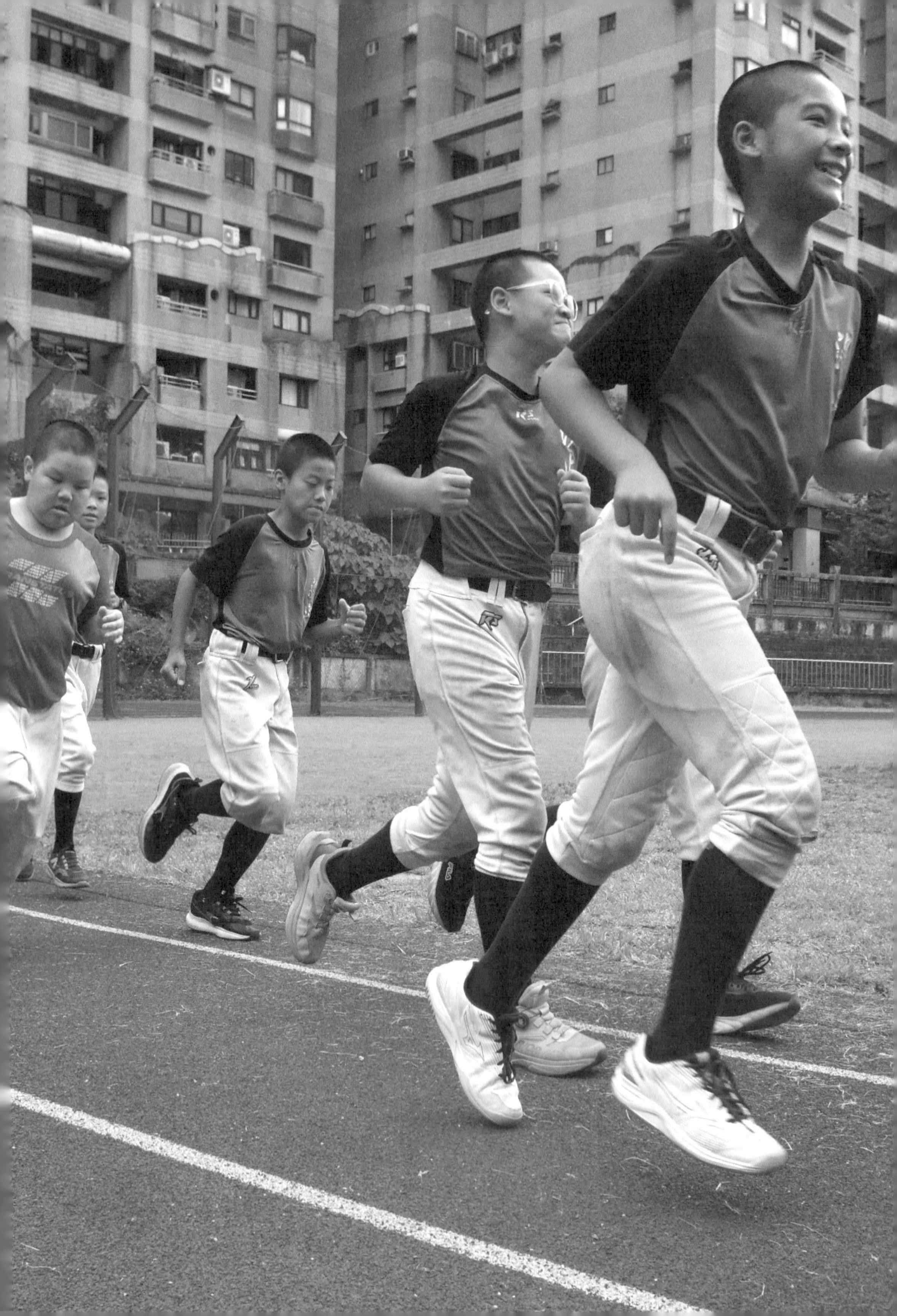

第三部

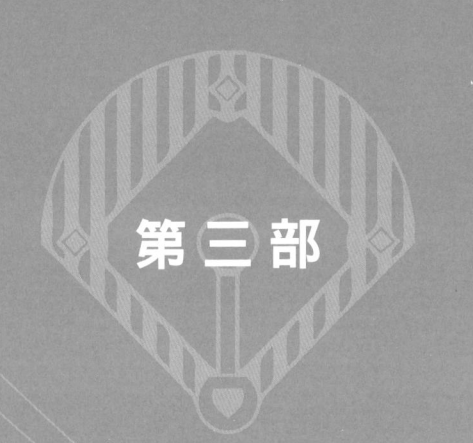

給未來的張耀騰們
揮出卓越人生全壘打

PART 7

運動傷害篇

建立保護身體的意識

　　許多人問張耀騰教練：「你以前常受傷嗎？」其實自當兵後，他的手臂幾乎沒出過狀況，臂力強到連洋將都建議他改練投手。但他明白，投手與野手是兩條完全不同的路，投球仰賴穩定機制與長期累積，非一蹴可幾。

　　他回憶美和時期，訓練強度高卻缺乏防護觀念，球員只能靠冰敷、國術館，或咬牙忍痛撐過去。直到自己當上教練後，才真正體會健康的重要。教練全年無休，責任更重，更明白「身體是自己的，自己不顧，沒人幫得了你」。

　　他時常提醒學生，想長久走棒球路，必須從小建立保護身體的意識。許多投手受傷，不是因為操練太多，而是練法錯誤、姿勢不良所致。

　　對他而言，真正的競爭力，不在天賦，而在健康、自律與持續投入的決心。如今訓練資源豐富，有科學化系統與防護員協助，更應善用與珍惜自己的身體。

張耀騰曾經遭受的運動傷害

人生第一次重大受傷

　　運動員最怕受傷，張耀騰教練人生第一次重大傷害是發生在高三上學期，這真是一場突發的噩夢。這一年台灣從日本引進一種捕手擋跑者的腳步動作技巧——本壘阻擋，那時候美和在台北中華盃最後一天對上華興，呂明賜是他們的捕手，在張教練奔回本壘時剛好膝蓋拐出來，狠撞在教練的左大腿肌上。因為前衝的速度太快，在被擋的瞬間他失去重心，整個人飛起來，落地後彈起又在空中轉了兩三圈才重重墜地，瞬間腦子一片空白。

　　這次受傷造成大腿撕裂，當時台灣在運動傷害防護方面的觀念還很貧瘠，專業醫護發展也還在初步觀念推廣階段，運動人員受傷時多半只能自力救濟，張耀騰教練連冰敷都不懂，隨便找家醫院擦個黃藥水，用繃帶綁住就回屏東。為了顧及學校課業，傷後雖然暫停訓練，仍然一個人留在學校，自己買了些國術館膏藥來貼，可能是因為年輕自癒能力比較好，休息將近兩個月後他就丟了拐杖歸隊訓練。

　　傷癒後重回運動場，腿部隱隱傳來的抽痛感讓張耀騰教練對跑步開始心生恐懼，很擔心以後是不是還能正常打球，自己連日常練習都沒有信心，遑論重回競技場？就這樣經歷了前後將近五個月的身心煎熬，逐步摸索著從跑步開始，慢慢恢復身體機能。後來心理的那道檻總算是過去了，但生理的後遺症始終存在，腿部至今仍有肉眼可見的凹陷，有時候免不了會想他這傷勢如果放到現在應該會恢復得更好，但當年的環境條件是這樣，已經發生的事情也只能概括承受結果，然後設法解決問題。

Part ❼ 運動傷害篇：建立保護身體的意識

　　曾有記者問張耀騰教練當年是怎麼熬過來的，教練一時之間居然答不上來，依稀只記得當時自己很不甘心，憑著不服輸的死脾氣，他心裡跟自己說傷勢既然好了，那就當然一定要再拼一拼，至於具體是何時過的關已經毫無印象，隨著腿部刺痛感慢慢減輕，不知道在什麼時候自己慢慢遺忘了這件事，然後練習逐漸進入狀況，原本密佈的陰霾也就跟著消散了。因為組織受損後來奔跑時腿力當然多少會受到影響，但比起因傷退出球壇的人來說張耀騰教練覺得自己已算幸運。

　　拜美和幾年紮實訓練所賜，打下了良好基本功底，在身體狀態、體能和肌力慢慢恢復後，技術方面自然也就快速跟上了，高三下學期張耀騰教練就已重新進入比賽狀態並且列入球隊先發名單，球隊參加選拔賽時還奪得全國冠軍。同時張耀騰教練再度入選中華隊，前往羅德岱堡參加 LLB 世界青棒錦標賽奪冠，一心一意熱切追求的棒球路終究平安得以延續。

人生第二次重大受傷

　　1984 年奧運代表隊選秀失利之後，張耀騰教練的身心狀態很不好，在打球這件事情上面變得提不起熱情和動力，當時只覺得反正一切都是內定，自己根本沒什麼機會。禍不單行，後來張教練入選中華隊洲際盃先發名單，卻又因一次重大受傷被從名單剔除。他還記得是在大二一場賽事中，當時他擔任游擊手，因捕手一次傳球偏向，壯碩的王光輝滑壘時坐斷他的腳踝，這次療傷大概費時將近兩三個月。因傷失去國手資格，使原本已消沉的意志再次遭受打擊，雪上加霜。

▶ 張耀騰棒球生涯中經歷過兩次重大運動傷害，自己遭受過的煎熬辛苦絕不希望自己的學生也經歷。首先他要教會孩子們懂得自我保護，將受傷機率降到最低，就算受傷了也要知道如何最好地修復。

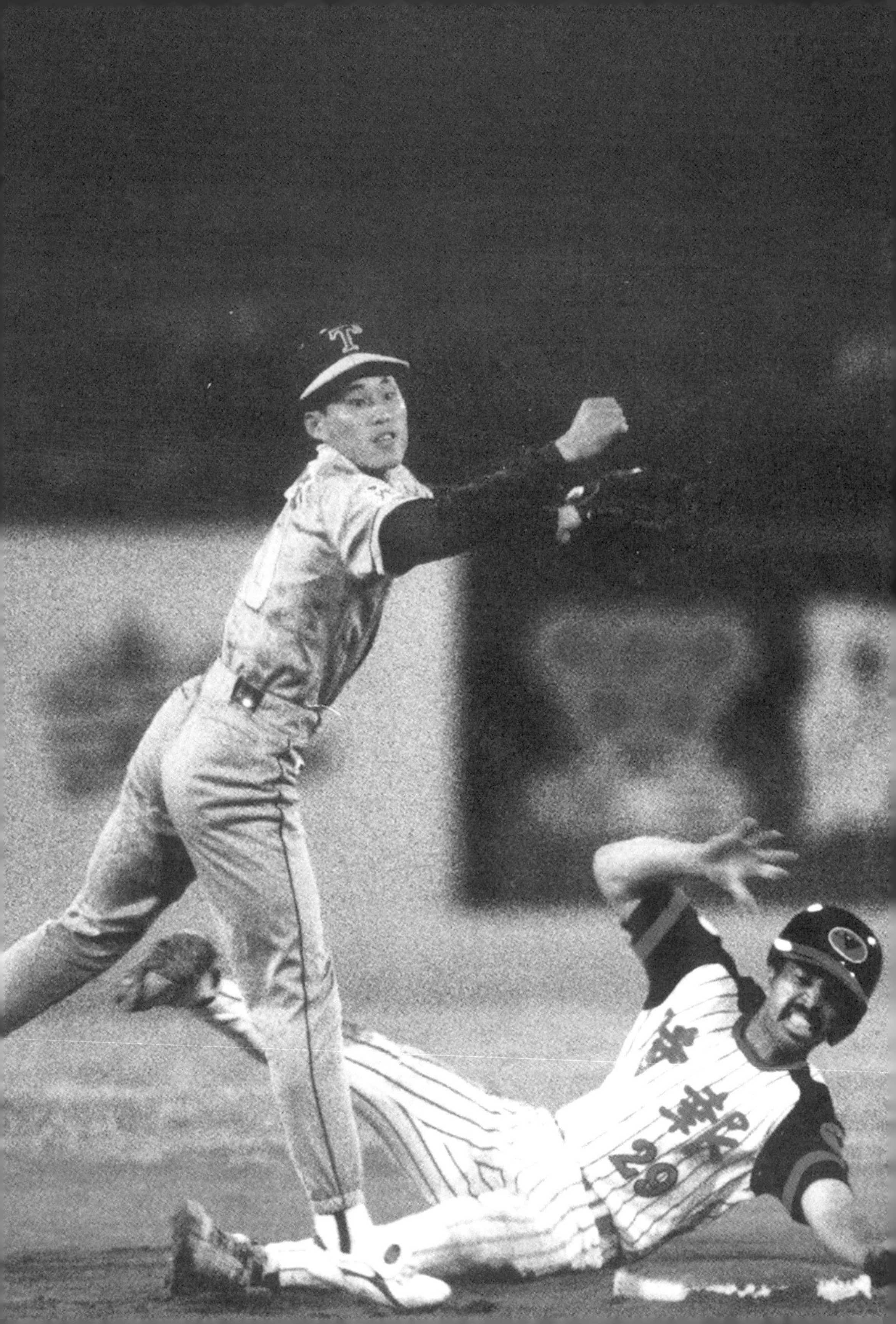
T
29

Part ❼ 運動傷害篇：建立保護身體的意識

運動員的無奈──無法避免的運動傷害

在張耀騰球員生涯的這些年當中，運動傷害幾乎是每個球員都無可避免的問題。但當他轉身成為少棒教練，才真正深刻理解什麼叫「預防重於治療」。孩子們的身體還在發育，每一次的疼痛、拉傷、撞擊，若處理不當，都可能留下長遠的影響。下面，他要從一位教練的角度，談談少棒球員最常見的運動傷害、該如何處理，以及汐小棒球隊在日常訓練怎麼做，才得以有效預防傷害。

少棒球員最常見的運動傷害有哪些？

在張耀騰教練多年的基層指導經驗中，小學生最常見的運動傷害，其實說穿了，大多是「皮肉傷」。包括：

觸身球造成的瘀傷與腫脹：尤其是在練習打擊時，不小心被投手投出的球 K 到，或守備時反彈球打到身體。

扭傷與拉傷：例如跑壘踩到壘包、滑壘時地形不平導致腳踝扭傷；或在做短衝、折返跑等體能訓練時拉傷肌肉。

撞擊性傷害：兩名球員在場上高速移動時不慎撞在一起，這種「撞車」也不是沒發生過。

手肘或肩膀的酸痛：這類傷害多是因為投球姿勢不正確或過度使用所造成。

嚴重傷害：如骨折，雖然不常見，但一旦發生，常與場地條件不佳或

動作角度不當有關。

例如有一次,他們隊上一位外野手因場地某處有凹陷,撲球時手部剛好卡在凹洞內,而後身體重量再壓上去,導致骨折。這類情況雖然極少,但也提醒他們場地檢查的重要性。

如何面對運動傷害?

處理傷害的第一步:冷靜

遇到孩子受傷時,第一件事不是慌,而是觀察與評估。以被球K到為例,張耀騰教練會立刻讓孩子到場邊休息,並視情況使用冰敷降低腫脹與疼痛。汐小棒球隊旁邊一定放著冰桶、冰塊與簡易醫療箱,有時候孩子甚至自己就知道怎麼處理,這表示他們平常訓練時即已安排學習傷害處理的流程。

張耀騰教練會用簡單的伸展、轉動方式測試孩子的活動度,確認是不是扭傷,若腫脹明顯、疼痛持續,便會通知家長送醫。

教練很重視一個觀念:「不怕你受傷,就怕你不知道自己受傷。」孩子們的忍痛力有時會讓人吃驚,但這也容易讓小傷變大傷。

預防勝於治療,從熱身與收操做起

張耀騰教練一直強調熱身與收操的重要。少棒年紀的孩子肌肉未發展成熟,活動前若沒有適當熱身,特別容易拉傷。

汐小棒球隊將熱身流程分為三階段:

動態熱身:透過大步走、膝踢、側跨等動作讓血液循環提升。

專項準備：模擬傳接球、跑壘、投球等場上動作。

收操：以靜態伸展為主，確保每個部位在練習後都能獲得放鬆。許多孩子剛開始時不太懂這些動作的重要，這時教練都會用身邊學長或自己的經驗告訴他們：「你現在不做，未來可能就得去做更痛的復健。」

另外，為了強化隊員肌力與穩定性，教練還自己設計了由八組下盤訓練動作組成的徒手體能操（被同學們戲稱作「八家將訓練」）。

教會孩子傾聽身體的聲音

有些孩子手已經很酸、很痛了，但還是忍著繼續投。為什麼？因為他怕教練生氣、怕失去上場機會。張耀騰教練最怕的，就是孩子忍住不說的那種痛。

所以他會定期問球員：「最近有哪裡不舒服？」讓他們習慣回報。同時教練也會示範怎麼感受酸與痛的差別，例如：

痠：多是乳酸堆積，經休息後可恢復。

痛：可能是組織受損，要特別注意。

汐小棒球隊也會透過小測試，像是讓孩子做簡單伸展，看他們在什麼角度會感到不舒服。

當防護資源不足時，教練是第一道防線

在台灣，並非所有學校都設有體育班，也不是每支球隊都有防護員。像汐小棒球隊這種普通學校的球隊，孩子沒有防護員隨時照顧，那怎麼辦？

就是靠教練自己多觀察、多提醒。汐小棒球隊會輪流看每一個孩子的投球姿勢、跑壘腳步，尤其在賽季期間，會控制他們的投球量與出賽場次，避免過度使用。

家長是必不可少的另一道防線

有一次汐小棒球隊送出去的孩子，在新的國中球隊裡明明手已經受傷，但教練卻叫他繼續舉啞鈴訓練。孩子撐了一年才回來找張耀騰教練，當時看了他的手，實在很難過。更遺憾的是，他是單親家庭，怕讓家裡擔心，一直不敢講。

張耀騰教練從此開始更積極與家長溝通，尤其是關心他們畢業後的去向。家長要學會觀察孩子回家後有沒有哪裡疼痛，懂得分辨什麼是「正常疲勞」，什麼是「潛在傷害」。遇到孩子說不舒服，就應該出面與教練溝通，而不是默默等孩子扛過去。

建立運動防護的正確觀念

過去，汐小棒球隊是靠「狗皮膏藥」和「國術館」過日子。但今天，運動防護已經是一門專業學問。每年張耀騰教練都要參加教練研習課程，其中就有運動傷害與防護的內容。這些年新的醫療資訊一直在更新，像是 RICE 原則（休息 Rest、冰敷 Ice、壓迫 Compression、抬高 Elevation）就是汐小棒球隊日常最常用的處置原則。

| Part ❼ 運動傷害篇：建立保護身體的意識

▲ 少棒年紀的孩子肌肉未發展成熟，活動前若沒有適當熱身，特別容易拉傷。張耀騰教練為孩子們設計的暖身運動，可以幫助他們身體放鬆、預防受傷。

張耀騰教練也會把這些知識教給球員，甚至讓學長帶學弟練習「簡易包紮」與「冰敷操作」，增加他們的危機應變能力。

每次傷害，都是成長的機會

張耀騰教練一直相信，運動的路上，一定會碰到傷害。但更重要的是，你從中學到了什麼。

曾經有個孩子，練投時姿勢不對，導致手肘拉傷。張耀騰教練帶著他一點一點修正姿勢，花了兩個月時間復健。康復後，他反而因此更了解身體運作的原理，也更珍惜能夠健康上場的每一刻。這個孩子後來一路打進

了青棒代表隊。

每一次傷害，只要處理得當，都是一次學習與蛻變的機會。

為孩子鋪一條安全又堅實的棒球路

張耀騰教練一直覺得，教練的責任不只是訓練出贏球的選手，而是陪著孩子走一條健康成長、永續發展的棒球路。

所以汐小棒球隊要教會孩子：

- **熱身與收操是習慣，而不是例行公事。**
- **傷痛不是恥辱，是你該傾聽身體的訊號。**
- **該休息時就該休息，這不會讓你變弱，反而會讓你走得更遠。**

張耀騰教練也想對所有的家長、校方、政策制定者說：請多一點關注在基層的運動防護資源上。因為孩子的健康，是汐小棒球隊未來最大的希望。

Part ❼ 運動傷害篇：建立保護身體的意識

張教練細說棒球

運動醫學對運動員的幫助正大幅提升

運動醫學與棒球的關係：幫助選手健康、安全地成為高手。

棒球是台灣很受歡迎的運動，從小學生到職棒球員，大家都很熱愛。但棒球運動也常常讓選手受傷，所以近幾年，有一種叫做「運動醫學」的新觀念，開始受到愈來愈多的重視。

到底什麼是運動醫學？簡單來說，就是用科學的方法，讓選手更健康、表現更好，也幫助他們不要容易受傷。以前，很多棒球選手在練球時受傷了，都不知道該怎麼處理，只能忍耐，或者擦點藥膏、冰一冰，然後繼續上場。現在不一樣了，因為有了更好的科學方式來幫忙。

1 運動醫學為棒球選手帶來哪些幫助？

更科學的訓練方式

以前，棒球訓練很簡單，就是一直跑步、一直練球，拼命練到累倒為止。現在汐小棒球隊知道，棒球選手需要的不只是力氣和耐力，更重要的是身體動作的協調性和反應能力。

運動科學家和教練會用特別的方法來訓練選手。比如說，投手就要加強肩膀和手臂的肌肉，也要訓練核心肌群，就是肚子和背部的力量，這樣投球才會更穩、更準，也比較不會受傷。透過更科學的訓練方式，選手可以表現得更好。

改善投球、打擊的動作

職棒投手投球動作都很漂亮，但其實動作不對，很容易受傷。運動醫學觀念興起後，現在的教練和醫學專家會用攝影機，把選手的動作拍下來，然後逐個動作仔細分析，找出哪些地方可能會受傷。

如果發現動作有問題，教練會馬上告訴球員怎麼調整，避免他繼續做錯誤動作導致受傷。這就像你騎腳踏車，如果姿勢不對，時間久了腳會痛、背會痠，棒球也一樣，要找到正確的姿勢才能避免傷害。

更好的運動恢復和飲食管理

以前，選手打完比賽之後常常只是休息、睡覺，或者冰敷一下就結束了。現在，科學家研究發現，打完比賽後的「恢復」非常重要。如果恢復得不好，隔天的比賽或練習可能就表現不好，甚至容易受傷。

所以，現在職棒球隊都有專業的防護員，會用按摩、泡冰水、熱敷或其他專業方法，讓選手更快恢復體力。同時，也會告訴選手要吃什麼食物比較好，因為吃對東西，身體才能快點恢復，也更不

> **Part 7 運動傷害篇：建立保護身體的意識**

張教練細說棒球

容易受傷。

幫助選手的心理更健康

棒球比賽有時候壓力很大，很多選手一上場就緊張到手腳發抖，甚至連平常練習很好的球都會漏接或投不準。現在很多球隊會請心理專家來幫助選手，告訴他們怎麼控制緊張，讓他們在場上更有自信，不會太焦慮。

2 台灣棒球界的實際應用情形

現在台灣的職棒隊伍和比較有名的高中球隊，都開始運用運動醫學來幫助選手。像中華職棒的中信兄弟、樂天桃猿等球隊，都有專業的運動防護團隊，球員只要一受傷，馬上會有專業的防護員和醫生來處理。

在高中棒球隊，例如大家熟悉的平鎮高中，也開始使用運動科學。球員每隔一段時間都會接受肌肉檢測和動作分析，看看有沒有什麼可能導致受傷的問題，或需要加強的肌肉。這樣一來，他們的球員比較不容易遭受傷害，表現也愈來愈好。

國家隊參加比賽時，也會用特別的儀器來監測選手的狀態，像是戴上特別的手錶來記錄心跳、疲勞程度，確保每個選手都保持在最好的狀態。

3 教練和家長可以做什麼？

其實不只是選手和醫生，教練和家長也可以一起來幫助球員：

教練：他們應該多注意選手的身體狀況。每次練習時，如果發現選手不舒服，就要趕快讓他休息或送去醫護室。另外，教練要學習更多的運動科學知識，知道怎麼教選手正確的動作，這樣可以有效避免受傷。

家長：他們最重要的是多跟教練保持聯絡。如果孩子練球後回家說身體不舒服，千萬不能忽略，一定要跟教練討論，一起尋找解決方法。也可以學習一些運動傷害的知識，平常在家裡提醒孩子保護自己。

4 未來棒球的發展

雖然現在台灣棒球界已經愈來愈重視運動醫學，但有些偏鄉的學校和球隊，還是沒有足夠的資源來進行科學訓練。未來，希望有更多人支持和投入，讓每個想打棒球的孩子都能得到更好的照顧和保護。

運動醫學和運動科學會幫助台灣的棒球選手愈來愈厲害，並且愈來愈健康。只要多花一點心思學習，善用科學的方法，就可以讓每個選手快樂地享受棒球，並且不容易受傷，表現得愈來愈棒！

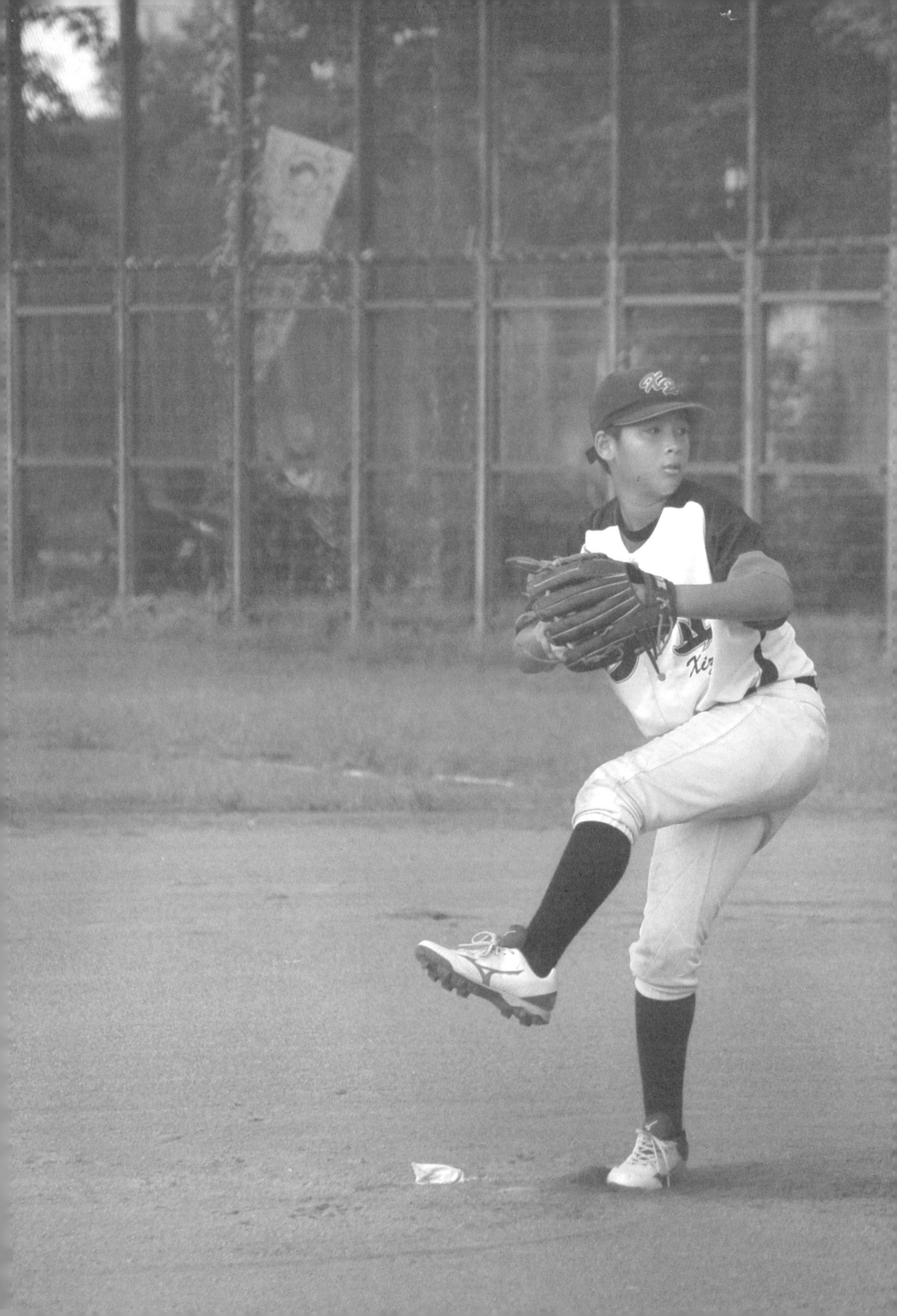

▲ 現今運動醫學對台灣棒球界所起的作用正大幅提升。投球、打擊動作不對,很容易受傷,為了保護球員,許多教練引進運動醫學作為訓練輔助。

PART 8 未來生涯篇

生涯提醒與規畫建言

在台灣，棒球不只是運動，更是全民夢想的縮影。無數孩子從小揮棒奔跑，只為有朝一日能穿上職業隊球衣，登上燈光閃耀的舞台。然而，張耀騰教練深知，這條路並非人人走得到終點。多年來，他見過太多年輕球員在追夢過程中受傷、迷惘，甚至錯失其他人生可能。

因此，他不斷提醒球員與家長：棒球可以熱愛，但不該是人生唯一選項。在他所帶領的汐小棒球隊中，「先教做人、再教打球」始終是核心。他認為，訓練的不只是球技，更是人格與面對現實的能力。職棒只是極少數人的出口，多數人終將走回社會這更廣闊的舞台。

本篇將從「棒球不等於職業」出發，談張教練如何引導球員認清現實、規劃未來，包括培養棒球以外的專長、家長的陪伴角色，以及高中階段是否適合參與職棒選秀等議題。

能以棒球為職業的只是少數

教練，我能成為職棒選手嗎？

　　作為教練這麼多年，張耀騰教練經常被家長和學生問到：「教練，我（的孩子）能成為職棒選手嗎？」每次遇到這種問題，他都會停下來思考一下，然後誠實地告訴他們：「能以棒球為職業的人，真的只是極少數。」

　　從棒球生涯的早期啟蒙階段，校園球隊就必須讓孩子和家長明白，棒

▲ 帶領校園球隊二十多年，張耀騰教練深知並非每個人都可以走職棒這條路，他想告訴學生和家長，棒球只是工具，並非人生目的。

Part ⑧ 未來生涯篇：生涯提醒與規劃建言

球運動的終極目標並非每個人都成為職業球員。以教練個人的經驗來看，每年數以萬計的青少年踏上棒球場，但真正能進入職棒體系的寥寥無幾，即便進入了職棒體系，能夠站穩腳跟成為明星的更是鳳毛麟角。

在台灣的棒球環境中，許多家長和孩子都抱著「進入職棒殿堂」的夢想。這本身並不是壞事，但重要的是要具備清晰的認識：這條路並不適合每個人。如果一個選手在 25 歲之前仍未踏上職棒的舞台，教練的建議就是要及早規劃其他的出路。因為年齡愈大，轉換跑道的成本也愈高，若仍執意在棒球這條道路上掙扎，反而會壓縮未來踏入社會的時間。

以張耀騰教練自己所觀察到的選手為例，曾經有一名球員在甲組球隊效力多年，但始終無法踏上職棒舞台。在他 25 歲時，張耀騰教練跟他聊起未來的規劃。建議他趁著還年輕，多學習其他技能，並考取相關證照，準備轉換跑道。因為教練深刻明白，棒球只是人生當中的一個階段，並非全部。他後來接受了教練的建議，花了兩年的時間學習業務技巧，最終成功轉型成為一名穩定的銷售人員，經濟獨立，也獲得了事業上的成就。

棒球只是工具，而非目的

作為教練，張耀騰教練一直強調「棒球只是工具，而非目的」。透過棒球訓練，他更想教給孩子的是正確的人生態度，包括堅持、勇敢、負責任，以及如何在團隊中合作共事。畢竟無論是在球場還是未來的職場，這些品格和態度都非常重要。

有一次張耀騰教練陪球隊訓練時，一名孩子因為害怕出錯而不敢積極參與。當下教練便直接告訴他：「練習時就應該勇敢嘗試，不要害怕犯錯。教練不會因為你做錯而責備你，但會責備你不敢嘗試。」經過多次的鼓勵

和指導,這名孩子逐漸克服心理障礙,變得敢於面對挑戰,他的自信心也因此大幅提升。

家長在棒球訓練過程中,也扮演著至關重要的角色。張耀騰教練經常提醒家長,要以正確的心態看待孩子的棒球訓練。不要一味追求孩子成為明星球員,而忽略了培養孩子其他重要的人生技能。許多成功轉型的選手背後,都有開明而理智的家長,他們懂得幫助孩子早點面對現實,給予正確的指引和鼓勵。

舉例來說,有位家長看到孩子在球隊表現一般,知道他不一定能走到職棒之路,但他並沒有因此否定孩子打棒球的價值。相反,他鼓勵孩子利用棒球訓練養成的毅力和自律性,將這些特質運用到學業和其他興趣上,後來這個孩子順利考上大學,並利用棒球培養出的堅毅品格,成為一名出色的專業人士。

在張耀騰教練看來,真正成功的棒球教育不是培養出多少職棒選手,而是培養出能夠在社會上自立且對社會有所貢獻的人。棒球的魅力不僅僅在於競技場上的勝負,更在於透過這項運動培養出的人格特質和團隊精神。

因此,每次面對學生和家長,張耀騰教練都會一再強調:以棒球為職業的人真的只是少數,但藉由棒球鍛鍊正確的人生態度,卻是所有踏上棒球場的孩子最寶貴的收穫。

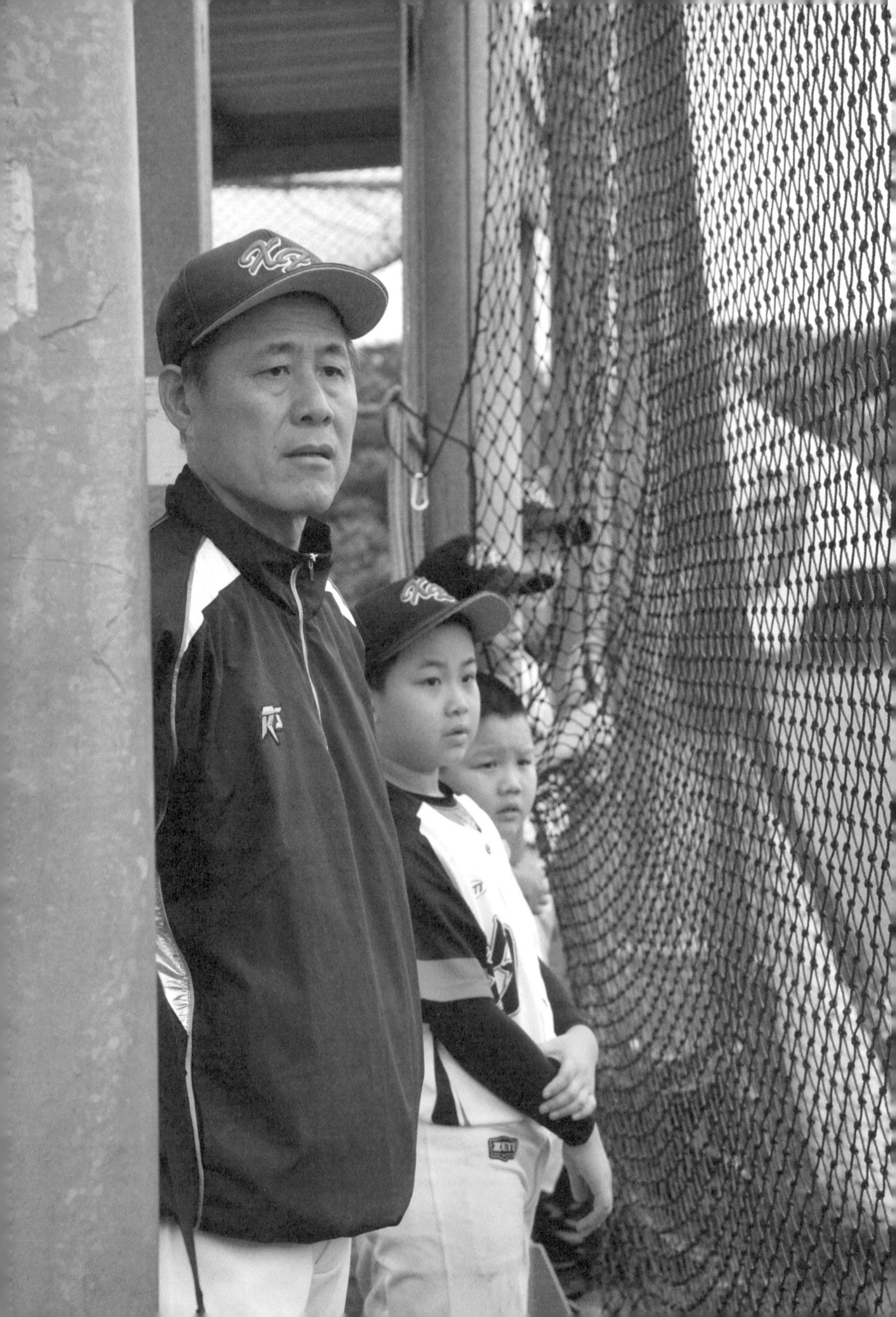

如何培養棒球以外的專長
──球員和家長都必須思考清楚的事

棒球場上的勝負只是一時，但棒球隊教會球員的紀律、抗壓性、團隊合作，才是陪伴一生的能力。

職業棒球的殘酷現實

台灣職棒每年僅錄取約 30 名新人，而真正能長期留在一軍的，不到一半。對於多數球員來說，**25 歲是一道關鍵門檻**──若在這之前仍無法穩定站上一軍，就應該開始認真思考是否轉換跑道。

此外，許多球員長期待在二軍三到五年，面臨**薪資偏低、上場機會有限**的現實。等到被迫離隊時，往往已錯過發展其他職涯的黃金時期。

張耀騰教練曾帶過一位學生，高中時是全國頂尖投手，進入職棒後在二軍努力了五年，卻始終無緣一軍。最終他選擇轉行。回顧過去，他說：「如果我能早點認清現實，我的人生會更順利。」

職業生涯短暫，往往存在以下三大變數，必須留意：

◀ 職棒是條窄路，能走上這條路的人只是少數，張耀騰希望藉由棒球教給孩子的，是可以伴隨他們一生的抗壓性、自律和與人合作的能力。

Part 8 未來生涯篇：生涯提醒與規劃建言

受傷風險高

棒球是高強度運動，手臂與膝蓋等部位極易受傷，一場傷勢可能終結整個職業生涯。

競爭壓力大

每年都有更年輕、更有潛力的新秀加入，資深球員稍有不慎便可能被取代。

年齡限制明確

職業運動員的黃金期十分有限，35 歲後體能下滑是無法避免的自然現象。

教練真心話

給球員的話

勇敢追夢沒有錯，但更要懂得認清現實。你的未來，不該只圍繞在棒球一項上。與其等到無路可退時才匆忙應變，不如及早為自己準備第二專長。

給家長的話

請全力支持孩子的夢想，但也別忘了為他鋪好退路。這才是最深遠而實際的愛。

球員如何規劃未來

在棒球路上走得再遠,也終究要面對人生其他的選擇。張耀騰教練常說:「你不能把所有希望都壓在棒球上。」尤其對正在就學的青少年球員而言,如何在打球之餘做好未來規劃,是球員與家長都必須正視的重要課題。

規劃棒球之外的人生:學生球員的準備方向

高中階段的球員,即使立志成為職棒選手,也不能忽略課業。學歷仍是人生的一項保障,至少應取得高中文憑,同時開始思考:「如果有一天我不打棒球了,我還想做什麼?」此外,許多大學設有「運動績優生」保送制度,球員可透過自身的棒球專長進入理想校系,不僅繼續發展興趣,也為將來拓展更多可能性。

到了大學階段,若仍希望朝運動相關領域發展,可以選擇體育、休閒與運動管理等科系,並在課餘時間學習第二專長,例如電腦技能、行銷知識等,這些能力日後都能轉化為實用的職場競爭力。張教練過去指導過一位女球員,國小打棒球,高中轉練田徑,最終靠體育保送成為老師。她曾說:「棒球教會我紀律,也讓我在學業表現上更有自信。」這樣的經歷顯示,運動所培養的特質,對人生其他階段仍然有深遠助益。

當選手進入職棒階段,如果到了 25 歲仍無法站穩一軍,就應開始規劃轉型。這段期間可善用休賽季進修或實習,預備進入下一個人生階段。實際上,許多從事棒球訓練的選手,在比賽與訓練過程中已累積了極具價值的能力,包括團隊合作精神、抗壓能力、時間管理等,這些特質在職場中同樣受企業重視。

Part ❽ 未來生涯篇：生涯提醒與規劃建言

　　除了棒球專業以外，還有許多延伸的技能值得投入學習。對棒球仍充滿熱情者，可以進一步鑽研運動科學，未來從事教練、防護員或運動管理的工作；語言能力也是關鍵，具備英語溝通力者，有機會赴海外打球或擔任國際交流相關職位；此外，商業知識也不可或缺，未來若投入運動行銷、球員經紀等領域，都需要相應的基礎能力。

　　提早接觸不同領域，也能幫助球員探索自身興趣。例如寒暑假打工、參加職業講座、聽退役球員的分享，或考取教練證、健身指導員等專業證照，都是幫助自己延伸職涯選項的方式。

家長的角色轉變：從陪伴夢想到其他規劃

　　至於家長該如何扮演好陪伴與引導的角色，張教練的建議是，首先要建立正確觀念，讓孩子明白棒球是興趣，但不該是人生的全部。父母可以鼓勵孩子多嘗試不同活動、參訪不同行業，如運動中心、學校、企業等，幫助孩子找到其他可能熱愛的領域。同時，也要觀察孩子的特質，了解他是否適合從事教學、運動醫學等相關工作。

　　家長對孩子的能力應保持理性，即使孩子現階段表現優異，也不代表他一定能進入職棒。若孩子到了 25 歲仍未能突破，應鼓勵他開始思考其他出路，這不表示放棄夢想，而是為未來多做準備。

　　財務規劃也是家庭不能忽視的一環。家長可以從高中階段開始，每月為孩子預留一筆「備案基金」，作為未來轉職或進修的預備金。同時投資孩子的教育，包括語言、電腦、行銷等實用技能的培養，將能大幅提升他在各行業中的競爭力。這樣的準備，不僅是愛的表現，更是對孩子人生負責的態度。

高中生是否適合參加職棒選秀？

身為一名基層棒球教練，張耀騰教練經常聽到年輕球員和家長詢問：「教練，高中畢業就去參加職棒選秀，可以嗎？」這個問題看似簡單，背後卻隱藏著許多複雜而深刻的因素。在這裡教練想藉由自己多年的經驗，深入分析高中畢業球員直接參加職棒選秀的利與弊，並提出實務性的建議。

高中畢業生參選職棒的現實考量

首先必須承認，高中畢業生直接加入職棒並非毫無成功機率。過去也有陳子豪、廖建富等年輕即踏入職棒且表現出色的經典案例。但這樣的成功案例並不普遍，多數球員在職棒競爭的殘酷現實中並未能如預期般發展。

張耀騰教練觀察到，許多年輕球員之所以急於參選，最主要的原因往往是來自家庭經濟的壓力。很多來自經濟較弱勢家庭的球員，急於藉著職棒的收入改善家庭環境。然而，18歲的球員無論在心理成熟度還是財務管理能力上，普遍都還不夠成熟，很容易在進入職棒後因不懂得理財與規劃而面臨財務上的巨大風險。

曾經有位很有潛力的球員，高中畢業即加入職棒，起初收入相當可觀，但因缺乏理財觀念，很快揮霍殆盡，甚至負債累累，最終提前結束了職棒生涯，轉而從事不穩定的勞力工作。這樣的案例令人感慨，也引發張耀騰教練思考該如何幫助其他棒球選手避免重蹈覆轍。

財務教育與規劃的重要性

張耀騰教練建議，不論球員有沒有急迫的經濟需求，都應該在高中時期就開始接受基本的財務教育。理財教育在國外已是運動培訓的重要環節，

但在台灣，卻是長期被忽視的區塊。作為教練，張耀騰強烈建議各校隊及體育班，應安排專業人士定期提供財務規劃與管理課程，讓球員及早建立正確的財務觀念，避免未來面臨金錢上的巨大挑戰。

至於家庭有經濟需求急迫的球員，張教練建議在決定進入職棒前，務必找到專業經紀人或財務顧問從旁協助，避免金錢管理上的失誤。現在許多年輕選手都已配備專業經紀人，經紀人不僅能協助談判薪資，更重要的是提供長期的財務規劃，這點對於 18 歲的年輕選手來說尤為重要。

心智成熟與職涯規劃

除了財務考量，更核心的是球員的心智成熟度與職涯規劃能力。張教練多年觀察到，大學四年對於年輕球員有極大的幫助，這並非只是學歷問題，而是在這段時間內，球員能有更寬廣的視野、更清晰的人生規劃，進一步提高心智成熟度。

在大學或成棒隊這四年中，選手可以透過更嚴謹的訓練、學術環境與團隊合作，建立更強大的抗壓能力。許多職棒教練也反應，大學畢業球員普遍比高中畢業球員更具穩定性及自律性，職棒生涯表現更為穩定且持久。

旅外挑戰的理性評估

至於旅外發展，則是另一個常見的問題。年輕球員多半對國外球壇充滿幻想，但現實卻是殘酷的。以張耀騰教練的親身經歷與觀察，能夠真正成功踏上國際舞台的選手並不多，許多球員高估了自己的能力與適應力，結果往往是失望而歸。

教練建議球員要非常理性地評估自己的能力及心理素質後再做出決定。

若真的決定旅外，則應該先有心理準備，必須克服孤獨與艱困的生活，更重要的是做好財務與心理上的規劃，否則將會帶來更大的挫折感。

教練給球員的具體建議與規劃

作為教練，張耀騰教練給年輕球員以下具體的職涯建議：

● 18 歲後先讀大學或加入成棒隊

藉由四年時間提升心智成熟度與視野，為未來職棒生涯做更好的準備。

● 盡早接受專業財務教育與職涯規劃輔導

無論是否進入職棒，建立良好理財習慣與職涯規劃能力都是人生重要課題。

● 理性評估旅外的挑戰與風險

清楚了解自己的實力與國際職棒的挑戰難度，不要盲目冒險。

● 尋找專業經紀人或顧問協助規劃

特別是年輕球員，專業協助可以有效降低風險。

身為教練，張耀騰教練最在意的是球員的人生規劃與全面發展，而非僅僅是眼前的利益。高中畢業即參加職棒選秀並非完全錯誤，但前提是球員已做好萬全準備，並有專業協助。否則，張耀騰教練建議還是按部就班，為自己的人生做更周詳、更長遠的規劃。

| Part ⑧ 未來生涯篇：生涯提醒與規劃建言

張教練細說棒球

棒球大環境與球員出路

儘管棒球大環境愈來愈好，球員出路卻未必愈多。

這句話很現實，卻也很實際。當然，我們必須承認現在孩子不打棒球的出路確實比老一輩的球員好很多，但是憑心而論，還是不夠。下面會列出和棒球相關的十種職業給大家參考（明顯可見出路確實好很多）；同時，持續探討如何讓打棒球的孩子有一個更寬廣未來的可能性。

1 環境持續改善：基層資源明顯提升

近年來，在政府政策推動、民間企業投入與社會關注提升的多重作用下，台灣棒球的基層發展獲得前所未有的支援。校隊資源改善、訓練場地升級、國際交流頻繁，使得青少年選手能在更優質的條件下接受訓練與比賽。

許多國中、小學已配有專任教練與球隊行政人員，高中與大專球隊亦普遍導入體能訓練師、營養指導與比賽影像分析。政府與體育署

也透過「基層運動扎根計畫」等方案，持續補助球隊硬體設施與參賽經費，基層球員的參與門檻顯著下降。

2 選秀名額有限：「倒金字塔」結構

儘管棒球基層參與人口逐年擴大，但進入職業層級的選手人數卻未有明顯增加。目前中華職棒（CPBL）一軍共 6 隊，總登錄人數約 125 人，年年進行選秀，但錄取名額通常只介於 20～40 人之間。

與此同時，根據 2023 年資料，台灣高中參與硬式棒球的球員超過 2000 人，每年約有 200～300 人具有升學或參加選秀的實力。當中絕大多數選手無法進入職棒，只能選擇繼續升學或退役。

3 教育銜接不易：學業與運動之間的斷層

由於訓練密度高、移動頻繁，許多學生球員在求學階段無法兼顧普通學科學習。雖然近年已有部分學校設置「運動班」、「體育班」，提供學習與訓練兼顧的選項，但整體課程設計仍難滿足學生日後轉向非運動職涯的需求。

這也導致當球員未能繼續升學或進入職業體系時，面臨再就業困難。技職系統與運動學門尚未建立明確銜接機制，缺乏如運動行銷、

Part 8 未來生涯篇：生涯提醒與規劃建言

> 張教練
> 細說棒球

體能訓練、運動管理等相關科系的「棒球專向職能模組」，造成人才資源流失。

4 職涯規劃不足：轉型與輔導資源待加強

除職棒以外，棒球相關的職涯出路尚包括：基層教練、裁判、技術分析師、賽事行銷、公部門運動行政、運動防護師等。然而，目前針對青少年球員的職涯探索課程與培訓資源尚不普及，亦缺乏系統性規劃與追蹤機制。

大多數學生球員對這些出路認識不足，等到結束球員生涯時才臨時摸索，時常面臨適應落差與心理挫折。

5 觀念更新緩慢：「職棒夢」仍為職涯規劃熱門選項

部分家庭與社會大眾對於棒球的理解，仍傾向於將「進入職棒」視為唯一或最終目的，未能將棒球視為一種可發展多元能力的養成經驗。此一觀念落差，可能讓球員在面對轉型時承受額外壓力，也阻礙教育者與教練設計更彈性的發展路徑。

若能從教育現場、家庭對話與媒體傳播中，逐步引導棒球作為一種「素養培育系統」而非「職業篩選制度」，將有助於擴展社會對棒球價值的想像空間。

6 國際經驗借鏡：日本與美國的轉銜制度

日本高校棒球制度以「文武並重」聞名，許多甲子園選手退役後可順利進入大學或企業，接受完整就業訓練。美國則有完善的大學聯盟制度（如 NCAA），讓選手能在學業與運動之間取得平衡，同時提供運動獎學金、生涯輔導與專業導師系統。

這些制度設計提供台灣棒球發展的重要參考方向，特別是在職涯探索、退役轉型與教育整合三方面。

總結來看，台灣棒球大環境近年確實大幅改善，基層資源穩定、訓練條件進步、制度逐漸成熟。然而，相對應的「球員出路系統」尚未健全，尤其在教育整合、職涯探索與社會觀念方面，仍有結構性瓶頸。

未來若能將「出路規劃」納入棒球人才培育政策主軸，建立跨部門合作機制、推動多元職涯課程與銜接平台，將可為更多基層球員開展人生新局，真正實現「環境好，出路廣」的永續目標。

Part 8 未來生涯篇：生涯提醒與規劃建言

張教練細說棒球

十類與棒球相關的職業簡介

雖然說絕大多數打三級棒球的孩子，隨著一個層級一個層級的篩選，能夠進入職棒，甚至去國外打球的人是鳳毛麟角，但是，由於社會環境的演進和發展，作為國球的棒球受到大家的重視也是愈來愈多，職棒的發展也大有突破，尤其在 12 強奪冠之後，更是整個台灣的驕傲，相關行業也愈來愈受重視。

因此，當球員結束球員生涯後，即使不成為教練，仍有許多與棒球相關的職業選擇，可以延續其專業知識與場上經驗，以下是十個常見且具有發展性的方向：

1 裁判員

工作內容

擔任比賽執法人員，依據比賽規則裁決各種場上判定，包括好壞球、出局與安全、進壘線與干擾判定等。

所需條件

- 須具備完整規則知識與冷靜判斷力
- 通過中華棒協等機構所舉辦之裁判培訓與等級認證（例如 C 級、B 級、A 級）
- 具備良好的體能與溝通能力

發展方向

- 可擔任青少年、社區、業餘聯賽等裁判
- 表現優異者可晉升至職棒裁判、國際賽事執法

2 體能訓練師／運動防護員

工作內容

- 負責選手體能規劃、動作協調、爆發力與核心訓練
- 協助預防與處理運動傷害，規劃復健流程

所需條件

- 須具備運動科學、體適能或物理治療背景
- 通過 NSCA（美國體能協會）、ACE、CPT、ATC 等國際認證者更具優勢
- 熟悉人體動作原理、肌肉鍛鍊與康復理論

Part 8 未來生涯篇：生涯提醒與規劃建言

張教練細說棒球

發展方向
- 可任職於學校球隊、職業球團、運動醫學中心
- 自行開設體能訓練工作室或加入復健機構

3 分析師／數據紀錄員

工作內容
- 收集並分析球員比賽數據，如打擊率、投球轉速、滾地球比率等
- 使用高科技儀器與影片系統協助球隊進行戰術安排與對手研究

所需條件
- 熟悉數據處理與軟體（如 Excel、R、Python、TrackMan、Synergy）
- 具備分析思維與棒球戰術理解能力
- 有資訊背景或工程能力者尤具競爭力

發展方向
- 球團技術分析部門、轉播單位數據組、自媒體戰術分析平台

4 裝備管理員／器材技術人員

工作內容
- 管理球隊的棒球器具、裝備、球衣，確保比賽與訓練的器材完整
- 熟悉棒球鞋、手套、球棒、護具等的保養與挑選

所需條件
- 注重細節，具備組織能力與責任感
- 熟悉各種品牌與器材功能，了解選手需求差異

發展方向
- 職業球團、學校球隊、專業球具公司皆有需求
- 可進一步成為球具顧問或品牌經銷商

5 球探

工作內容
- 視察各地選手表現，評估潛力、心理素質與發展性
- 撰寫選手評估報告，協助球團招募或選秀決策

| Part ❽ 未來生涯篇：生涯提醒與規劃建言

張教練細說棒球

所需條件
- 對球員潛力判斷有經驗與敏感度
- 良好的人際網絡與觀察紀錄能力
- 熟悉青棒、大學、社會人球員生態

發展方向
- 為職棒球隊、經紀公司或海外球探單位服務
- 經驗累積後可轉任選秀顧問、選手經紀人

6 媒體與賽事轉播相關工作

工作內容
- 包括球評、主播、賽後分析、Podcast 製作、YouTube 賽事解析等
- 協助轉播單位提供觀眾更深入的賽事解說與技術講解

所需條件
- 具備口語表達、邏輯組織與節奏掌控能力
- 熟悉比賽內容、球員特質與規則細節
- 若有寫作或影音剪輯能力，可拓展自媒體領域

發展方向
- 運動電視台、新聞平台、網路媒體、自媒體創作

7 賽事經營與球團行政

工作內容
- 包括票務行銷、粉絲經營、品牌活動、贊助企劃、場地協調等
- 負責打造球賽商品與觀眾體驗

所需條件
- 基本行銷概念與活動執行能力
- 熟悉球迷文化,了解市場趨勢
- 有商業溝通與社群媒體經營能力尤佳

發展方向
- 職棒球團、業餘聯盟、體育經紀公司、賽事公關公司等皆有職缺

8 運動經紀與選手經理人

工作內容
- 協助球員簽約、媒體應對、品牌代言與職涯規劃
- 為球員爭取最大利益並處理公私事務

Part 8 未來生涯篇：生涯提醒與規劃建言

> 張教練
> 細說棒球

所需條件
- 熟悉合約法、談判技巧、運動產業規範
- 擁有耐心、信任與誠信的經營模式
- 若曾為球員，更能建立良好關係

發展方向
- 可加入運動經紀公司或自行創業成立經紀團隊
- 發展為選秀顧問、球員生涯顧問

9 棒球訓練中心或私人教練事業經營

工作內容
- 提供青少年或業餘選手技術指導與一對一訓練
- 規劃冬令營、暑期訓練班、技巧補強課程

所需條件
- 良好的教學溝通能力與技術分解能力
- 具備創業意識與場地、設備規劃能力
- 若搭配體能、防護知識更具整體競爭力

發展方向
- 自營品牌訓練中心、成為明星教練、連鎖加盟合作

10 國際交流與棒球推廣

工作內容
- 參與棒球外交、推動基層棒球、發展偏鄉教育與國際移地訓練
- 可能擔任中介者、翻譯、教學代表或計畫協調人

所需條件
- 良好的跨文化溝通能力與語言能力（如英文、日文）
- 熟悉不同棒球體系與國際賽事規範
- 富有推廣熱情與教育使命感

發展方向
- NGO 體育推廣組織、政府體育單位、國際球隊交流顧問等

以上這十類職業均可成為球員退役後的長期職涯發展方向，若能及早規劃與補強所需技能，許多前球員不僅能繼續貢獻棒球運動，也能在不同舞台上持續發光發熱。

PART 9

現身說法篇

打棒球的孩子人生最給力

　　本篇不只是關於勝負的運動紀事，更是六段關於成長、選擇與陪伴的真實人生故事。六位來自不同背景的孩子，從汐止國小棒球隊出發，在張耀騰教練引導下，走出各自道路——有人邁向職棒、有人投入運動科學、有人轉戰國際職場，也有人選擇回到基層，傳承教練精神。

　　在這些故事中，張教練不只是技術指導者，更是懂得何謂教育的導師。他用紀律、觀察與信任，陪伴孩子學會負責與承擔，也陪伴家長走過懷疑與掙扎，找到屬於自己的信念與節奏。

　　這些孩子，不僅學會打球，更學會做人，持續在人生的競技場中奮戰。

　　這八篇文章，是孩子與家長共同寫給每一位關心未來的父母，也是致敬每一位願意用生命影響生命的教育者。當我們重新理解何為陪伴與信任，就會明白：一顆棒球，真的可以改變一個孩子的人生方向。

人生賽場上奮鬥的學長 1 周品睿

人物檔案

受訪者	周昇玄（教練）
孩子姓名	周品睿
學　歷	義守大學畢業
棒球經歷	小學：汐止國小棒球隊
	國中：二重國中棒球隊
	高中：鶯歌商工棒球隊
	大學：義守大學棒球隊

打球，是預防孩子走偏的一種選擇

周教練坦言，當年他做出讓兒子打棒球的決定，並不是為了追逐什麼明星夢，而是一種「保護性的安排」。他說，有些孩子在國高中叛逆期誤交損友，甚至被帶進派出所，「你若不給他一條路走，他就會整天跟你對著幹」。

讓孩子進入一支傳統棒球隊、接受集體住宿與近似軍事化的訓練，雖然辛苦，但在關鍵階段確實能壓住孩子的叛逆。「叛逆還是會有，但有人管、有人壓著，就不會亂來。」他認為這樣的環境能有效過濾壞習慣、減少孩子沉迷手機與遊戲的機會，讓孩子遠離風險與誘惑。

不是會讀書才叫成功——棒球帶來的身心收穫

在周教練眼中，棒球帶來的不僅是技能訓練，更是品格塑造。他說：

Part 8 現身說法篇：打棒球的孩子人生最給力

「我沒要求他打出什麼成績，我只希望他健康、有紀律、不變壞。」事實上，孩子能順利進入高雄義守大學的棒球隊，還獲得四年全額公費就讀，最起碼讓家裡省下超過40萬的學費與住宿開支。

對他而言，這樣的成果就已經是非常大的回報。他語重心長地說：「以後能不能打到職棒誰知道？但最少他身體好、品格正，學費也省下來了，這就是打球帶來的實質好處。」

人生傳承：從球場到家業

大學畢業後，兒子曾一度「亂闖人生」，嘗試創業投資但以失敗收場。他曾一度抗拒接手家中的輪胎行。但當老員工即將退休、周教練打算收店時，他終於回頭接班。

周教練說：「我原本要收掉了，是他說要接，我才留下來。」兒子接班後，開始跟著老師傅學技術、學管理，一點一滴從基礎做起。儘管過程辛苦，但他熬過來了。現在，不僅能獨立處理客戶與技術問題，也開始學習經營管理。

周教練欣慰地說：「現在這種工作，二三十歲的孩子哪個願意做？但他忍下來了。這不是學歷教得會的，是棒球教給他的耐力與責任感。」

棒球教的不只是球技，而是人生態度

他認為，棒球訓練雖然不保證孩子能靠運動吃飯，但過程中培養出的抗壓能力、紀律性、挫折忍耐力與團隊合作精神，對人生幫助極大。「打不上職棒沒關係，重要的是學到怎麼面對現實、怎麼吃苦耐勞。」

尤其在面對家業傳承時，這些素養更顯可貴。他提到：「我兒子腦筋

不差,做事也穩。他懂得尊重師傅,願意學,這些都是在球隊裡養成的。換個環境,他也能生存得很好。」

結語:打球,是一種投資,也是人生的預備教育

周教練父子的故事,是許多基層棒球家庭的縮影。孩子能不能打出名堂、進入職棒,沒人敢保證,但可以確定的是,這段訓練歷程會為孩子的人生打下扎實的基礎。

「身體變好、心性穩定、有紀律、有責任感。」他認為,這就是棒球最大的價值。「就算最後沒有成為明星球員,但孩子變成了一個可靠、能獨當一面的大人,那就夠了。」

這不僅是周教練這樣一位父親的選擇,更是一代人對「教育」的深層信念——讓孩子去打球,去吃苦,去成長,終究會走出一條自己的路。

| Part ❽ 現身說法篇：打棒球的孩子人生最給力

人生賽場上奮鬥的學長 2 洪晨宣

人物檔案	
姓　　名	洪晨宣
學　　歷	南華大學
棒球經歷	小學：汐止國小棒球隊
	國中：二重國中棒球隊，獲全國冠軍
	高中：高苑工商棒球隊
	大學：南華大學棒球隊，從內野手轉型為投手
現　　職	成棒隊員、運動科學學習者，積極學習運動科學並應用於棒球教育，幫助年輕球員成長

棒球啟蒙與生命導師的陪伴

我最初接觸棒球是在汐止國小。當時只是與父親在假日隨興地打球，從未想過會真正加入球隊。四年級時，張耀騰教練多次鼓勵我加入，他看出我活潑好動的特質，認為我適合接受正規的棒球訓練。起初我並未認真考慮，直到班上同學相繼加入球隊，我才主動找教練表達意願。

教練半開玩笑地說：「其實我早就注意到你了，怎麼現在才來？」回想起來，這句話成了我棒球路的起點，也是我人生的一個重要轉折點。教練平時總是溫和而堅定，他從不大聲責備我們，而是用清楚而堅定的語氣告訴我們該做什麼、該怎麼做，這讓我們自然而然地學會自律。

小學的棒球訓練雖然沒有其他學校的體育班那麼密集，但張教練教我

們如何「用頭腦打球」，尤其強調觀察對手和讀懂比賽局勢。這種教學方式對我日後的球場表現和生活態度有很深的影響。

張教練不僅是我的棒球啟蒙老師，更成為我人生中重要的導師與支持者。小學畢業時，我們在一起去旅遊住宿的墾丁旅館的泳池邊，他正式收我為乾兒子。從此之後，每當我面臨升學與人生重大抉擇時，他都陪伴在我身邊，從國中到高中，甚至大學，他始終默默支持我，給我無比溫暖的力量。

突破與成長：從國中怕球到大學投手的轉型

國小畢業時，我其實並不確定要不要繼續打棒球。當時我害怕從軟式球轉換到硬式球，母親也因為擔心運動員生涯太辛苦而不太支持我持續打球。然而，張教練鼓勵我去嘗試，他陪著我到二重國中測試，並親自與那裡的教練溝通，這讓我下定決心挑戰自己。

在二重的訓練確實比小學嚴格得多，體能訓練經常讓我感到吃力，但這段時間也磨練了我的毅力與抗壓能力。每當我遇到挫折，教練都會提醒我：「既然選擇了這條路，就不要輕易放棄，只要撐過去你就會感謝現在的自己。」這句話常常成為我在困境中堅持下去的動力。

國中三年，在張教練的支持和鼓勵以及二重教練團的磨練下，我們拿下了全國冠軍。我也從一個懼怕硬式球的孩子，成為球隊穩定的主力投手。這段經驗不僅奠定了我棒球的基礎，也讓我明白面對困難時，勇敢踏出第一步的重要性。

然而，即將升上高中之際，我又面臨了一次人生的重要選擇。當時我對於要持續走棒球路，還是回歸一般學校的學業，有許多猶豫與考量。此

時張教練再次給我關鍵的建議，他建議我到高雄高苑工商跟著李來發總教練學習更高階的棒球觀念。他說：「你需要的不只是技術，還要學習更深的棒球智慧。」

升上高中後，我進入高苑工商，環境更加競爭激烈。在高苑的日子裡，我遇到了許多傑出的球員，也體會到更嚴苛的競爭環境。張教練進一步建議我：「你不只要學會技術，更要懂得如何面對壓力與競爭。」這段期間，我的確體驗到極大的競爭壓力，但也正因如此，我學會了更全面的棒球智慧，包括戰術思考、團隊合作與如何冷靜面對逆境。

進入南華大學後，因為投手未來發展性較好，所以大二時我決定從內野手再回練投手。轉型的前兩年，我幾乎沒有什麼上場機會，只能默默努力訓練，但我深刻記住張教練說過的話：「每一點努力都會累積，當機會來臨時，你才會真正準備好。」直到大四那年，我終於成為球隊的重要投手，究其原因，就是心態變成熟了。

話說大三下學期，一來因為考慮畢業可能不再打球，決定放手一搏；二來通過訓練提升能力、累積信心，將大三最後一場比賽的良好感覺維持到後續比賽。如此一來，由於投球穩定下來，心態也自然從緊張轉為享受比賽。就這樣，心態的轉變與成熟，讓自己在大四總算是破繭而出，儘管馬上遇到疫情，無法投入職棒，但也有機會進入甲組成棒隊，延續棒球生涯。

職涯轉折：從半職業球員到運動科學新方向

大學畢業後，我加入了台北市興富發成棒隊，成為半職業球員。雖然每年都需面對績效考核和一年一簽的壓力，但我卻享受這種挑戰與不斷進

步的感覺。並在第一次正式先發中投出了前五局的完全比賽，儘管最終未能達成此一超高難度的紀錄，但這經驗讓我深刻體會棒球不只是技術，更是心理素質的較量。

隨著年紀增加，這段期間我逐漸接觸到運動科學，開始深入研究如何用科學方法來提升自己的運動表現。而且慢慢地，我開始思考棒球之外的人生可能性，我決定積極學習運動科學，發現這領域不僅能幫助我提升自己的運動表現，更有可能成為未來職涯轉型的方向。我逐漸投入運科課程，努力學習如何透過科學數據優化訓練成果。

於是，這個夢想逐漸成形：將來如果有機會，我想把運動科學的觀念帶回基層棒球教育，幫助更多年輕小球員從小就接受正確且科學化的訓練。我希望能培育出更多優秀的棒球人才，並讓運動科學成為棒球教育中不可或缺的一部分。

張教練的三大智慧，陪伴我的競爭力一路成長

一路上，張教練教我的，不只是棒球技巧，更是以下三種重要態度與智慧：

熱愛與堅持：教練總是告訴我：「既然選擇了這條路，就要熱愛到底、堅持到底。」在每個訓練辛苦的日子裡，這句話成為我最大的支撐。

專注當下：教練常提醒：「每一刻的專注，才是勝利的關鍵。」這讓我在關鍵時刻總能冷靜應對，不僅適用於棒球場上，也讓我在人生的重要時刻受益匪淺。

自信與霸氣：過去我較內向，教練總提醒我：「在場上要有自信，要

Part ⑧ 現身說法篇：打棒球的孩子人生最給力

有氣勢。」起初我難以理解，直到大學時，我才真正體會到自信對運動員的重要性，並開始積極鍛鍊自己在場上的自信與勇氣。

教練，今年您已經六十歲了，我時常想，或許您會為我沒有進入職棒而遺憾，但對我而言，成功從不只是一個頭銜，而是在成長過程中學到的自信、態度與智慧。這些年來，您教會我的已遠超過棒球本身，每當遇到挫折，想起您堅定而溫暖的目光，我就能重新找到前進的勇氣。

謝謝您，教練。您教我的不只是棒球，更是陪伴我一生的競爭力與智慧，我會傳承下去，讓更多年輕孩子也學到不只是棒球的技巧和成績，還有更多面對不同環境與領域必須具備的不服輸、抗壓性、熱情的態度與正念的想法。

▲ 洪晨宣回到母校汐止國小探望乾爸爸張教練和周教練，進行自主訓練之外，還請教諸多問題，以提早為人生下一個階段做準備。

人生賽場上奮鬥的學長 ❸ 鄭嘉祐

人物檔案	
受訪者	鄭爸（鄭昆山）、鄭媽（陳娟娟）
孩子姓名	鄭嘉祐
學　　歷	日本千葉經濟大學經濟系畢業（領有「日本米山獎學金」）
棒球經歷	小學：汐止國小棒球隊
	國中：秀峰高中國中部棒球隊
	高中：日本共同高校棒球隊
現　　職	在國際企業工作，擔任與跨部門溝通和協調相關的職位，具備國際視野

　　許多人縱身升學戰場，我們夫妻卻選擇了一條看似逆風的教養路。因為我們認為：「會運動的孩子都很聰明。」這不是一句口號，而是我們從生活中觀察出來，也親身實踐的體悟。

　　從兒子鄭嘉祐小學開始接觸棒球，一路走到日本留學，最後雖然沒有成為職業選手，卻順利轉型，在職場上發揮長才。在這段歷程裡，我們見證了運動如何影響孩子，不只鍛鍊體能，更塑造了他的性格、能力與視野。

不一樣的起跑線——讓孩子在遊戲中建立自信與學習動力

　　我們從不強迫孩子補習，也不覺得成績是唯一的評價標準。我們的想法是——孩子要先學會玩。只有會玩、會感受快樂的人，才有持續學習與成長的動力。

我們都觀察到，會運動的孩子，通常都不笨。他們身體協調性好、反應快，能面對各種變化和壓力，這些正是未來社會最需要的素質。因此，我們讓他從小就接觸各種運動——游泳、籃球、高爾夫，最後才是棒球。

我們相信：每個孩子都有自己的節奏與方向，重要的是找到他真正喜歡、願意投入的東西。這樣摸索的過程中，我們發現他特別喜歡團體運動，喜歡有同伴、有對手的感覺。棒球就這樣成了他人生的重要夥伴。

打球與學業雙軌並進——張教練的堅持哲學

嘉祐很幸運，在國小時遇到了張耀騰教練。他不是一個只看成績的教練，他跟我們說：「我不怕孩子不會打球，我怕的是孩子沒有人格基礎。」他堅持「課業沒完成就不能練球」，剛開始我們也不理解，會覺得是不是太嚴格了？但後來才明白，這正是他愛這些孩子的方式。

在張教練的訓練中，時間被控制得非常有效率。每一次訓練都有明確的目標與紀律。他不只是教球技，更多時候是在訓練孩子的心理素質——面對失誤怎麼處理？落後時怎麼鼓舞團隊？勝利時如何不驕傲？

這些我們過去沒有意識到的東西，隨著孩子一天天成長，我們看見了他的變化：變得更沉穩、更能體諒他人，也更能面對挑戰。

信任孩子，也是一種教育

我們從不檢查孩子的作業，即使知道他可能寫錯了，也會忍住不提醒。因為我們相信，只有讓他真正去承擔錯誤，他才能學會負責。

還記得有一次他數學考了 37 分，我先生問他：「你會不會覺得丟臉？」他回答：「我沒時間讀書，這樣剛剛好。」我們沒有責怪，只是理解，但

他反而從此開始學會管理時間與學習進度,也更清楚什麼是他想要的結果。

這樣的信任,在很多人眼中或許是放任,但對我們而言,這是一種讓孩子主動成長的方式。他不是因為我們監督而努力,而是因為自己想要變得更好而努力。

棒球教會我們的事

▍團隊合作與領導力

嘉祐從棒球中學到最深的一件事,就是「一個人沒辦法贏球」。他在隊裡學會怎麼配合、怎麼幫助別人、怎麼調節情緒。後來他到日本念書,擔任留學生同學會的會長,負責協調活動和溝通。那些在球隊中累積的領導經驗,在無形中幫了他很多。

▍抗壓能力與堅持

其實他小時候很愛哭,老師都說他是「草莓族」。但棒球比賽壓力很大,關鍵時刻可能就靠你一棒決輸贏,他慢慢從當中學會怎麼面對壓力,不再逃避。後來到了日本,要自己處理生活,語言又不通,但他總是設法解決,從來沒說「我不行」,這正是運動給他最寶貴的養分。

▍解決問題的能力

有一次在澳門弄丟錢包,他可以冷靜地自己打電話聯絡飯店,安排時間領回來。我們就在旁邊看,完全沒介入。後來到日本求學,申請、租屋、辦手機、打工,他全都自己搞定。因為他早就習慣遇事先想解決辦法,而不是向人求助。

▍國際視野的拓展

棒球也讓他接觸到不同文化。去日本看比賽,日本球隊對待對手的態

Part ❽ 現身說法篇：打棒球的孩子人生最給力

度讓他印象深刻。他說：「在日本，不管贏球還是輸球，都會向對方鞠躬說謝謝。」這種體育精神真的讓人很感動。

這些經歷讓他對在日本打球充滿自信，儘管後來不盡如人意，卻反倒開了另一扇窗，為自己爭取到完全不同的機會，進入了不同的世界，開啟了新的人生旅程。

從球場到人生的轉換——運動能力的延伸

嘉祐選擇放棄棒球競技時，很多人替他可惜，但其實我們早就跟他討論過：「如果有天不打球了，你想做什麼？」他說想念書，想做跨國的工作，想走一條自己的路。

他說：「棒球讓我變得更堅強、也更知道怎麼與人合作。」現在他在國際企業工作，面對不同文化的團隊、跨部門溝通，總是很得心應手。他的主管也稱讚他「在壓力下從來不亂，總是能冷靜找到解法。」這對我們來說，比任何獎項都更有價值。

▌安全與風險：不能忽視的一環

運動有很多好處，但我們也不否認，它有風險。有位也是汐小棒球隊畢業後去念大學的學長，因為投手失誤，導致一眼失明。這個事件讓我們意識到——再怎麼熱愛運動，也不能忽略風險管理。

這也讓我們開始思考，必須替孩子做好風險管理與保險規劃。現在的保險制度對 16 歲以下的運動員很不友善，很多意外狀況都不在理賠範圍內。所以我們會鼓勵家長，至少幫孩子辦一份專項意外險，雖然不能預防意外，但可以提供基本保障。

同時，我們也積極參與推動運動安全的倡議活動，呼籲大家重視防護

裝備、熱身運動與適當休息。張教練常說：「受傷的球員對球隊沒有貢獻。」我們很認同這句話，因為健康才是一切發展的基礎。

給家長的幾點建議——一路走來的經驗談

- 多方嘗試運動：不要一開始就鎖定單一項目，透過多元接觸，孩子能找到最有熱情的方向。
- 尊重孩子的選擇：不要以父母的期待取代孩子的志向，我們的責任是引導，而不是決定。
- 運動與學業並重：讓孩子知道知識與體能都重要，兩者並不衝突，且可以互補。
- 建立信任與責任機制：從小給孩子決定權，讓他們學會為自己的選擇負責，也更懂得規劃自己的人生。
- 培養國際視野：讓孩子參與國際賽事、交流活動，世界的舞台能讓他們看到更大的格局。
- 職涯規劃要趁早：運動不是終點，而是起點，提早討論未來方向，幫助孩子有更多選項。

從棒球看見教育的更多可能

教育不是只有一種形式，成就孩子的方式也不止一條。給孩子一個跑道，他會用自己的節奏跑出不一樣的人生。我們一直相信，運動是人生最好的預演。它讓孩子在一場場比賽中學會堅持、承擔、合作與領導，這些能力，比任何一張成績單都更重要。

回顧這段棒球教養路，雖然也曾懷疑、掙扎，但看到孩子今天的模樣，我們知道，這是一條值得走的路。不是因為他打得多好，而是因為他學會了如何成為一個真正獨立、成熟、能面對世界的人。

Part ❽ 現身說法篇：打棒球的孩子人生最給力

人生賽場上奮鬥的學長 4 廖柏勳

照片提供｜富邦悍將棒球隊

人物檔案	
姓　名	廖柏勳
學　歷	國立體育大學球類系畢業
棒球經歷	小學：汐止國小棒球隊
	國中：二重國中棒球隊
	高中：桃園農工棒球隊（現北科附工）
	大學：國立體育大學棒球隊
	成棒：台北市興富發成棒隊
職棒經歷	2022 年以富邦悍將自培球員身份加入中華職棒，兩個月後轉為正式球員，一軍與二軍間歷練一年半
現　職	系統櫃業務，主要對接室內設計師，經營個人業務品牌

我的棒球啟蒙與張教練的影響

　　我的棒球旅程從汐止國小開始，小學三年級那年，我參加了汐止國小的夏令營，開始接觸棒球。那次的經驗點燃了我對棒球的熱情，後來才正式加入球隊。汐小棒球隊的張耀騰教練不只訓練我們技巧，更重視我們的生活、品格與態度。

　　張教練的教學風格與一般教練不同。他不只看打球成績，更關心課業成績，同時還會關心每一位孩子的個性、家庭背景與成長環境。他總是能看到我們的潛力，並且在適當的時候給予指引與支持。

我印象很深的是，張教練從不會因為我們來自哪裡、家庭背景如何而對我們有不同期待。他重視的，是我們對棒球的態度，是否肯學、肯練、肯改變。許多次練球結束後，他都會留下來和幾個孩子聊天，有時候聊棒球、有時候聊人生，更多時候是問我們學校課業、家庭狀況。他真的把我們當家人看待。

那時，我年紀雖小，他的教誨卻也已經讓我懂得，棒球不只是比賽與輸贏，更是一種人生的修煉。

職棒選秀與練習生的真實挑戰

我在國體大完成四年大學學業後，於 2019 年參加選秀。那一年剛好有味全龍重返職棒，名額一下子增加非常多，原以為時機來到了，但我並未在正式選秀中被選中，失之交臂。於是我轉戰甲組成棒隊打球三年，直到 2022 年，富邦悍將以自培身份邀請我加入。

那時我已 25 歲，對於進入職棒來說是偏大的年紀。自培球員待遇低、保障少，壓力卻不小。不過我很幸運，在進隊不到兩個月就轉為正式球員。這份轉正代表我被看見，也證明了自己的努力與能力。

在那段時間裡，我經歷了不少內心的掙扎。作為一名練習生，我沒有一開始就獲得資源與重視，幾乎所有事情都得靠自己去爭取。比方說，我記得第一次參與正式內部對抗賽時，我被排在第九棒、守備位置也不固定，但我沒有怨言，只告訴自己：「只要今天能讓教練記住我一個守備動作、一個打擊時的處理，都是進步。」

能轉為正式球員，不是靠關係、也不是靠運氣，而是靠每一次練習、每一次比賽的累積。富邦在那時正值年輕化階段，球隊人事也有調整，這

Part 8 現身說法篇：打棒球的孩子人生最給力

讓我抓住了機會。不過即使如此，球員之間的競爭依然激烈，尤其是在外野手的位置上，要能兼具速度、守備與穩定輸出，才能真正站穩。

在 2022 至 2023 年的球季期間，我一度登上一軍，但也曾因為表現不穩而被下放二軍。那段在一、二軍之間擺盪的日子，讓我對「運氣與實力」這件事有更深的體悟。有時候，你明知道自己能力不輸給其他人，卻還是沒有被選上場，這時候就要回過頭問自己：「我還能在哪裡更好？」

而教練團的安排、球隊整體戰力需求，有時也是無法掌握的變數。面對這樣的環境，你能做的就是一件事：堅持每天都做好準備，哪怕明天不一定有機會。

轉換跑道不言悔：從球員到業務

2023 年球季結束後，我離開了職棒圈，回到北部生活。離開的原因其實不只是因為表現或競爭，而是家中有急須處理的事，而我也評估自己的出賽機會與年齡，做出了轉換跑道的決定。

當時，一位大學學長開設的系統櫃工廠正好缺人，他知道我退役的消息後，主動聯絡我，邀請我加入。一開始我對這行業完全不熟悉，從如何看設計圖，到學習材料特性、估價方式、與設計師溝通，全部都從零開始。

說來不可思議，我曾經最討厭業務工作，覺得要與人交際、談生意是件很麻煩的事，但當我真正開始做，才發現這工作跟棒球其實很像——你要有耐心、要觀察對手、要準備充分，才能打出漂亮的一擊。

我每天的工作內容包含拜訪室內設計師、針對設計圖提供櫃體建議、確認材質與預算，再協助安排工廠製作與師傅安裝。雖然與棒球毫無相關，但我把從球場上學到的紀律、抗壓與目標導向，全部用在這份新工作上。

記得有一次，遇到一個臨時追加的工程，時間壓力極大，設計圖還不清楚。我當晚熬夜重畫示意圖，隔天親自到現場和設計師對圖，並和老闆協調產線插單。最後順利交貨，也讓客戶對我們公司留下深刻印象。那一刻，我突然明白，即使不再穿球衣，我依然可以把「球員精神」發揮到極致。

給學弟的建議與對未來的期許

棒球之路一路走來，我曾無數次想放棄。從國中訓練強度的轉變，到大學時期家庭壓力，再到職棒環境的不確定性，每一個轉彎處，都有過掙扎與懷疑。

但我慶幸自己沒有太早放棄，也感謝那一路上遇到的所有貴人，特別是張耀騰教練，他是我棒球人生中最早也是最重要的啟蒙者，他不只是技術上的導師，更是生活與價值觀上的引路人。

我仍記得他說過：「你可以輸掉比賽，但不能輸掉態度。」這句話陪我度過無數低潮。

給現在還在努力打球的學弟們，我想說：你可以不走別人的路，但你不能不為自己負責。如果你真的熱愛棒球，那就咬牙撐過去；如果你發現熱情已不再，也沒關係，勇敢轉身，去做你真正想做的事。

棒球不是唯一的答案，但它會讓你學會堅持、團隊、責任與抗壓。而這些，會在你的人生各個階段，成為你最好的底子。

至於我未來的規劃，目前仍以業務工作為主，但如果哪一天有機會回到棒球圈，例如參與青少棒的訓練、社區棒球教學，我會很願意分享經驗。不是為了重拾過去的榮耀，而是希望能幫助更多孩子走得更遠、更穩。

| Part ❽ 現身說法篇：打棒球的孩子人生最給力

人生賽場上奮鬥的學長 5 陳冠勳

人物檔案	
姓　　名	陳冠勳
學　　歷	開南大學
棒球經歷	小學：汐止國小棒球隊
	國中：二重國中棒球隊
	高中：鶯歌商工棒球隊
	大學：開南大學棒球隊，專職投手
	職棒：富邦悍將職棒隊
現　　職	新埔國小兼職教練、一對一私教教練

照片提供｜富邦悍將棒球隊

　　我叫陳冠勳，從國小三年級接觸棒球，至今已經過了將近二十個年頭。這段旅程的初衷，是跟著爸爸在公園傳接球的單純快樂，到後來為了搶下一軍的位置焦慮不已，甚至在傷痛中黯然退場。棒球給了我許多考驗，也教會我怎麼在人生的競技場上繼續站穩腳步。

爸爸與張教練，是我棒球之路的起點

　　一開始，我是在另一所國小打球的，但練了一陣子，爸爸發現訓練品質不理想。於是他主動幫我找學校，轉到了汐止國小——那裡有張耀騰教練，一位曾經贏得「奧運銀牌」的前職棒球員。

　　那時候我才小學四年級，對「奧運銀牌」的意義並不清楚，但張教練帶人的風格、要求的基本功、還有那種對比賽的專注態度，讓我印象深刻。

當時的我們拿下全國軟式聯賽第三名，我擔任第二棒，是因為我的上壘率高、短打技術佳、左打站位對對方投手有壓力。

張教練教會我的，不只是技術，更是「要先把基本做好，才有資格談比賽」這一個關鍵觀念。

青棒的選擇，是為了更多上場機會

國中我就讀二重國中，這是一所新北市棒球實力堅強的傳統名校。後來要進高中時，因為我在國中時打擊表現不算突出，張教練建議我去鶯歌商工，能讓我有更多實戰的機會。

這決定非常重要，因為在那裡，我專心練投手，從原本球速120多公里，到高三畢業時能投出140公里以上，整個人也因為持續重訓而長高、變壯。

職棒是夢想，但現實很硬

大學我進了開南，當時鶯歌商工總教練王傳家建議我延續投手訓練。因此，我在大學階段多了更多的自我摸索與練習，在這段時間奠定了我對自律與責任的深刻認知。

畢業後，我決定參加職棒選秀。雖然落選，但隔天富邦悍將主動打電話邀請我以自主培訓球員身份加入。我接受了挑戰，短短一兩個月後就上了一軍。那是我夢想中的舞台，但也是我怯場最嚴重的一次。

我站在投手丘上，面對滿場觀眾、鎂光燈與高張力對決時，突然忘記怎麼投球了。那場比賽之後，我知道：「打進職棒不難，難的是在職棒活下來。」於是，在26歲這一年，我決定結束職棒生涯，開始面對現實世界。

從教球中重新找到意義

退役後，我曾經想嘗試不同產業，但機緣巧合之下，還是回到了棒球場。現在我在新北市新埔國小擔任兼職教練，另外還擔任一對一的私教。我的學生大多是國小生，年紀小、理解力不一定好，但我正在學習怎麼用他們聽得懂的語言傳遞我過去累積的經驗。

這份工作雖然收入不穩，但當我看到學生慢慢進步、露出自信的笑容時，我知道：我在做一件對的事。

想對學弟與家長說的話

如果你想走棒球這條路，我只想提醒兩件事：「自律」與「適應力」。

一個不懂得自律的球員，很容易被教練放棄；而一個無法快速融入團隊的人，就算技術再好，也很難在職業圈生存下來。棒球不是一人運動，它需要你與教練、學長、隊友共同合作——而這些，都需要成熟的心智與開放心態。

球場上奮鬥的學長 ❶ 林孜誠

人物檔案	
受訪者	林爸（林宏文）
孩子姓名	林孜誠
學　　歷	臺北市立大理高中二年級
棒球經歷	小學：汐止國小棒球隊
	國中：秀峰高中國中部棒球隊
	高中：大理高中棒球隊

從轉學到蛻變：一個決定，改變了人生的節奏

小學三年級的暑假，兒子突然對我說：「爸爸，我想打棒球！」

這讓我頗感意外。一直以來，他的成績表現穩定優異，從幼稚園起，妻子就安排他就讀全美語學校，悉心培育的成果可圈可點。如今他竟然想加入校隊，這樣的轉變讓我一時不知如何回應。我只問他一句：「你是想玩玩而已，還是要加入最強的球隊？」他毫不遲疑地說：「我要打最強的！」

我聽了當下便做了決定，毫不猶豫地替他辦理轉學，將他送進以棒球聞名的汐止國小。我知道，那裡有奧運銀牌國手級教練張耀騰親自執教，是最適合他磨練的地方。趁著暑假，我們迅速完成轉學手續。

開學後，老婆帶著兒子去拜見張教練。教練謹慎地說：「建議先測試

303

孩子的運動能力，再決定是否適合加入球隊。」（後來我才明白，其實教練也是在觀察我們家長的態度與決心。）經過一番測驗後，教練讓兒子先參加課後訓練，等適應一段時間再決定是否正式入隊。事後得知，若能在暑假就開始訓練，效果會更顯著，這一點讓我們略感可惜。

嚴師與慈父：張教練如何塑造孩子的紀律與自信

正式加入球隊後，我開始觀察到兒子明顯的改變。他的自主意識逐漸提升，行事更有想法、更積極主動，體能與耐力也隨著訓練顯著進步。讓我們更欣慰的是，他的學業成績並未受到影響。那時我才真正體悟到：打棒球，並不是成績不好的孩子才走的路。在這支球隊裡，若學業表現不佳，是會被暫停訓練的。運動反而幫助孩子集中精神、清晰思維，學習成效更為提升。

記得有一次，兒子悄悄跟我說：「我不敢看張教練的臉，會怕。」我回應他：「等你能勇敢直視教練的眼睛，就代表你心中坦然，沒有做錯事，自然無懼。」說實話，就連我們這些家長，每回與張教練對話時，也會不自覺地站直身體、五指併攏、肩背挺直，彷彿回到了當兵立正的那一刻。他的威嚴是自然流露的，不須多言，已讓人肅然起敬。

然而，正因為這樣的嚴謹與堅持，我們才願意、也放心，將孩子交到他手中。他既像一位嚴父，也如一位細膩的褓姆。

曾經有一次南下比賽，有位隊員忘了攜帶手套，被教練處以禁賽。雖然其他同學有多帶裝備，可供臨時借用，但張教練堅持原則：「教育不能打折，該罰就得罰。」結果，那名孩子從此再也不曾忘記帶裝備。這樣的紀律，才是孩子們真正帶得走的訓練成果。

棒球大家庭：球隊裡的溫暖、紀律與共同成長

球隊出征比賽時，家長們若有空閒，也會隨隊同行，一起為孩子加油、一起共進餐食。夜晚時分，孩子們自習寫功課，家長則與教練閒話家常、交換想法，談天說地，宛如一個大家庭，充滿歡笑與溫暖。

如今，兒子已升上高中球隊，未來也計畫在大學持續追逐他的棒球夢。即便將來未必以棒球為職業，這段歷程仍是生命中美好的回憶——他努力過、成長過，不僅獲得自信，更鍛鍊出強健的體魄。

即使畢業後，他仍會抽空回母校探望張教練。兩人之間，既是師生，亦是朋友。而張教練也始終不吝給予指導，這份關係，早已超越了單純的教與學，更像是一生難忘的生命導師。

從小學到高中，兒子的棒球之路並非一帆風順，但正是在這條路上，他學會了選擇與承擔。每一次的選擇，都讓他更加明白自己的人生方向，而每一次的承擔，則塑造了他面對挑戰的勇氣，這樣就夠了。

Part 8 現身說法篇：打棒球的孩子人生最給力

球場上奮鬥的學長 2 闕鈞宇

人物檔案

受 訪 者	闕媽（王端霓）
孩子姓名	闕鈞宇
學　　歷	新竹市立成德高中畢業
棒球經歷	小學：汐止國小棒球隊
	國中：新埔國中棒球隊
	高中：成德高中棒球隊
	大學：大學棒球隊選擇中

從猶豫到認同：教練的風格與團隊文化

還記得孩子剛升小學三年級那個暑假，我們讓他參加汐止國小舉辦的棒球夏令營。其實起初的動機很單純，就是讓他體驗一下團隊生活，畢竟我們家只有他一個小孩，平常生活也比較單獨。再加上我們住南港，開車走高速公路過去也方便，就讓他試試看。

那時候我們也有考慮過台北市的東園國小棒球隊，不過距離遠了一些，加上我們對體育班並沒有特別偏好，更希望他能在正常學制中找到興趣，於是最後選擇了汐小棒球隊。說真的，最初也沒有打算讓他走很專業的棒球路線，只是想說比起整天拿手機滑來滑去，不如讓他多跑跑、多流汗，養成運動習慣。

但沒想到這一試，就試出了他的熱情，也讓我們一家人踏上了這條不一樣的旅程。

我還記得，當時夏令營結束後，助理教練周教練問孩子：「你想不想加入球隊？」孩子先是點點頭，又突然問了一句：「要剃光頭嗎？」我們都笑了。原來他對加入球隊最猶豫的，居然是頭髮。但後來看到大家都剃，他也自己跑去剪了頭髮，回家那一刻笑得特別開心，彷彿成為真正一員的那種榮譽感，從他眼神裡完全看得出來。

那一刻我才意識到，棒球不只是一種運動，它代表的是一種歸屬、一種認同，更是一個孩子在成長過程中極為重要的經歷。

張教練真的很不一樣。他嚴格，但不是那種高壓型的。他會觀察每個孩子的個性，適時地調整訓練方式。一開始因為是中年級，張教練的觀念就是這個階段就讓孩子們玩棒球，進而到了五年級才進入真正的競技訓練，張教練他會給孩子更多機會去嘗試、去適應，讓他變得自律、有自信，這些改變是我們做父母的最開心看到的。

而且，我發現張教練真的很會協調校內狀況。有些學校老師對棒球隊總有偏見，覺得學生皮、不好管。他知道這一點，會讓球隊的小隊長主動發放公假單，安排負責的學生與老師溝通，也親自向校方爭取支持。他不只是在教棒球，更是在為孩子建立一個可以被理解與接納的環境。

這不是每個教練都做得到的。許多教練從學生時代就是體系內一路升上來，沒有社會歷練，也不太會與體制外的人打交道。但張教練退役後在社會上打拼過七八年，這段經歷讓他懂得什麼是人情冷暖，懂得用同理心去帶孩子。

Part ❽ 現身說法篇：打棒球的孩子人生最給力

我心裡常想，如果台灣的教育現場能多幾位像他這樣的教練，或許我們的孩子就能少走很多冤枉路。

打棒球，不只是打球：教育的意義與未來的考量

一開始，棒球只是孩子的興趣，但隨著他愈來愈投入，我們也開始思考：這條路，該怎麼走？有些學校會設體育班，強調競技成績與即戰力；有些則維持普通班，讓孩子在學業與球隊中取得平衡。坦白說，我們最後選擇汐小棒球隊，就是因為它不是體育班，卻又有張教練這樣的好教練。

我們始終相信，小學階段最重要的不是專業訓練，而是興趣的培養、自律的建立與人格的發展。孩子在這個階段，應該是被引導去發現自己喜歡什麼、適合什麼，而不是被逼著投入一個未來未知的賽道。

後來孩子上了國中、高中，我們也看到更多的挑戰。有些教練年紀輕，卻教法守舊；有些球隊資源不穩，教練三不五時就換人。孩子面對這些環境變動，情緒也會受影響。

我也常在想，現在資訊那麼發達，孩子們在網路上學習新技術、看比賽影片、分析戰術的能力，其實比部分教練還強。如果教練不願意與球員溝通或採納意見一起討論，不與時俱進，真的很難讓這些孩子信服。

但我最感激的是，孩子從小在張教練那裡學到的，不只是打球技巧，而是一種面對事情的態度。他學會了堅持、學會了尊重、學會了不怕輸的精神。這些，比任何一場勝利都重要。

這本書，寫的是一個教練的心血，也是我們家長的見證

當我們聽說張教練要出書的消息時，真的非常感動。這本書的主題「我教的不只是棒球，更是人生競爭力」真的是一語道破了他這二十年來的努力與精神。我們很榮幸能在書中分享我們家庭的故事，也希望更多家長能透過這本書，理解什麼叫做真正的「教育」。

這不只是張教練個人的紀錄，更是台灣基層體育教育的一面鏡子。我們需要更多這樣的故事，讓社會重新認識體育、認識教育工作者的價值。

我們常常想，如果這本書能對一位年輕教練有所啟發、讓一位還在猶豫的家長下定決心支持孩子走這條路，那它的意義就不只是一本書，而是一場教育的連鎖蝴蝶效應——從孩子的內心發芽，終有一天會成為參天神木。

我真心希望這本書可以大賣，更希望它能成為每一位想帶孩子打棒球的父母的必讀之作。因為裡面寫的不只是球場上的故事，更是關於成長、選擇與陪伴的真實人生。

我們家走上這條路，也許只是眾多球員家庭中的一個。但我相信，只要孩子還站在場上揮棒、奔跑，我們就會一直在旁邊，繼續陪伴他、也繼續感謝一路上遇到的每一位好教練——尤其是張耀騰教練和周教練。

Part 8 現身說法篇：打棒球的孩子人生最給力

球場上奮鬥的學長 3 徐磊

人物檔案

受 訪 者	徐爸（徐文正）
孩子姓名	徐磊
學　　歷	雲林縣麥寮高中畢業
棒球經歷	小學：汐止國小棒球隊
	國中：新埔國中棒球隊
	高中：麥寮高中棒球隊
	參加中華職棒選秀

孩子選擇棒球，我選擇相信他的決心

我兒子徐磊開始打棒球，其實是他自己的選擇。

我們從不強迫他做什麼，只是陪著他、看著他慢慢長大，慢慢走出自己的路。他從小就對球類活動有興趣，我也會帶他到公園丟球、看比賽。國小三年級時，他說想加入汐止國小棒球隊，當時我們家就住在汐萬路，學區就在汐止國小，加上我有個朋友是學校的代課老師，跟我說：「你知道嗎？現在汐小棒球隊的教練是張耀騰，奧運銀牌國手呢！」

我們有點驚訝，這樣一位資深選手，居然在國小帶球隊。我們當下就想，這樣的教練，值得我們信任。

孩子一開始有點害羞，不敢自己去找教練，是媽媽打電話去聯繫的。張教練沒有馬上說「好」，他是那種要先看看孩子適不適合再決定的人。後來我們親自帶孩子去，教練觀察後點點頭說可以加入，我們一家都很開心。從那一刻開始，我們把孩子交給了張教練。

從那天起，他開始早上練球一個小時、下午練球兩個小時，週末如果沒有比賽就放假。這樣的安排我們很認同，因為他不是體育班，但張教練用最有效率的方式，帶出最強的隊伍。

張教練在我們眼中，有兩個特別之處。第一，他觀察力非常強。他知道怎麼用不同的方式對待不同個性的孩子。有的孩子適合鼓勵，有的孩子需要刺激，他都拿捏得很好。第二，他教球不只是教動作，他讓孩子在場上學會判斷、學會思考。他讓孩子明白：比賽不是等教練下指令，而是靠自己在場上做出判斷，這才是真正的訓練。

他說：「我們不是體育班，但我們的訓練比誰都有效率，沒必要一直練，把孩子練到沒興趣。」結果是，汐小棒球隊每年都進新北前四。這就是教練的功力。

張教練教孩子做決定、扛責任

徐磊國小畢業那年，我問過張教練：「你覺得徐磊適合繼續打嗎？」他沒給肯定答案，也沒鼓勵或阻止，只說：「只要孩子願意，就值得繼續打。」這種回答雖然中性，卻讓我很放心。因為他不是那種硬推孩子走一條路的教練，他希望孩子們自己做決定，自己對自己的選擇負責。

其實，徐磊國小畢業那年，也曾經動搖過要不要繼續走棒球這條路。他懷疑自己，也懷疑自己的實力。那時，他鼓起勇氣去問張教練：「教練，

Part 8 現身說法篇：打棒球的孩子人生最給力

你覺得我還適合打球嗎？」張教練只是淡淡地說了一句：「不想打那你就不要打啊。」不是鼓勵、也不是否定，而是給他一個看見內心鏡子的機會。

也就是這句話，讓他真正開始思考：「我到底想不想繼續？我有多想？」這句話反而刺激了他。自那之後，他更認真練球，也更清楚自己要什麼。那一天起，他不再只是「被訓練」的學生，而是一個會為自己的選擇負責的運動員。他變得更主動、更堅定，也更能承受失敗與挫折。

孩子的改變，有時不是來自成績，也不是來自掌聲，而是來自一個讓他開始為自己思考的瞬間。那一句話，不是命令，而是一種成全——成全他選擇，也成全他成長的機會。謝謝張教練，讓我的孩子學會了怎麼站穩自己的人生步伐。

陪著孩子前進，讓他自己看見更遠的路

徐磊接下來準備參加中職選秀，定位為投手。他的球速目前已經突破140公里，未來能否再進一步挑戰150公里，將取決於他的身體發展與自主訓練計畫。

但長遠來看，人生的旅程很長，棒球並非人生的唯一選項，未來仍充滿多樣且豐富的可能性。我們鼓勵他未來在職業生涯中保持多元視野，除了球場上的表現，也可探索體育產業中的其他可能性，例如運動科學、體能訓練或是教育相關領域。

他不是那種一開始就有明星條件的選手，也沒有天賦異稟的球速。但他每一步都走得很踏實，從汐小棒球隊到新埔國中、麥寮高中再回到北部，他的選擇都是自己想清楚的。我們沒有引導他，也不干涉他，只是一直陪在他身邊。

我相信，這一切的基礎，是從汐止國小棒球隊開始的，是張耀騰教練播下的種子。他給孩子的不只是棒球技巧，而是一種讓孩子願意自我挑戰、自我負責、持續前進的競爭力。

所以我常說，我把孩子交給張教練，他教的，真的遠超過棒球。

獻給張耀騰教練，和所有願意栽培孩子的教練們

這本書不只是一本關於棒球的書，更是一份記錄人生成長與教育信念的紀念冊。我們這些家長，能遇到像張耀騰這樣用心、真誠、願意陪孩子走一段路的教練，是無比幸運的事。

謝謝張教練，不只教會孩子如何揮棒、傳球，更教會他們如何面對失誤、承擔選擇、邁出下一步。您的影響不只在球場上，更會一路跟著孩子們走進未來。

願這本書，讓更多人知道您所做的一切，也讓更多家庭相信：教育，真的可以從一顆棒球開始，從一位教練的堅持開始。

| 編輯後記

【編輯後記】
棒球社團化，
是邁向國球的真正開始
一位編輯人兼體育班家長的所見所思

梁志君（本書編輯、汐止國小棒球隊球員家長）

　　身為一位出版編輯，我曾參與過數百本書籍的企劃與製作。但當我接下本書的編輯工作時，心情卻格外不同。因為這次，我的另一個身分——「體育班家長」與我一同投入這本書的靈魂深處。

　　我的兒子梁盛博，是受教於張耀騰教練汐止國小棒球隊的學生，如今已從二重國中棒球體育班畢業，即將進入彰藝高中棒球體育班就讀，持續在球場上追逐夢想。我們父母陪伴著他一路走來，從學習如何握球、揮棒，到如今能在比賽中冷靜應對，除了身為父母親的驕傲，更有對張教練與周教練深深的感謝。

　　但我想說的，不只是個人的感恩，而是希望藉由這本書提出一個更大的社會呼籲：

　　當我們談論如何讓棒球成為真正的「國球」，我們該思考的，不是如何再多造幾個明星，而是如何讓更多孩子，有機會、也願意參與棒球這項

運動。以下提出個人的一些淺見，給大家參考。

從汐止國小棒球隊看見另一種「可行的未來」

汐止國小棒球隊並不是所謂的「體育班」，也不是常見的菁英制度學校。他們每天的訓練時間有限，資源也不比其他傳統棒球學校來得多，甚至比賽數量也不如人。但令人驚訝的是，這支球隊的孩子們，在歷屆比賽中卻屢屢打出好成績，2007和2015年還獲得全國冠軍，並持續穩定地成長、進步。

▲ 我們夫妻陪伴孩子一路走來，對張教練與周教練對兒子的鍛鍊與教誨，充滿了深深的感激。

關鍵在哪裡？

不是靠操練堆疊，也不是靠獎牌綁架，而是靠**紮實的基本功訓練、高效率的練習設計、與一套有系統且符合小學生發展階段的訓練方法。**

張耀騰教練與周教練沒有用「菁英選拔」的方式篩選孩子，而是用耐心與方法幫助孩子從零開始，在玩中學、學中做，把「喜歡打球」當成出發點，把「持續學習」當作長期目標。

| 編輯後記

　　這種做法，不只讓孩子不會因為打球而犧牲課業，更重要的是——讓**家長願意放心讓孩子打球。**

　　這正是我想大聲呼籲的：「如果台灣的棒球校隊，都能像汐止國小這樣，不靠比賽堆疊榮譽、不用練習犧牲一切，就能養出態度穩定、球技扎實的孩子，那麼棒球的普及與人口擴展，將不再只是理想。」

「延後職業化」才符合教育初衷

　　在台灣的棒球環境裡，我們太早讓孩子被迫決定「是否成為職業選手」這條單一路線。從小學就開始菁英化、國高中就開始比拚上場與選秀機會，讓孩子從小就等於已經綁定了棒球一途，彷彿人生只能打球。

▲ 要上高中的盛博，也非常感謝兩位教練在汐小為他打下的棒球觀念與基礎，得以在嚴格的訓練下保持正確的心態，堅持下去。

但事實是，並不是每一個孩子都會、也不是每一個孩子都該成為職棒球員。更多的孩子，其實只是喜歡棒球，想從中培養體能、養成習慣、學會合作與挫折忍耐——這些，才是終身受用的能力。

如果整個體制太早就「職業化」、過度追求成績與成名，會讓孩子的身心在過度壓力下失衡，也會讓更多家長望之卻步。因為他們大部分的人心裡想的是：「讓孩子快快樂樂打球才是第一要務，真有能力與實力才考慮走上職業這條路，為什麼現在卻趕鴨子上架，無法回頭！？」

所以我認為，**讓孩子延後到 18～20 歲的時候再做出是否專精走棒球之路的選擇，才是真正的負責任態度。** 就像日本的做法。

日本模式值得學習：以社團制度，擴大棒球人口

在日本，多數學校的棒球隊並非體育班制，而是以「社團」方式經營。這些社團就是學校的代表隊，平時訓練有制度、有紀律，也有比賽、代表學校出賽。但參與門檻低、學業兼顧、訓練合理，孩子們從中找到興趣，逐漸成長。

不是每個人都要成為明星，但每個人都可以參與。

政府的補助，也不只落在少數體育班上，而是廣泛支持學校的社團運動發展，這讓整體運動人口穩定成長，也讓更多孩子能從運動中獲益，無論他們未來是否成為職業球員。

在這樣的文化中，**運動與學習不是衝突的**，而是並行的；**比賽與成績不是目的，而是過程中的檢驗與激勵。**

這也正是張耀騰教練在基層實踐的理念。這也是為什麼，這本書值得

編輯後記

被更多家長、更多教育工作者、更多政策制定者讀見。

棒球成為真正「國球」，不是靠得獎，而是靠擴大參與

我們談「國球」，不能只談榮耀，還要談基礎。

如果我們能讓更多非體育班的孩子，有機會像汐止國小的學生一樣，**在正常學習之外，有一個能安全成長、快樂打球的空間與制度**；如果我們能讓家長知道孩子不會因為打棒球而放棄學業、或走上一條過度職業化的單一路線，那麼更多家庭就會願意讓孩子走進棒球場。

當越來越多孩子從「打球」中找到「成長」，從「參與」中建立「責任」，甚至從「熱愛」中選擇未來的路，台灣的棒球才有可能真正成為「全民的運動」。

而到了那一天，「我教的不只是棒球，還有人生競爭力」這句話，就不只是張教練的信念，也將成為整個社會對於教育與運動的共識。

【特別感謝】
致一路同行的貴人與夥伴們──
謝謝你們，讓我不曾孤軍奮戰

　　走在基層棒球的路上，我從不覺得自己是一個人，因為一路上，有太多貴人相伴。

　　感謝汐止國小歷屆校長、主任與教職同仁，還有家長後援會的各位歷任會長，以及歷屆球員的父母長輩們，始終支持我們這支不是體育班的棒球校隊，讓孩子能兼顧課業與球技，健康快樂地成長。

　　感謝周教練與郭老師的並肩同行，感謝一路以來支持孩子打球的家長與親友，是你們的信任與陪伴，讓這條路不孤單。感謝所有曾穿上汐小球衣的孩子，是你們用笑容與汗水提醒我，初心不變的理由。謝謝各校教練的交流與鼓勵，在困難環境中一起守住對孩子的承諾。

　　特別感謝協助本書拍攝的汐止國小棒球隊的同學，以及同意孩子參與影像呈現的家長，是你們讓這本書充滿真實與溫度。更感謝每一位默默付出的無名英雄，從物資準備到場地支援，你們的幫忙，我銘記在心。

　　即使環境日益艱辛，我們仍堅守岡位，因為我們相信──讓孩子熱愛棒球、熱愛人生，就是最值得的事。願大家繼續支持基層棒球，我們會永遠在這裡，一起讓更多孩子跑出屬於他們的夢想與人生。

　　謝謝你們。

新手父母不歸類 SX0026

我教的不只是棒球，還有人生競爭力
張耀騰從奧運棒球銀牌國手到基層教練的淬鍊與昇華

| 作　　　者／張耀騰
| 選　　　書／梁志君
| 主　　　編／梁志君
| 特 約 編 輯／唐岱蘭

| 行 銷 經 理／王維君
| 業 務 經 理／羅越華
| 總　編　輯／林小鈴
| 發　行　人／何飛鵬
| 出　　　版／新手父母
| 台北市南港區昆陽街16號4樓
| 電話：02-2500-7008　傳真：02-2500-7579
| E-mail：H2O@cite.com.tw

| 發　　　行／英屬蓋曼群島商家庭傳媒股份有限公司城邦分公司
| 台北市南港區昆陽街16號8樓
| 書虫客服服務專線：02-2500-7718；02-2500-7719
| 24小時傳真專線：02-2500-1990；02-2500-1991
| 服務時間：週一至週五上午09:30-12:00；下午13:30-17:00
| 讀者服務信箱E-mail：service@readingclub.com.tw
| 劃撥帳號／19863813　戶名：書虫股份有限公司
| 香港發行／城邦（香港）出版集團有限公司
| 香港九龍土瓜灣土瓜灣道86號順聯工業大廈6樓A室
| 電話：(852) 2508-6231　傳真：(852) 2578-9337
| 電郵：hkcite@biznetvigator.com
| 馬新發行／城邦（馬新）出版集團
| 41, Jalan Radin Anum, Bandar Baru Sri Petaling,
| 57000 Kuala Lumpur, Malaysia.
| 電話：603-905-63833　傳真：603- 905-76622
| 電郵：service@cite.my

國家圖書館出版品預行編目資料

我教的不只是棒球,還有人生競爭力/張耀騰作. --
初版. -- 臺北市：新手父母出版：英屬蓋曼群島商
家庭傳媒股份有限公司城邦分公司發行, 2025.0
    面；　公分
ISBN 978-626-7534-24-3(平裝)

1.CST: 棒球　2.CST: 教練　3.CST: 運動訓練
4.CST: 人格教育

528.955　　　　　　　　　　　　11400723

美術設計／許盈珠、張曉君
封面攝影／王竹君
內頁攝影／唐岱蘭、王竹君
照片提供／張耀騰、周昇玄、林爸（林宏文）、徐爸（徐文正）、鄭爸（鄭昆
　　　　　山）、鄭媽（陳娟娟）、闕媽（王端霙）、洪晨宣、陳冠勳、廖柏勳
製版印刷／科億資訊科技有限公司
初　　版／2025年7月3日
定　　價／550元

ISBN 978-626-7534-24-3（平裝）
ISBN 978-626-7534-25-0（EPUB）
有著作權・翻印必究（缺頁或破損請寄回更換）